田野教学与实践

2021
第二辑

教育部全国高等学校民族学类本科专业教学指导委员会
中央民族大学民族学与社会学学院 编

九州出版社 JIUZHOUPRESS | 全国百佳图书出版单位

图书在版编目（CIP）数据

田野教学与实践. 2021. 第二辑 / 教育部全国高等
学校民族学类本科专业教学指导委员会，中央民族大学民
族学与社会学学院编. -- 北京：九州出版社，2022.11
　　ISBN 978-7-5225-1255-6

　　Ⅰ．①田… Ⅱ．①教… ②中… Ⅲ．①民族学－教学
研究－高等学校 Ⅳ．①C95

中国版本图书馆CIP数据核字(2022)第207572号

田野教学与实践. 2021. 第二辑

作　　者	教育部全国高等学校民族学类本科专业教学指导委员会
	中央民族大学民族学与社会学学院　编
责任编辑	邹　婧
出版发行	九州出版社
地　　址	北京市西城区阜外大街甲 35 号 (100037)
发行电话	(010)68992190/3/5/6
网　　址	www.jiuzhoupress.com
印　　刷	北京捷迅佳彩印刷有限公司
开　　本	710 毫米 ×1000 毫米　16 开
印　　张	18.25
字　　数	280 千字
版　　次	2022 年 11 月第 1 版
印　　次	2022 年 11 月第 1 次印刷
书　　号	ISBN 978-7-5225-1255-6
定　　价	89.00 元

主办单位

中央民族大学民族学与社会学学院

编辑委员会

编委会主任

麻国庆（中央民族大学）

编委会副主任

石　硕（四川大学）　　　　何　明（云南大学）

张应强（中山大学）　　　　纳日碧力戈（复旦大学）

编委会委员

马忠才（西北民族大学）　　马成俊（青海民族大学）

王　欣（陕西师范大学）　　王德强（滇西科技师范学院）

田　敏（中南民族大学）　　吕耀军（宁夏大学）

刘　勇（西南民族大学）　　关丙胜（新疆师范大学）

许宪隆（北方民族大学）　　杨如安（重庆师范大学）

肖远平（贵州民族大学）　　吴一文（贵州警察学院）

张　文（西南大学）　　　　张江华（上海大学）

张先清（厦门大学）　　　　阿拉坦宝力格（内蒙古大学）

罗　布（西藏大学）　　　　赵利生（兰州大学）

秦红增（广西民族大学）　　袁同凯（南开大学）

聂爱文（广东海洋大学）　　郭献进（丽水学院）

黄志辉（中央民族大学）　　黄彩文（云南民族大学）

彭陟焱（西藏民族大学）

主　编

麻国庆（中央民族大学）

执行主编　　　　　　　　执行副主编

黄志辉（中央民族大学）　　罗惠翾（中央民族大学）

编　辑

白一莛（中央民族大学）　　王亚宁（中央民族大学）

▍目录

"抚育—赡养"关系的突破：农村家庭养老中代际交换的新思考①

中央民族大学民族学与社会学学院 2019 级民族学专业（孝通班） 黄紫坛

摘要：本文基于华北农村的田野调查，剖析农村家庭代际关系中，父母如何通过对子代家庭的付出，交换子代家庭的赡养回报，揭示当代中国农村家庭养老正在持续出现有别于传统"抚育—赡养"模式的代际反馈方式——"额外付出—赡养"的代际反馈逻辑，即父辈在抚育子女之外，额外对子代家庭付出，将有助于巩固已婚成年子女的赡养行为。在中国农村，当前家庭养老的代际反馈新模式，仍然是代际倾斜逻辑，虽然父辈已然生发出一定的养老理性，这将推动形成新型的代际互助关系，但代际倾斜的背后仍普遍反映了农村社会养老供给不足和社区养老缺位的事实。

关键词：农村；家庭养老；额外付出；代际交换；养老理性

一、问题的缘起

2021 年的一个夏夜，我在 A 村听村民们闲聊时，意外得知了村里发生的两

---

① 本文为"教育部首批新文科研究与改革实践项目《民族学、社会学、考古学交叉培养复合型人才的创新与实践》（2021100016）"的中期成果。

个故事：一是张奶奶分家时将房子一半留给儿子儿媳，一半留给自己，但儿媳想要全部房子，遭到张奶奶的拒绝。多年来，一墙之隔的婆媳很少走动，也不来往。二是分家后，自己还留有两间房的薛大爷，把房子给了二儿子儿媳，该由他们赡养薛大爷，但儿媳只想得到好处，而不愿意承担赡养责任，最终将薛大爷扫地出门。

村民们对这两件事的评价是：一致谴责薛大爷的儿媳，斥责其"不孝忱"；但对于张奶奶分家，态度很暧昧。有的人指责儿媳"心眼小，不体恤老人"，不过，更多人指出，"她（张奶奶）就应该把家，还有里头乱七八糟的归她（儿媳），这么着才行"。村民们对这两件事评论，直接反映了当今家庭养老中的一种普遍心态，即对"父辈额外付出—子辈赡养"这样一种代际反馈逻辑的广泛认可：薛大爷额外付出了两间房，儿媳没有赡养回报，儿媳有错；张奶奶没有额外付出，儿媳没有赡养回报，无可厚非。

"额外"付出，是相对于传统反馈模式中父辈的"抚育"付出而言的。如今，抚育子女的付出成了父母既定的职责，父辈只有在抚育子女之外，额外对子代家庭付出，才能影响子辈给予赡养反馈的选择。那么，这些农村父母需要什么样的赡养回报？他们又是怎样"额外"付出的？该怎么理解这样的反馈逻辑？本文就从剖析父母对成年子女的赡养需求开始，展开讨论。

二、文献综述

1. 农村社会变迁下养老模式的嬗变

养老，是一个包括物质赡养、生活照料和心理慰藉的系统工程[①]。养老模式，则是供养资源和提供系统相结合的社会形式[②]。

传统中国是典型的小农经济，养老模式是建立在土地上的家庭养老，家庭集

[①] 穆光宗：《我国农村家庭养老问题的理论分析》，《社会科学》1999 年第 12 期，第 50—54 页。
[②] 刘孟芳：《我国农村养老模式研究》，硕士学位论文，武汉大学人口、资源与环境经济学系，2005 年。

生育、抚养和赡养等功能于一体①。家国同构的特征使家庭养老始终不是个体的事情，基于自然性血缘情感的儒家"孝"观念在中国历代王朝的有意识强化过程中成了中国人的根本价值信念与基本文化立场②。以代际等级秩序和责任义务为中心的孝道伦理文化，将国家利益、家庭利益和个人利益有机地整合在一起，成了保障传统中国家庭养老得以执行的强有力的文化基础。

1949 年之后，这种状况发生了很大改变。国家通过大规模社会政治运动进行集体化建设③。在集体化时代，敬老院是集体供养式农村养老模式下的产物，集体被视为老年人赡养的坚实后盾④。改革开放后，农民获得了土地的经营权，对集体的依附减少，养老责任由集体回归于家庭。十八大以来，基于脱贫攻坚和乡村振兴战略，农村养老服务多元供给格局基本成型，推进形成了"以家庭养老为基础、以社区服务为依托、以社会养老为补充"的养老模式⑤。

2. 代际交换理论下的农村家庭养老

学界代表性观点认为，中国传统家庭养老是反馈模式，亲代与子代之间是一种双向流动的代际均衡模式⑥。不少学者在反馈模式的基础上，开始以交换关系来理解代际关系。在传统的家庭养老模式中，代际间存在稳定平衡的交换循环，但改革开放以来，我国农村家庭养老的代际关系却呈现出与传统相悖的失衡现象：子代对父辈的回报远不如父辈的付出，出现了一种只向下的单向代际倾斜⑦。

从农村子辈角度解释：现代化进程促使农村青年发展出一种不平衡的个人主

---

① 费孝通：《乡土中国　生育制度》，北京大学出版社，2002，第5—13页。

② 姚远：《对家庭养老概念的再认识》，《人口研究》2000年第5期，第5—10页。陈治国：《儒家"孝"观念的原始意义及其近代以来的多重命运》，《孔子研究》2005年第6期，第19—28页。

③ 孙立平、王汉生、王思斌等：《改革以来中国社会结构的变迁》，《中国社会科学》1994年第2期，第47—62页。

④ 王翠云：《人民公社化时期农村敬老院研究综述》，《党史文苑》2016年第12期，第74—76页。

⑤ 陆杰华、郭芳慈、陈继华等：《新时代农村养老制度设计：历史脉络、现实困境与发展路径》，《中国农业大学学报（社会科学版）》2021年第4期，第113—122页。

⑥ 费孝通：《家庭结构变动中的老年赡养问题——再论中国家庭结构的变动》，《北京大学学报（哲学社会科学版）》1983年第3期，第7—16页。

⑦ 陈俊杰：《亲子关系中的代际倾斜与农民生育观念——浙东越村的社会人类学研究》，《人口研究》1995年第1期，第36—41页。刘桂莉：《眼泪为什么往下流？——转型期家庭代际关系倾斜问题探析》，《南昌大学学报（人文社会科学版）》2005年第6期，第1—8页。

义，他们争取尽量多分家产，同时又不愿承担养老责任，破坏了代际间的社会契约和权利义务链条①。农村子辈对老年人的抚养主要取决于其是否能提供资源和帮助，子辈的赡养意愿明显受到父辈的经济能力、对政策的影响力和社会网络的影响②。农村养老呈现出交换内容的物质化、指标化和清晰化的特征，子代在养老过程中存在过程模糊但目标明确的利益算计的"功利养老主义"③。在个体化进程下，家庭孝道责任不再是天然强制的义务，能被个体根据情景进行选择、定义④。此外，有学者认为，农村家庭养老受到削弱是由于现代化进程导致劳动力的乡城流动，子代尽孝的能力因城乡时空的阻隔和自身家庭的再生产困境而减弱⑤。代际倾斜现象的另一头是"亲代责任论"⑥。据贺雪峰对中国农村的观察，老一辈仍然怀有宗教式传宗接代的愿望⑦。农村留守老人在家庭养老实践中仍然是以"奉献"主导的代际伦理，农村代际支持仍然体现明显的"向下责任伦理"⑧。

3. 城镇化进程下的农村家庭再生产转型

一般而言，家庭再生产指的是父辈家庭向子辈家庭绵延、子辈家庭逐渐成为

① 阎云翔：《私人生活的变革：一个中国村庄里的爱情、家庭与亲密关系（1949—1999）》，龚晓夏译，上海书店出版社，2006，第255—257页。孟宪范：《家庭：百年来的三次冲击及我们的选择》，《清华大学学报（哲学社会科学版）》2008年第3期，第133—145页。

② 陈柏峰：《代际关系变动与老年人自杀——对湖北京山农村的实证研究》，《社会学研究》2009年第4期，第157—176页。袁金霞：《我国农村空巢老人养老问题思考》，《青海社会科学》2009年第3期，第15—18页。

③ 王海娟：《论交换型养老的特征、逻辑及其影响——基于华北平原地区的调查》，《南方人口》2013年第5期，第53—60页。孙薇薇：《农村养老实践中的"功利养老主义"探析》，《广西民族大学学报（哲学社会科学版）》2014年第4期，第53—59页。

④ 钟晓慧：《个体化理论下的中国家庭研究：转向与启示》，《中国研究》2020年第1期，第5—23页。

⑤ 许惠娇、贺聪志：《"孝而难养"：重思农村留守老人的养老困境》，《中国农业大学学报（社会科学版）》2020年第4期，第101—111页。

⑥ 陈午晴：《代际关系理论探寻》，《中国社会科学报》2020年1月8日，第5版。

⑦ 贺雪峰：《农村家庭代际关系的变动及其影响》，《江海学刊》2008年第4期，第108—113页。

⑧ 张桂蓉、史景军：《赡养与自理的均衡：农村留守老人家庭养老的代际伦理——以湖南省新田县SH镇的调查为例》，《伦理学研究》2012年第3期，第127—132页。李俏、付雅雯：《代际变动与农村养老：转型视野下的政策启示——基于江苏省如东县农村的调查》，《农村经济》2017年第8期，第62—69页。

独立自主家庭的代际更替过程①。中国小农家庭的经济行为嵌入在代际伦理中，家的生存与延续是一切经济活动得以开展的核心②。但随着城镇化推进，农民的家庭再生产从传统的"简单再生产"模式，进入到新时期的"扩大化再生产"模式③。

城镇化进程不仅导致农村家庭抚养儿童、实现劳动力再生产的成本不断提高④，还导致了完成家庭再生产的目标难度飙升：一是婚姻市场要价的形成，使得"给儿子结婚"成为家庭最大的开支与负担；二是子代完婚需要进城买房、买车⑤。董帅鹏进一步指出，熟人社会的面子再生产加速了农村婚备消费升级，婚备消费成了农村家庭经济地位的符号表达⑥。不少农民家庭为了能完成家庭再生产，只能依托于形成"以代际分工为基础的半工半耕"的生计模式⑦。

4. 文献启示和现有研究的不足

王海娟指出养老从"你生养我，我就应该赡养你"的逻辑转变为"你为我成家做过贡献，我才赡养你"的逻辑⑧。孙薇薇指出农村子代要求除抚养外，亲代给予进一步的经济、劳动力的资源交换⑨。我的研究接续两位学者的研究，但我认为，就"抚育—赡养"的传统逻辑，"抚育"不只转变成父母对子女成家给予经济和劳动的支持，准确来说，父母的支持必须与城镇紧密关联起来：只有农村父母有

① 李永萍：《家庭转型的"伦理陷阱"——当前农村老年人危机的一种阐释路径》，《中国农村观察》2018 年第 2 期，第 113—128 页。

② 于圣洁：《代际视角下的城乡关系再考察》，博士学位论文，中国农业大学发展管理系，2015。

③ 李永萍：《家庭转型的"伦理陷阱"——当前农村老年人危机的一种阐释路径》，《中国农村观察》2018 年第 2 期，第 113—128 页。

④ 黄映晖、张正河：《农村劳动力再生产成本变动分析——以河南省 552 个农户为例》，《中国农村观察》2004 年第 6 期，第 71—77 页。

⑤ 何倩倩：《城镇化、家庭再生产压力与代际关系重构——以北方农村"老人不老"现象为例》，《学习与实践》2019 年第 12 期，第 96—104 页。

⑥ 董帅鹏：《面子再生产：北方农村婚备消费升级的一种社会学解释》，《中国农村观察》2021 年第 3 期，第 86—99 页。

⑦ 夏柱智、贺雪峰：《半工半耕与中国渐进城镇化模式》，《中国社会科学》2017 年第 12 期，第 117—137 页。

⑧ 王海娟：《论交换型养老的特征、逻辑及其影响——基于华北平原地区的调查》，《南方人口》2013 年第 5 期，第 53—60 页。

⑨ 孙薇薇：《农村养老实践中的"功利养老主义"探析》，《广西民族大学学报（哲学社会科学版）》2014 年第 4 期，第 53—59 页。

效地为子女在县城成家提供支持才能使其获得子辈的赡养保障。其次是，学界在这个领域的研究，更多关注农村子辈的视角。而现有关于农村父母的研究仍普遍认为，农村父母仍然抱有为子辈小家庭无私奉献和牺牲的责任伦理。那么，当下农村亲代的责任伦理有没有发生变化？

针对现有的研究，本文的探索集中在以下几个方面：首先，本文希望检验学界普遍认同的"农村养老服务多元供给格局基本成型"判断的准确性；同时，期望通过质性研究，为理解中国的城镇化过程提供一个更加微观生动的家庭养老视角：从农村父母的视角出发，关注他们日常生活中与子女的互动行为，讨论他们如何为子女在县城创造更好的物质生活条件和付出力所能及的情感劳动，以交换子女将来贴身赡养的回报；他们又是出于什么心态，愿意为子女在县城成家不断付出，努力实现家庭再生产。

三、背景介绍和研究方法

A村，位于北京市怀柔区长哨营乡域，由于诸多条件限制，又地处深山地区，财政收入有限，整体经济水平在北京郊区乡村中处于相对落后的位置。据《长哨营满族乡经济发展统计资料（2020）》①，A村内共130户，户籍人口517人，常住人口320人，劳动力资源数240人。目前该村生计方式仍以第一产业为主导，主要为蔬果粮食种植和肉鸡养殖，农民人均收入25097元/年；其余主要为外出务工，少数从事民俗旅游接待。该村满族特色并不明显，旅游服务业还未形成规模，当下该村正在艰难转向有机农业生产和民俗观光休闲旅游业协同发展的过程中。

A村的社会保障主要包括养老保险和医疗保险。2020年，北京市城乡居民基础养老金人均月领取标准达到830元，福利养老金人均每月745元。村民的医疗保险主要为北京市城乡居民基本医疗保险（下简称"城乡居民医保"），极少数人享受城镇职工基本医疗保险（下简称"城镇职工医保"）。城乡居民医保需缴纳保险费340元/年，且报销比例和额度与城镇职工医保有一定差距。

---

① 长哨营统计所编《长哨营满族乡经济发展统计资料（2020）》，2020，第7—16页。

本文的资料主要来源于 2021 年 7 月至 8 月基于 A 村的田野调查，收集方法以参与观察和访谈法的质性研究方法为主。基于对 A 村村民日常生活的观察，采用以开放式互动交流为主，半结构性访谈为辅的调查方法，对不同年龄段、职业背景、受教育程度、孕育状况的农村父母进行访谈。访谈内容涉及家庭生活、代际关系、隔代照料、养老观念与策略、恋爱与择偶、婚俗与生育观念等方面。在调查期间共收集 34 个访谈个案，其中女性 18 人，男性 16 人，基本能代表该村各阶层中老年父辈的情况。因篇幅有限，本文只对以下 15 个案例做重点分析，见表 1，全文已进行匿名化处理。

表 1　重点分析案例的基本信息

化名	性别	年龄	职业	健康情况	配偶情况	孕育状况
景爷爷	男	92	退役军人	失能	丧偶	一儿（继子）
商大叔	男	63	退休职员	慢性病	健在	二女
江大叔	男	65	退休教师	良好	健在	一女一儿
巩大叔	男	61	退休教师	良好	健在	一儿
殷大妈	女	60	返乡农民工	慢性病	健在	一女（领养）
薛大爷	男	88	农民	半失能	丧偶	四女四儿
张奶奶	女	84	农民	慢性病	丧偶	二儿一女
张大爷	男	65	农民	慢性病	健在	一儿
许奶奶	女	86	农民	良好	健在	三女四儿
傅大妈	女	53	农民	良好	健在	二女
林大妈	女	60	农民	良好	健在	一女一儿
李大妈	女	55	农民	良好	健在	二女
陈大妈	女	70	农民	残疾	健在	三女一儿
孙大妈	女	72	农民	慢性病	健在	二女
廖奶奶	女	86	农民	失能	丧偶	一儿

四、现实的赡养需求

养老，主要包括经济供养、生活照料及精神慰藉。A 村，坐落京郊，相较其他地区农村,该村农民享有较高的养老福利,平时种地种菜,外加政府的养老保障能满足他们日常的经济供养需求。那么,A村的父母在家庭养老中的需求,只在生活照料和情感慰藉吗?

根据对村庄家庭养老情形的调查,我认为A村的父母对子代的赡养需求,主要集中在医疗支付和失能阶段的贴身照护两方面。

1. 医疗支付

殷大妈,曾是农民工,患有糖尿病,每月得定时去医院打胰岛素开药。但她的城乡居民医保,门诊只报销50%,一年报销4500元封顶。今年已经60岁的殷大妈还努力地在村里打零工,对她来说,如果没有额外的工作收入,仅凭每月的养老金不足以维持看病的开销,更别提基本生存。商大叔,曾是银行职员,患有心脑血管疾病。但相比于殷大妈的吃紧处境,拥有城镇职工医保的商大叔轻松自如多了,因为他的医保,门诊最低都能报销85%,一年报销2万元封顶。除了医保报销得更多,商大叔的退休金还有近八千,是殷大妈养老金的九倍。所以,哪怕将来同样都只能依靠女儿赡养,殷大妈极力促成了女儿招赘上门,但商大叔则不然,豪气地为女儿添置嫁妆。

生命健康,这应一视同仁的需求,却有明显的结构性差异。在A村,大致可以区分三个阶层:城市职工,农民干部,普通农民(个体户和农民工的收入不稳定,不纳入考察范围)。城市职工,退休金高,有城镇职工医保;农民干部,养老保险金较高,有城乡居民医保;普通农民,养老保险金低,有城乡居民医保。普通农民面对医疗经济压力,不得不折回头寻求小家庭的庇护。

2. 贴身照护

可以说,在医疗支付方面对子女有赡养需求的主要是农民父母,而这部分的照护需求则对村里的非农、农民父母都适用。

照护需求,主要包括两方面,一是住院护理。在我调查期间,今年92岁的景爷爷意外地从床上摔下,当天被紧急送进医院。景爷爷是退伍老兵,享有公费医疗,每月的补助足以雇请护工在住院期间照料其起居。不过,景爷爷仍选择让继子来照顾他。农村父母普遍不愿意找保姆和护工,除了经济原因,更多的是认为保姆只为了钱,孩子有感情更亲,照顾得更好。二是暮年失能阶段的照护。村子早年曾发生孙子廖靖意外饿死失能奶奶的事情：廖靖一家贫困，儿子失去劳动能力，廖奶奶年老失能，家里仅靠他打工维持。孙子既要打工，又要照顾父母、伺候奶奶。奶奶年老，不能自理，不及时清理，屋子会脏臭。所以，孙子开始减少给奶奶喂食的次数，最后，竟意外饿死了奶奶。虽然村民们对这件事讳莫如深，但无一例外地都把这件事当作一个反面教材，记在心里。开头提到的薛大爷，患有大肠癌，不能自理。他在给四个儿子平均分家之后，额外留了两间房给自己，就是害怕自己会沦落到廖奶奶曾经的处境，他预先留有一定的资产，四个儿媳谁照顾他，他就把房留给谁。

基于上述分析，相较于其他地区的农村，虽然A村拥有北京城乡养老保险金的优势，以政府为主的社会养老部分满足了经济供养的需求，但仍面对着农民医疗保险有限报销额度和范围的巨大压力。而且到目前为止，A村仍没有兴建农村互助幸福院和老年驿站等养老机构，也没有引进依托农村社区发展的社区养老服务组织。以A村为例，在现实中，我国某些农村地区，以政府、社区、市场和家庭为多元责任主体的农村养老供给格局极不均衡，农村养老"以社区服务为依托、以社会养老为补充"的社会养老服务体系建设迄今仍然处于探索和起步阶段。国家再分配调节的不足，令中国农村的养老支持力在目前和未来的较长一段时间内，仍会普遍来自家庭。这也是为什么在中国农村，相较于情感需求，父母对子辈的赡养需求更侧重现实性意义，这是在农村养老制度不完善、养老服务体系不健全背景下的刚性需求。

五、如何"额外"付出

正是以政府为主体的社会养老供给不足和村庄内社区养老服务的缺位，农村父母只能通过对子代家庭付出以换得子女日后在自己老弱时的养老照顾，这是"额外"付出产生的重要现实原因。要理解当今农村家庭的"额外"付出现象，必须回归到当地的家庭养老文化传统、城乡之间的现实差异以及村庄熟人社会的底色当中。

如果没有子女，这些父母会怎么样考虑养老？景爷爷，一个无儿无女的退伍老兵，虽有国家养老，但他仍然过继了一个侄子做儿子。可见，在农村地区，传统意义上"养儿防老"的观念依然影响深远。而且，这个"儿"，更多意味着"儿子"：该村家庭只有独子，没有独女，明显体现出当地的生男偏好和多生倾向。只有孩子都是女儿，才会出现后文中对女儿小家庭额外付出的现象。而育有儿子的，以职工江氏夫妇为例，他们并没有选择"额外"对女儿小家庭付出，只将资源集中和择优培育倾斜在儿子身上，为他在县城购置房子①。虽然女儿早已成为赡养父母的最重要的参与者之一②，但在 A 村，当下仍然明显延续了传统中国农村家庭养老模式中的重男倾向，在"男孩偏好"的村庄文化中，女儿们时常陷入"吃力难讨好"的状态：相比于儿子，女儿从父母那里获得的额外付出更少，但是她们给予父母的回报更多。

不过，无论是对儿子，还是女儿，当今代际关系中父母的"额外"付出，都是相对于传统"抚育—赡养"互惠反馈期的一个新变化。

1. 对儿子小家庭的额外付出

（1）县城买房

在农村，父母普遍明确地认为给儿子盖房娶媳妇是他们应尽的责任。农民张大爷夫妻前几年艰难攒够四十万在村里翻盖房子，期望能以此为独子娶媳妇和将来养老。但现实是，常年在县城打工的儿子，今年已经 30 岁了也没讨到媳妇。与之相比，给儿子在怀柔县城（怀柔区）全款买了一套楼房的职工江氏夫妻，又在张罗儿子的新婚事。夫妻俩与前儿媳关系不和，积极劝说儿子离婚，从儿子最终离婚的结果得知，父母积极购房确实有效地与成年子女建立起协商式的亲密关系③。

给儿子在村里盖房的农民张大爷，每天都盼着儿子回家；在怀柔县城给儿子买了房子的职工江氏夫妻，甚至能决断儿子的婚姻大事。同样都是房子，为什么前者只是既定责任，后者却变成了额外付出？因为，目前在 A 村盖一套房子最多

---

① 石智雷：《多子未必多福》，《文化纵横》2015 年第 6 期，第 15 页。
② 高华：《农村多子女家庭代际交换中的新性别差异研究》，《南方人口》2011 年第 2 期，第 55—64 页。
③ 钟晓慧、何式凝：《协商式亲密关系：独生子女父母对家庭关系和孝道的期待》，《开放时代》2014 年第 1 期，第 155—175 页。

花到 50 万，而怀柔县城的房子光首付至少得一百万。无论是农民张大爷的儿子（正在县城开小卖部，月收入四千），还是职工江大叔的儿子（正在某建筑公司上班，月收入近一万），如果只靠自己的工资，很难能一次性付清房子首付。无论是农民子辈，还是非农子辈，他们劳动力生产的价值远不能支持他们购买房子的花费。但是，当今农村婚姻，正在形成男方在县城有房，女方才同意结婚的新传统①，能否帮儿子在城镇买房，将很大程度影响男方是否能娶到媳妇，影响农村家庭再生产。不仅如此，能否在县城购房落户，还关联到第三代的就学机会和发展机会。

子女养老态度的差别，之所以和县城房子绑定，正是因为县城房子对于农民子女而言是一张通往市民阶层的门票，对于非农子女则是一块稳固市民阶层的基石，它意味着在婚恋市场、发展机会上的巨大差别。县城房子意义远大于农村房子。能否帮儿子在城镇买房，以及在城镇购房时首付支持的力度，极大影响着男方父母在子女小家庭中的地位，也将进一步影响子女赡养的意愿。

(2) 疼儿媳妇

今年 86 岁的许奶奶，育有四儿三女。儿子们成家后，许奶奶对儿媳妇比对女儿还要关心，每次儿子和儿媳吵架了，她都偏向儿媳，她希望通过"温情策略"获得儿媳将来的赡养回报②。隔代带娃，在村里是一个普遍现象。巩大叔夫妻退休前是县城的高级教师，本可以享受清闲的退休时光，但两人平日里没少为带孙子、做家务操劳，正是巩大叔的这些行为得到了儿媳妇的正向情感反馈。隔代带娃、家务劳动，之所以能成为巩大叔夫妻获得儿媳养老的重要筹码，是因为照顾家庭、照料小孩目前仍被广泛认为是女性的母职，这些行为被认为是男方父母帮儿媳减轻负担的体现，有助于他们获得儿媳的养老支持③。

由此可见，在成家时，农村父母对儿子的额外付出是为了娶到媳妇；成家后，他们的额外付出减轻了儿媳妇照料家庭的负担，他们所做的一切都围绕着要获得

---

① 贺雪峰：《中国农村的代际间"剥削"》，《中国社会科学报》2011 年 8 月 2 日，第 12 版。

② 张爱华：《农村中年女性的温情策略与家庭关系期待——对河北上村隔代照顾实践的研究》，《妇女研究论丛》2015 年第 5 期，第 19—28 页。

③ 宋璐、李树茁：《照料留守孙子女对农村老年人养老支持的影响研究》，《人口学刊》2010 年第 2 期，第 35—42 页。

来自儿媳的赡养承诺，因此极力讨好儿媳。因为，现实中真正伺候老人的是儿媳妇，儿媳是家庭养老中的第一照料人[1]。由于儿媳在家庭政治关系中的"成功夺权"，享有越来越高的家庭权力来决定是否赡养老人[2]。

2. 对女儿小家庭的额外付出

（1）招与嫁

女儿成家通常有两种路径。

一是，招赘。大多研究认为当代农村地区的招赘婚姻是女方父母为养老与防止财产外流而做出的理性选择[3]。育有两个女儿，大女儿出嫁在外，想让二女儿招赘的傅大妈认为招赘方便将来二女儿回家照顾他们。傅大妈已经开始谋划在后院翻盖两层小别栋给女儿女婿，以后一家人来往方便。可见，在农村的招赘模式里，女儿和女婿扮演的传统家庭性别发生颠倒：女儿当"儿子"养，女婿成了嫁进来的"媳妇"。

二是，出嫁。商大叔，银行职员，退休后回 A 村生活，育有二女，女儿出嫁时，没要彩礼，反而送了近三百万的嫁妆。在 A 村，女方父母不仅不要聘礼，且提供丰厚嫁妆。新婚小家庭获得嫁妆，婚姻支付行为从传统两个家庭之间的支付收受行为，演变成家长与新婚夫妇之间的支付收受行为[4]。女方父母通过给予小家庭经济支持，提高小家庭在县城生活的物质条件，有效提高了女儿在其小家庭的权力地位。正是丰厚的嫁妆，商大叔的两个女儿在各自的小家庭中拥有了更多的决策权[5]。随着女性对家庭决策权的掌握，女性明显出现了将夫家养老资源转移至娘家的新倾向[6]。两个女儿每次逢年过节、寒暑假一有时间就带着孩子回娘家，平日给商大叔夫妻买的吃喝和生活用品的快递接连不断往家里送。

---

[1] 杜鹏、王红丽：《老年人日常照料角色介入的差序格局研究》，《人口与发展》2014 年第 5 期，第 85—92 页。

[2] 王敬、海莉娟、王明刚：《农村资源分配方式、乡村治理模式与干群关系——熟人社会的"公私"逻辑变迁》，《南方农村》2019 年第 4 期，第 45—48 页。

[3] [美] 费尔德曼等：《当代中国农村的招赘婚姻》，李树苗、靳小怡译，社会科学文献出版社，2006，第 10 页。

[4] 李银河：《中国人的性爱与婚姻》，中国友谊出版公司，2002，第 129—130 页。

[5] R. O. Blood & D. M. Wolfe, *Husbands and Wives,* New York: The Free Press,1960.

[6] 高修娟：《农村女儿养老问题研究综述》，《妇女研究论丛》2014 年第 5 期，第 109—112 页。

（2）家务支持

今年 60 岁的林大妈去怀柔县城帮女儿带孩子，女儿每个月则给母亲五千元作为回报。陈皆明①指出，老年父母与成年子女之间存在着广泛的资源交换，父母给予子女家务上的帮助会促使子女为父母提供现金上的帮助。不过，与陈的判断不同，林大妈能得到女儿提供的现金支持，是因为在传统农村，帮儿子带娃被视为男方父母的责任，而帮女儿带娃则不是女方父母的责任。这样，林大妈对女儿是额外付出，女儿理应回报。育有两个女儿的李大妈，给大女儿无偿带娃。这责任本应该由男方父母承担，因为亲家身体不好，进京不易，加上女儿、女婿平时都在县城工厂打工，小家庭生活艰难，李大妈心疼女儿，便帮忙带孩子做家务，闺女也很感激母亲的额外付出。

可见，在 A 村的代际互动中，村民们所实践的"额外"付出，其实可以分为两种途径：物质的和非物质的，它们都致力于帮助子辈在城镇化进程下实现家庭再生产。父母额外给予物质付出，无论是给儿子还是女儿，农民子女还是非农子女，都有利于为子辈在城镇成家定居提供更好的物质生活，直接有效提高子女在其所在的小家庭的地位，进而提高付出方父母在子辈小家庭的地位，获得赡养的回报。父母额外给予非物质的付出，则体现为从传统的家庭性别分工转为新型家庭的代际分工时，进城务工的农村子辈小家庭对父母在照看孙辈、照料家务方面产生刚性需求，通过代际分工，尚有劳动能力的农村父母为子代小家庭减轻了在城镇竞争的压力和成本，为自己获得赡养的保障。

值得一提，随着人口城镇化的进程，A 村的父母对子女的"额外"付出，经历了一个不断"加价"的过程。以对儿子的额外付出为例：1990 年代，分家后由子辈小家庭自己建房；2000 年前后，兴起农村父母给儿子在村里兴建房屋的风气；2010 年前后到现在，则出现农村父母为儿子在县城买房的风气。可见，这一过程与房地产市场货币化、资本化的发展紧密相关。虽然，仅凭着子辈务工生产出的劳动力价值，无法消费得起已经金融化和资本化的县城房地产，但是县城房子，通过与婚姻市场、教育资源这些与家庭再生产过程密切相关的环节挂钩，成了农

---

① 陈皆明：《投资与赡养——关于城市居民代际交换的因果分析》，《中国社会科学》1998 年第 6 期，第 131—149 页。

村家庭再生产的"刚需",成功迫使农村家庭进城买房。

除此之外,来自村庄熟人社会的"面子竞争"也是促使"额外"付出不断"加价"的原因。在一个相对熟悉的乡村社会中,精英家族的行为具有"风向标"的作用,并逐渐抬高了村庄内普通农民阶层在诸如购房、彩礼、嫁妆等诸多方面的标准。

六、给予赡养回报

文章第四部分讨论的是农村父母对成年子女的赡养需求,第五部分讨论的是他们如何为成年子女在县城生活提供帮助以获得赡养回报。这部分要讨论:在实际情况中,已婚成年子女怎样给予农村父母赡养回报。

1. 农民子女

只有当农民父母实在无法解决问题时,成年子女才会给予赡养回报。而农民父母,在寻求子辈帮助之前,会想尽一切办法不麻烦子女:患糖尿病的殷大妈,每天在村里找活干,从未向女儿要钱来补贴药费,还想着省点钱补贴在县城租房的女儿。刘孟芳[①]指出,农村父母一般是在子女完全成家立业,自己又完全丧失劳动能力后,才进入养老状态。但我明显观察到,哪怕农民父母完全丧失劳动能力,也还未到子女给予赡养回报的时候,只有在农村父母完全失能且没有老伴支持的情况下,子女才会考虑把农村父母接到县城里贴身照护。例如,年近七十的陈大妈,瘸腿且患有多种慢性病,家里的大小事,多是 75 岁的陈大爷操持的。他们育有三女一儿,由陈大爷夫妻带大的孙女今年都已经上班工作了,但他们的子女和第三代也只有逢年过节时才回家探望二老。无独有偶,孙大妈前年因腰椎病做了大手术,目前还需休养。两位老人考虑到让女儿们花了近四十万元的手术费,已经给她们"添了很大麻烦",所以,哪怕孙大爷今年已经 78 岁,仍然承担着照料老伴的责任。当问及他们为什么不和子女在县城生活,或者他们的子女是否提供照料支持时,他们不约而同地表达了类似的想法:能和老伴搭伙解决的,

---

① 刘孟芳:《我国农村养老模式研究》,硕士学位论文,武汉大学人口、资源与环境经济学系,2005。

绝不麻烦子女；万一老伴过世，自己有自理能力，也会在农村过独居生活；只有自己实在不能自理了，才会寻求子辈的赡养。从这些父母的行为中，我们能发现，他们普遍认为只有自己实在失去劳动能力，夫妻之间没有能力互相照顾时，才会选择向子女寻求赡养回报，寻求子女的贴身照顾。而且，从陈大爷夫妻、孙大爷夫妻的子女并没有主动为父亲分担对母亲照护责任的行为中，反映了这些子女普遍接受并认同了这样的一种逻辑，也认为只有父母实在难以自理，他们才会提供赡养回报。

2. 非农子女

相比农民父母寻求赡养回报时的委曲求全，非农父母明显更自如自在：多数情况下，非农子女非常乐意为父母提供赡养反馈。这是因为，在帮助子女在县城安家后，非农父母经济上还比较余裕，留有一笔非常可观的资产。以商大叔为例，虽然他已经给予两个女儿丰厚的嫁妆，但他预留有两套房子，一套在县城，一套在A村，他明确和女儿们表示，将来哪个女儿更孝顺，遗产会多留给谁。而景爷爷的继子一直被村里人诟病，也是因为他不去赡养亲生母亲，而是赡养景爷爷：相比于只拥有两间土房的农民母亲，他需要付出更高的经济和时间赡养成本，退伍的景爷爷收入多，资产富裕，还是公费医疗，可预期的赡养收益比付出的赡养成本多。子代对父代的赡养，可以进一步保证子代的继承权。正因为能从非农父母手中拿到可观的遗产，非农子女给予父母赡养回报时积极性更高。

在我的观察中，A村的父母，年龄分布在五十至九十岁之间：村里五六十岁年轻的农民、非农父母，无一例外，现在正忙前忙后，为子女在县城成家创造更好的条件，以期换得将来子女在自己老弱时的养老照顾。但因为非农父辈和农民父辈客观的社会经济差异，导致在现实中出现子辈给予赡养回报的差异。对于七八十岁的农民父母而言，虽然他们已经经历过额外付出阶段，子代理应给予赡养回报，但到现在即使他们明显身处在一种较为艰难的被动境遇，仍想着少为子女添麻烦，不到万不得已，绝不会寻求子女的赡养回报。相较而言，七八十岁的非农父母，处境则好多了：子辈更愿意主动为父母提供赡养反馈。

事实上，"额外付出—赡养"反馈逻辑本身具有相当的情感性，无论是父辈对子代家庭的额外付出，还是子代家庭给予父辈的赡养回报，反馈逻辑的有效运行，不可能脱离代际间亲子情感和伦理道德的温情约束。

七、结语与讨论

研究发现，传统的"抚育—赡养"逻辑变成了以"我为你在县城成家做过贡献，所以你要赡养我"为基础的"额外付出—赡养"的反馈逻辑。农村父母通过各种方式对子代家庭"额外"付出，帮助子代在县城成家、过上更好的生活以及抚育孙代，顺利实现家庭再生产。并且，只有当他们对子代家庭有"额外"付出时，他们才会坦然地要求子女给予养老回报，他们用额外付出交换子女将来的赡养回报。但他们对子代家庭的赡养要求又是那么低，谋求的只是在他们无法支付医疗费用时的经济支持以及在夫妻之间无法互相照料情况下的赡养回报，以减轻子代家庭在城镇生存、竞争的负担。

所以，"额外付出—赡养"的反馈逻辑明显体现了代际倾斜逻辑的色彩。无论是父母，还是子女，抑或是村庄舆论的普遍心态，都表明这样一种代际倾斜逻辑在农村家庭的普遍合理化。有学者认为，当农村父母不把抚养作为要求子女赡养的责任，而是内化了代际倾斜逻辑时，反映了农村父母自身主体性的丧失[1]。但我认为，虽然这些父母接受了倾斜逻辑，但他们已然不是一味无私奉献的农村父母[2]，从他们的行动中，我们能发现他们为自己晚年考虑的养老理性：开始为自己对子女小家庭在城镇立足的额外付出"索取"回报——正是因为我为你在县城成家做过贡献，所以你得要赡养我。尽管，这种养老理性很大程度上是在制度风险下被迫生发的，而子女将来是否给予赡养回报也存在着一系列的不确定性。但一定意义上，我乐观地认为，在目前中国社会转型和农村代际关系普遍失衡的状态下，这种现象意味着农村单向的代际倾斜逻辑开始走向一种新型的代际互助关系。

对于农民父母，他们期望通过付出帮助子辈实现从农民到市民的阶层跨越；

---

[1] 陈柏峰：《代际关系变动与老年人自杀——对湖北京山农村的实证研究》，《社会学研究》2009年第4期，第157—176页。

[2] 张桂蓉、史景军：《赡养与自理的均衡：农村留守老人家庭养老的代际伦理——以湖南省新田县 SH 镇的调查为例》，《伦理学研究》2012年第3期，第127—132页。

对于非农父母，他们的付出进一步夯实子辈晋级市民阶层的基础。农民子女实现并稳固从农民到市民阶层的跨越比非农子女更艰难，需要得到父母更多的付出。但相较于非农父母既能为子女提供物质和非物质的额外付出，面对县城的高房价，靠务农和进城务工为生的农民父母耗尽一生积蓄也难以满足子女在县城的住房需求。因为医保体系的制度性差异，又使得农民父母实际上需要子女回报的赡养更多。虽然近年来，我国再分配社会保障体系在逐步完善，但目前为止，国家福利改革的速度还赶不上农民阶层再生产的速度：与非农子辈相比，农民子辈背负着更重的赡养成本，当轮到他们给予父辈赡养回报时，或许将又一次促使他们陷入农民阶层再生产的困境中。

虽然，当今国家政策不断向农业农村进行倾斜，但在现代化进程中，农民对城市，已经出现了集体向往。A村是一个缩影：作为京郊农村，其拥有优越的福利条件，但村内仍然明显充斥着严重的家庭代际倾斜现象，可想而知，其他地区的农村，情况只会更严峻。在这个空心村庄内，广大的普通农民父母和其子女仍然挣扎在阶层再循环的困境中。

进城务工随迁儿童的社会融入研究

——以云南昆明 X 区 C 社区为例 ①

云南大学民族学与社会学学院 2018 级民族学专业　邹笔润　罗漪瑶

指导老师　李继群

摘要： 随着家庭式整体流动的规模增大，随迁儿童的社会融入问题引起社会的关注。笔者通过对昆明 X 区 C 社区内随迁儿童的调研，发现该群体在较好融入当地社会的同时，仍面临着诸多问题。社区环境、家庭经济、教育资源等因素依旧限制着随迁儿童的社会融入。尽管社区中的社会服务机构所发挥的作用有限，但在一定程度上打破了当地随迁儿童生活的封闭性，为其提供了较为良好的接触城市生活的平台。

关键词： 随迁儿童；社会融入；社会服务机构

20 世纪 80 年代以来，随着农村经济政策改变，大量农村剩余劳动力进入城市，并逐渐不再限于个人或夫妻外出打工，出现了"家庭式"整体流动的现象。由于中国社会呈现城乡二元社会结构，成年流动人口的城市生活存在着诸多问题，如收入不稳定、医疗保障欠缺等，而流动人口的孩子也面临着两难：一方面他们从小生活在城市，对乡村或故乡并不了解，缺乏如父辈那般留在故土的根；另一

---

① 本文系云南大学校级项目"进城务工随迁儿童的社会融合研究——以 X 区 C 社区为例"的结项成果。该项目受 2019 年云南大学大学生创新创业训练计划资助。收入本书时文章有删减。

方面，他们似乎又被城市隔开，生活在城市生活之外。在这种情形下，随迁儿童的社会融入问题值得我们关注。

一、文献综述

社会融入在国际移民研究中有多种界定和派系，如"同化论""多元文化论""区隔融合论"，国际移民情境中的社会融入是外来移民与迁入地居民之间相互接受、相互适应、相互渗透，并最终融会于共同的社会文化生活中的过程或结果，这为国内学者认识流动人口的社会融入提供了参考。

刘红升和靳小怡[1]指出国内关于社会融合的理论存在缺陷，而关于流动儿童社会融合的概念界定存在"缺失""借用""混用"的情况。混用是指将"社会融合""社会融入""社区融合"等概念等同而随意使用。王毅杰和史晓浩[2]认为社会融合是指，在宏观社会背景的制约下，受多种复杂因素的影响，流动人口逐渐与市民在社会结构和心理层面相互影响、相互渗透，并最终呈现为不同社会状态的过程。周皓[3]认为，社会融合是迁入者在迁入地逐步接受与适应迁入地社会文化，并且以此构建良性互动交往，最终形成相互认可，相互"渗透、交融、互惠、互补"的过程。郝振[4]指出，学者们通过不同的切入点来探讨社会融入问题，对社会融入的理解也不尽相同：一方认为社会融入是指新移民主动适应当地文化，一方认为社会融入是双向互动。

笔者认为如是强调双向互动，则"社会融合"更为恰当。然而在此次调查中，随迁儿童如何适应城市生活是我们关注的重点，由于在这一过程中并未明显观察到随迁儿童对于城市文化的影响，因此我们在这一层面上将概念用语定为"社会

---

[1] 刘红升、靳小怡：《流动儿童的社会融合：概念测量、群体差异和影响因素》，《兰州学刊》2019年第2期。

[2] 王毅杰、史晓浩：《流动儿童与城市社会融合：理论与现实》，《南京农业大学学报（社会科学版）》2010年第2期。

[3] 周皓：《流动人口社会融合的测量及理论思考》，《人口研究》2012年第3期，第28页。

[4] 郝振：《流动儿童的社会融入及其策略选择研究》，博士学位论文，华东师范大学应用心理学专业，2015，第40页。

融入"。鉴于国内对这两个概念并没有明确的区分界定，存在混用的情况，因此，只要我们认定其"社会融合"的含义符合我们对"社会融入"的定义，则在下文的综述中予以保留。

目前国内流动儿童社会融入研究主要涵盖以下几个方面：

（1）关于流动儿童社会融入的文献综述及理论构建。周皓和荣珊[1]、倪士光等[2]、王玥[3]、刘红升和靳小怡[4]等学者对流动儿童社会融合研究进行了文献综述，清晰梳理了研究脉络，便于后来学者系统地回顾前人的研究。这些学者进行了文献综述和理论构建，但尚未构建起被大众认可的系统框架，部分研究存在概念界定不清或缺失、理论基础薄弱等问题：未界定流动儿童，或对流动儿童分类不清；未界定社会融合；多数研究并未进行文献回顾。

（2）流动儿童社会融入现状。刘红升和靳小怡的研究[5]指出流动儿童处于"隔离状态"，周皓和章宁[6]则提出流动儿童自我整合状况较好，但社区整合状况不理想。在流动儿童遭遇融合困境问题上，冯帮[7]提出流动儿童身份认同危机的主要表现是身份归属危机、心理调适危机；庄曦[8]提出流动儿童的融合危机表现在"照看者"在流动儿童文化认知发展中呈现功能性缺位，流动儿童文化认知过多倚重大众媒介，同伴交流呈现不平衡的特征，自我同一性发展需求与社会排斥的碰撞易发。对于流动儿童总体融合水平，有的研究发现流动儿童社会融合的意愿强，而社会融合的状况较差[9]，有的研究则发现外来农民子女社会适应的总体情况

---

① 周皓、荣珊：《我国流动儿童研究综述》，《人口与经济》2011 年第 3 期。

② 倪士光、杨瑞东、李虹：《流动儿童社会融合的理论路径与实践探索》，《中国青年政治学院学报》2014 年第 6 期，第 50—54 页。

③ 王玥：《流动儿童城市融入问题综述》，《西安文理学院学报（社会科学版）》2015 年第 2 期。

④ 刘红升、靳小怡：《流动儿童的社会融合：概念测量、群体差异和影响因素》，《兰州学刊》2019 年第 2 期。

⑤ 刘红升、靳小怡：《流动儿童的社会融合：概念测量、群体差异和影响因素》，《兰州学刊》2019 年第 2 期。

⑥ 周皓、章宁：《流动儿童与社会的整合》，《中国人口科学》2003 年第 4 期。

⑦ 冯帮：《流动儿童身份认同危机的表现、成因及对策》，《学前教育研究》2011 年第 7 期。

⑧ 庄曦：《流动儿童与城市社会融合问题及路径探析》，《江苏社会科学》2013 年第 5 期。

⑨ 栗治强、王毅杰：《掣肘与鼓励：农民工随迁子女城市社会融合机制研究》，《华东理工大学学报（社会科学版）》2014 年第 2 期。

较好①。

（3）研究流动儿童社会融入的测量维度与方法。王毅杰和梁子浪②以身份认同融合与结构性融合两个维度来测量流动儿童融入城市社会的现状及其原因。罗竖元③选择从社会融入、心理归属、经济适应、身份认同等维度来测量流动儿童社会融合。刘庆和冯兰④通过心理融合、文化融合、社会交往、身份融合等维度来测量流动儿童社会融合。石长慧⑤则从语言、文化活动和社会关系三个维度考察了流动儿童城市融入状况。可以看到，国内对于流动儿童的研究测量维度划分繁多，但基本以文化、社会关系、心理、身份作为划分依据。同时，普遍存在概念操作较难落实或是不能反映概念的问题，从而导致同一研究结果存在不同结论的现象。如刘庆和冯兰⑥发现，流动儿童进城时的年龄越大，其社会融合的状况越差；而栗治强和王毅杰⑦却发现，年龄越大的流动儿童，其社会融合状况越好。研究方法普遍采用问卷法，部分研究采用参与观察和深入访谈的方法。问卷可以获得较为准确的信息，但不一定能反映所要考察的概念，而定性研究有较高的效度，但可信度较低。

（4）从多种研究视角探讨流动儿童的社会融入的问题。当前我国学界运用的研究视角大致可归纳为以下几个方面：从游戏这一儿童世界富有活力与主体性的活动入手，透视当下中国随迁子女与城市生活的相遇与融合的境况。⑧从教育政

---

① 赫林、徐金刚：《外来农民工随迁子女社会适应问题研究》，《绍兴文理学院学报》2016年第1期。

② 王毅杰、梁子浪：《试析流动儿童与城市社会的融合困境》，《市场与人口分析》2007年第6期。

③ 罗竖元：《农民工随迁子女城市融入的结构与现状——基于厦门、长沙与贵阳调查数据的实证分析》，《江汉学术》2014年第2期。

④ 刘庆、冯兰：《流动儿童社会融合的结构、现状与影响因素》，《中国青年政治学院学报》2014年第6期。

⑤ 石长慧：《文化适应与社会排斥——流动少年的城市融入研究》，《青年研究》2012第4期。

⑥ 刘庆、冯兰：《流动儿童社会融合的结构、现状与影响因素》，《中国青年政治学院学报》2014年第6期。

⑦ 栗治强、王毅杰：《掣肘与鼓励：农民工随迁子女城市社会融合机制研究》，《华东理工大学学报（社会科学版）》2014年第2期。

⑧ 刘谦、姚曼：《从游戏世界解读首都随迁子女"斑驳"的社会融合状态》，《民族教育研究》2018年第5期。

策的角度尤其是政策影响下教育安置方式的视角出发，对流动儿童的社会融入情况进行深入的研究。[①] 从学校性质和生命历程视角，分析流动儿童在资本禀赋与社会融合上的差异性，检验二者的相关性。[②] 还有一批学人关注到了社会工作介入对于流动儿童的帮助，但大多是从小组工作介入的角度进行探讨的，对于社会服务机构的讨论较少。

（5）流动儿童社会融入的影响因素和相应的对策与建议。巩在暖和刘永功[③] 根据调查，提出四大影响因素：制度（户籍制度与身份认同、城市教育）、家庭（父母受教育程度和收入、家庭社会网络、父母与孩子的交流情况）、个性心理（个性倾向性、个性心理特征）、社会接纳（社区、学校、同辈群体）。多数国内研究表明流动儿童社会融合的影响因素包括：家庭因素、学校因素、社区因素、制度因素和个体因素。此外，龙丁江、陶印华[④] 认为日常休闲的特征及满意程度也会对流动儿童社会融合产生影响，邱达明[⑤] 研究了流动儿童体育锻炼对社会资本和对社会融合的影响，郝振和崔丽娟[⑥] 分析了受歧视知觉在流动儿童社会融合过程中的影响及其作用机制。在影响因素方面，国内学者主要关注客观因素——家庭、学校、社区、制度等，而缺乏对主观因素，如自我同一性、交往渠道、思想观念等的分析研究。

综上所述，国内对于流动儿童社会融入的研究内容丰富多样，研究视角多元，体现出社会融入是一个复杂的、多元的、动态的过程。本次研究试图通过对昆明市 X 区 C 社区的随迁儿童展开的调查研究，描述其社会融入的现状，分析社会融

① 周国华、郭元凯：《教育安置方式对流动儿童社会融入的影响研究》，《基础教育》2014 年第 2 期。

② 刘红升、靳小怡：《流动儿童的资本禀赋与社会融合研究——基于双向测度数据的多视角分析》，《北京社会科学》2018 年第 5 期。

③ 巩在暖、刘永功：《农村流动儿童社会融合影响因素研究》，《国家行政学院学报》2010 年第 3 期。

④ 龙丁江、陶印华：《日常休闲对流动儿童社会融合的影响》，《当代青年研究》2016 年第 6 期。

⑤ 邱达明：《流动儿童体育锻炼对社会资本和社会融合的影响研究》，《哈尔滨体育学院学报》2018 年第 1 期。

⑥ 郝振、崔丽娟：《受歧视知觉对流动儿童社会融入的影响：中介机制及自尊的调节作用》，《心理发展与教育》2014 年第 2 期。

入的相关影响因素，尤其是社会服务机构对该区随迁儿童的社会融合的影响，以期客观呈现随迁儿童社会融入的实际情况。

二、研究内容及方法

（一）研究内容

1. 研究对象

本研究田野点为云南省昆明市 X 区 C 社区，选取的研究对象为 C 社区中某儿童活动中心（下文以"K 中心"代称）内 6—13 岁（小学一年级至六年级）的随迁儿童。

2. 研究维度和指标

（1）维度：文化融入、身份融入、社会融入、心理融入。

（2）指标：本地语言掌握程度、本地风俗熟悉程度、社会交往网络规模、朋友的来源构成、社会交往意愿、参与社会服务机构的意愿、城市生活满意度、居留意愿、社会接纳程度和身份认同程度。

3. 相关概念界定

（1）社会融入

本次研究采用周皓[①]对于社会融入的界定：迁入者在迁入地逐步接受与适应迁入地社会文化，并且以此构建良性互动交往，最终形成相互认可，相互"渗透、交融、互惠、互补"的过程。笔者将其分为两个阶段：首先是迁入者适应迁入地文化，其次是构建良性互动并在交往中相互影响。本次调查对象主要是进城务工随迁儿童，其目前处于适应当地文化的阶段，尚未进入第二阶段。

（2）进城务工随迁儿童

将流动儿童、随迁子女、农民工子女、流动少年等概念都统一为进城务工随迁儿童，且将其简称为"随迁儿童"。随迁儿童是指户籍不在县城及县城以上城市，而随父母（或其中一方或其他监护人）进城务工就业的并在县城及县城以上

---

① 周皓：《流动人口社会融合的测量及理论思考》，《人口研究》2012 年第 3 期，第 28 页。

城市合法居住的，应依法接受九年义务教育的适龄儿童少年（6—15 岁）。此次研究中，由于 K 中心的特殊性，年龄界定为 6—13 岁。

（3）社会服务机构

本研究所指社会服务机构为公益性儿童活动中心，即指社会资本支持下免费供儿童娱乐、身体锻炼，对儿童进行科学文化普及教育、社会道德规范培养的社会公益型综合设施。中心内设置供儿童各项活动的建筑和设备，包括娱乐锻炼性的设备、文化教育方面的儿童读物，选用适合儿童和保护儿童的材料来布置，定期向儿童开放，供儿童活动。本研究中特指 K 中心。

（二）研究方法

1. 问卷调查

问卷调查法指的是一种采用自填式问卷或结构式访问的方法，系统地、直接地从一个取自某种社会群体的样本那里收集资料，并通过对资料的统计分析来认识社会现象及其规律的社会研究方式。笔者对 K 中心的随迁儿童进行的问卷调查旨在通过本地语言掌握程度、本地风俗熟悉程度、接受本地价值观念的程度等指标，测量不同年龄、不同居留时间、不同性别的随迁儿童在文化、身份、社会、心理方面的融入状况，借此分析影响随迁儿童融入的因素，并寻找在此过程中难以测量的维度，以在后续的参与式观察中进一步深入。本调查共发放问卷 50 份，收回有效问卷 39 份，收回率为 78%，借助 SPSS 软件分析数据。

2. 访谈法

访谈法是通过向研究对象提问或与之交谈的方式来获取资料。通过对相关报道人进行访谈，多角度、深层次了解、把握随迁儿童社会融合状况，分析其所面临的问题和困难，并在此过程中以对个案的深入研究考量影响随迁儿童社会融入的深层动因。笔者随机抽取了若干儿童进行了非正式访谈，与 C 社区第三支部委员会一位成员、K 中心四位工作人员、一位酒店前台服务员、一位定期驻该社区提供免费法律咨询的律师以及四位家长进行了半结构式访谈，并在协同 K 中心工作人员所进行的家访中，与三个随迁儿童家庭进行了对话。

三、问卷分析

（一）被调查者的人口学特征

本次调研从性别、年龄、城市居住时间、出生地、对 K 中心的参与程度等方面粗略了解了云南省昆明市 X 区 C 社区部分随迁子女的基本情况。

本次调研除 1 个样本性别数据缺失外，男性有 10 人，约占总数 26%，女性有 28 人，约占总数 74%。男女比例相差较大，故此次获得的数据不具备整个群体的代表性，但一定程度上具备女性群体的代表性。

本次调查对象年龄主要集中在 9—11 岁，这个年龄段的共计 24 人，约占总数 61.6%；共有 6 个 12—13 岁的儿童，约占总数 15.4%；共有 8 个 6—8 岁的儿童，约占总数 20.5%。

调查对象在城市生活不到一年的只有 1 人，约占总数 2.6%；在城市生活时间一年到三年的有 7 人，约占总数 18.4%；达三年以上的有 13 人，约占总数 34.3%；一直生活在城市的有 17 人，占总数约 44.7%。大部分调查对象在城市居住时间较长。

由于调查对象年龄较小，调查对象出生地的收集情况模糊且较为混乱。除去 2 个缺失数据，出生地在昆明的有 15 人，不在昆明的有 22 人，其中，各有 8 人出生于贵州、云南非昆地区。部分出生于昆明的儿童实际户籍不在昆明。

除去 2 个缺失数据，参加 K 中心活动达一年、一年到三年、达三年以上的人数分别为 10 人、11 人、16 人。除去 1 个缺失数据，一周内参加 K 中心活动 1—3 次的有 10 人，一周 4—5 次的有 9 人，一周 6 次的有 19 人。从以上数据来看，大多数参加了 K 中心活动的儿童一周内都会多次前往 K 中心，这部分的调查对象集中于 9—11 岁这一年龄段。

（二）融入现状

1. 社会融入

问卷通过对社会交往网络规模、朋友的来源构成、社会交往意愿和城市生活满意度几个维度测量随迁儿童的社会融入情况。

本次调查中，将调查对象结识城市朋友的主要来源分为学校、课外兴趣班或辅导班、社区、亲戚家的四大类。值得注意的是由于调查地点 C 社区的特殊性和封闭性，前三处地点以及 K 中心这一社会服务机构作为认识途径的功能有所重叠。调查对象中的 36 人选择了学校，16 人选择了课外兴趣班或辅导班，24 人选择了社区，27 人选择了亲戚家的朋友。从以上数据可以看出，调查对象在城市的朋友的主要来源是学校同学，其次是亲戚和社区。

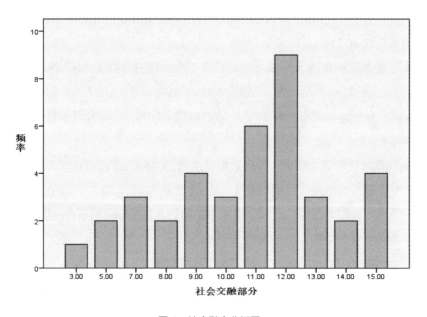

图 1 社会融合分析图

图 1 是以社会融合问题作答情况绘制的柱状图，"社会交融部分"数据越大，表示社会融入度越高，数据峰值集中在 11—12，且 11、12 占总数约为 38.5%，这表示调查对象社会融入程度普遍良好。

表1 你们家与社区其他人（如邻居）有来往吗？

		频率（次）	百分比（%）	累计百分比（%）
有效	经常	14	35.9	35.9
	偶尔	20	51.3	87.2
	基本没有	5	12.8	100.0
	总计	39	100.0	

表1是以问卷中相关问题的作答情况绘制的，其数据表明调查对象所在家庭具有较好的邻里关系，这有利于随迁儿童的人际交往关系的发展，但是邻里关系并不密切，偶尔来往占总数的51.3%，这不利于加快儿童社会融入的进度。

表2 你多久回一次老家？

		频率（次）	百分比（%）	累计百分比（%）
有效	一年一次	12	30.8	30.8
	一年两次	5	12.8	43.6
	逢节假日都回	9	23.1	66.7
	几乎不回	10	25.6	92.3
	其他	3	7.7	100.0
	总计	39	100.0	

表3 你和老家的亲戚朋友还有联系吗？

		频率（次）	百分比（%）	累计百分比（%）
有效	几乎每天联系	6	15.4	15.4
	每周都有联系	8	20.5	35.9
	每个月都联系	10	25.6	61.5
	几乎没有联系	12	30.8	92.3
	其他	3	7.7	100.0
	总计	39	100.0	

从表2和表3可以看出，调查对象的家庭与故乡之间的联系在减弱。在"多久回一次老家"问题中，一年一次和几乎不回的选项约占总数的56.3%；在"和老家亲戚朋友联系频率"一问中，几乎没有联系的答案占比约达30%。

2. 身份融入

表 4　身份融入统计表

个案数	有效	33
	缺失	6
平均值		51.1818
平均值标准误差		1.28986
中位数		51.0000
标准差		7.40968
偏态程度（偏度）		0.009
偏度标准误差		0.409
峰度		-0.281
峰度标准误差		0.798
最小值		34.00
最大值		66.00
百分位数	25	45.0000
	50	51.0000
	75	56.0000

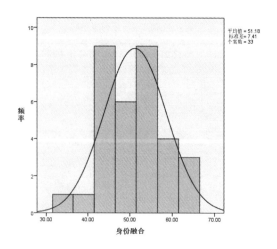

图 2　身份融入分析图

这一组问题中，数值越大，表示身份融入度越低。这个数据的平均值约是 51.18，标准差约是 7.41，说明这组数据的离散程度较低。偏态程度为 0.009，峰度为 -0.281，说明此分布接近正态。故高身份融入度与低身份融入度存在的比例较小，大部分调查对象处于中值状态，这表明，调查对象在身份融入方面存在欠缺。

3. 文化融入

表5　你听得懂昆明话吗？

		频率（次）	百分比（%）	累计百分比（%）
有效	完全理解	26	66.7	70.3
	大概能听懂，有少数发音和词语不能理解，交流没有障碍	10	25.6	97.3
	时常不能理解甚至误解对方的意思	1	2.6	100.0
	总计	37	94.9	
缺失	系统	2	5.1	
	总计	39	100.0	

表6　你会讲昆明话吗？

		频率（次）	百分比（%）	累计百分比（%）
有效	掌握得很好，大多人听不出我有口音	17	43.6	45.9
	我家乡的方言原本和昆明话接近，我学昆明话轻而易举	10	25.6	73.0
	学会了一些表述，但是和本地人交流仍有障碍	7	17.9	91.9
	我完全不会讲昆明话	3	7.7	100.0
	总计	37	94.9	
缺失	系统	2	5.1	
	总计	39	100.0	

表7 你觉得昆明本地饮食如何?

		频率（次）	百分比（%）	累计百分比（%）
有效	很好吃，符合我的口味	20	51.3	54.1
	还可以，大多数都很好吃	13	33.3	89.2
	一般般，不难吃也不是很喜欢	3	7.7	97.3
	我觉得和家乡饭菜比起来很难吃	1	2.6	100.0
	总计	37	94.9	
缺失	—	2	5.1	
总计		39	100.0	

上表5、6、7根据问卷中相关问题的作答情况绘制。从数据中不难看出调查对象中的97.3%听得懂昆明话，交流无障碍，73%讲昆明话很轻松，89.2%认为昆明饮食符合口味。这表明调查对象在文化方面融入度较高。

问卷中另有问题主要测量了随迁儿童的社会接纳程度。从来没有因为外表被认为是外地人的人数占总人数的59%。在选择本地人与外地人外表上的差距因素时，9人选择了衣着、9人选择了身材、11人选择了整洁程度、8人选择了肤色、8人选择了外貌特征、12人选择了身高。衣着和整洁程度被双选。

4. 心理融入

在这一部分问题中，获得分数越高，心理融入程度越高。

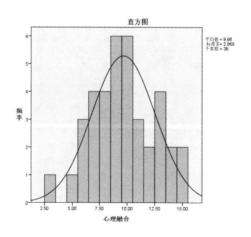

图3 心理融合直方图

表 8 心理融入数据分析

个案数	有效	38
	缺失	1
平均值		9.6579
平均值标准误差		0.46541
中位数		9.5000
标准差		2.86900
偏态程度（偏度）		0.016
偏度标准误差		0.383
峰度		-0.392
峰度标准误差		0.750
最小值		3.00
最大值		15.00
百分位数	25	7.7500
	50	9.5000
	75	12.0000

数据的平均值约是 9.66，标准差是 2.869，说明数据离散程度较低。偏态程度为 0.016，峰度为 -0.392，说明此分布接近正态。调查对象的心理融入状态能在一定程度上反映相关群体的心理融入状态，表明调查群体的心理融入度趋同，融入程度集体偏低。

5. 小结

调查研究对象社会融入状况较为良好，大部分随迁儿童长期生活在城市，对本地人与外地人的差别性对待感知并不显著。另一方面，时间和空间上的阻隔使得他们与老家的联系也不甚紧密和稳定。调查对象的社交圈集中在学校；社区适应水平一般，邻里关系并不紧密。这说明流动儿童的社会融入存在着社会交往范围方面的阻碍。少数随迁儿童听不懂、不会说昆明话，在语言表达和理解方面的障碍更加大了融入困难。初到本地年龄较大、本地居住时间较短的儿童在日常交往中遇到的交流障碍相对来讲更多，融入程度上普遍也更低一些。

调查对象中的大部分具有较高的居留意愿，但存在一定物质条件的阻碍，如在衣着、整洁程度等外貌特征方面，与当地文化环境中的同龄人存在差异，这些方面招致的文化偏见是随迁儿童在社会融入中需要直面的一个问题。这对社会融入有着较为直接的影响，涉及随迁儿童的自信问题与人际交往网络结构问题。但是这些特征的影响因素繁多，许多是不可控的，如地域体质特征等，还有一些是由于贫富差距或者消费观念导致的。此外，心理融入程度不高，身份融入存在欠缺，说明流动儿童在自我认知等方面仍存在迷茫。

四、影响随迁儿童社会融入的因素

（一）客观因素

1. 社区

云南省昆明市 X 区 C 社区，辖区面积 1.8 平方千米，其中流动人口 7.2 万余人，人口密度达 3.89 万人 / 平方千米，流常人口比例为 16 ∶ 1。[①]

根据 C 社区第三支部委员会成员的访谈内容，C 社区是一个自然村，分为 12 个小组，有新村、老村的划分，新村是 2000 年左右由政府统一建成的。老房子原来都是土木结构，经翻修后外租，房租根据出租房的配置而定。没有独立卫生间的房子是每月两三百元，带卫生间的单间一个月可能四五百元，1 室 1 厅的套间至少七八百元，总体来说在昆明市范围内属于低价廉租房。社区内部巷道纵横，杂货店、小旅馆、理发店、棋牌室、农贸集市、各种规格不一的饭店等一应俱全，孩子可以在社区内一直读到小学，这也使得他们的人际交往限定于社区内的流动儿童群体。这位支部委员会成员也说道："现在这里边，吃的、穿的、用的都有卖的，一般的村民要求不怎么高，大多数商品在村子里边买得到，就不用出去了。"[②]

C 社区作为"巨型城中村"，其低于城市平均消费水平的内部市场和低廉房租是吸引大量外来人员入住的重要原因，这些也使得该社区内流动人口庞杂且流动

---

① 《党建引领最大城中村由"乱"到"治"蝶变》，中共昆明市委组织部，https://www.kunming.cn/news/c/2018-11-15/10758419.shtml，2020-05-20。

② 访谈对象：C 社区第三支部委员会成员。访谈地点：C 社区第三支部委员会大厅。访谈时间：2019 年 12 月 4 日。

量大。这样一个庞大且完备的内部体系，一定程度上限制了随迁儿童的活动空间，也阻碍了儿童与城市的接触，同时使流动群体的业缘与地缘关系难以维系，故而C社区内的随迁儿童的交往对象往往是同处该社区内的随迁同龄玩伴。

2. K 中心

2013 年 10 月 13 日，马来西亚一对华人夫妇自主筹款成立了独立民间公益机构——K 中心。该机构现在由云南省国际民间组织合作促进会、华西派出所和马来西亚友人联办，对进城务工者的随迁子女进行专项关爱活动。在项目成立的近 6 年时间里，共 1000 余儿童登记在册，参与过 K 中心的相关活动。

K 中心服务对象主要是 6—13 岁在校儿童，部分学前儿童和小学毕业的孩子也可以参加 K 中心的活动，但不作为正式成员。机构常驻儿童为 70—100 人左右。主要服务内容涉及儿童学业辅导、品格教育、兴趣活动、技能提升和心理辅导，也会开展家长知识讲座、亲子互动活动，进行不定期家访。服务时间是每周周一到周六和 7 月份前三周的暑假，法定节假日正常休息。服务内容具体来说，周一到周五主要由大学生志愿者和老师进行课后作业辅导，在完成作业获得贴画证明后，孩子们可以自由阅读或玩耍。周六早上品格学习，两周一个品格主题，主题一般有"礼貌""感恩"等；周六下午为兴趣班活动，有音乐、舞蹈、电脑、绘画等，具体课程由志愿者老师所掌握的技能决定，开三个班，担任兴趣班老师的志愿者需要保证至少一两个月能稳定授课。会奖励每月出勤率在 90% 以上的儿童，奖励为利用周末时间带他们到 C 社区外玩耍。暑期活动设计不同的主题以增长孩子见闻。另外在特殊节日如母亲节、父亲节等会组织亲子活动，也会组织儿童家庭拍摄全家福。

K 中心内目前有四位正式工作人员，都是女性。其中一位 L 老师从项目成立起一直担任项目经理，其他三位老师分别于 2014 年、2016 年、2019 年开始在 K 中心工作。这些工作人员大多没有经过系统的社会工作训练，一位老师是汉语言专业的毕业生，一位老师是普通的家长，上岗工作前也没有相关培训，"一边上班一边学习"。K 中心孩子人数较多，志愿者参加的时间不稳定，愿意到 K 中心进行长期工作的人较少，这种情况下，对于正式工作人员的要求就没有这么严格。工作人员也会用项目资金购入一些教学用具和手工道具，还有图书、玩具等，用于建立图书室和玩具室，以及购入一些小玩具和文具作为奖品以履行 K 中心内的奖励机制，也会以思想教育、罚扫厕所等行为来批评极个别顽皮孩子。

K 中心的主要活动还是由固定工作人员商议决定的：儿童受到怎样的教育、与社区外人员和环境的接触程度等。就以往 K 中心的成就来看，他们的工作结果是值得认可的：大部分参加 K 中心活动的儿童是有礼貌的、独立的、认真的。周末和暑假带领儿童到社区外游玩也增加了儿童与城市的接触，但这些接触的参与人数少、频率低，不能起到帮助随迁儿童很好实现社会融合的作用。因此，我们认为 K 中心对于培养儿童的学业和品行是有帮助的，但是对儿童的社会融入的助力较弱。

K 中心与云南大学、云南财经大学及云南师范大学签署协议，接受高校志愿者和社会工作专业实习生，每年新加坡高校也会组织学生前来进行志愿服务。前来 K 中心的志愿者，除社会工作专业的实习生外，大部分没有受到相关培训。此外，大量志愿者只是体验式参与，这也使得一部分儿童倾向疏远志愿者——大多数儿童们的想法是：这些志愿者老师都是会离开的。也正是由于志愿者的流动，这些孩子长期与大量不同的陌生人员交往，相对于同龄人而言更加"圆滑"。

笔者认为志愿者（这里主要是指在城市环境中成长的志愿者，其中不仅包括在校大学生，也包括一些来自社会组织的工作者）是 K 中心儿童们接触城市生活的一个比较重要的途径，志愿者与儿童交往交流的过程，其实是流动儿童濡化的重要参与方式。当然，几位工作人员也可以是他们的模仿对象，但由于工作人员都住在 C 社区内，我们认为他们的行为会受到社区的影响，而志愿者大多数是从社区外来的，其行为方式、思考习惯、语言运用、交往模式等带有更浓厚的城市烙印。但是志愿者参与的不稳定性或者食言（约定了却没有来），导致了儿童对志愿者们不好奇、不交心、不信任，在一些活动过程中，儿童们认为志愿者老师可有可无。

K 中心的老师们也说道：在上完小学后，有超过一半的孩子因为学籍等问题要回乡上学甚至直接辍学。他们也知道 K 中心现在力量太有限，希望有更多类似的组织对外来务工随迁子女进行关爱和帮助。

3. 家庭

我们通过访谈、调查了解到参加 K 中心活动的大部分家庭收入都并不高。下面是部分参加 K 中心的儿童的家庭信息[①]：

表 9　家庭 1 情况

概况	一家六口，哥哥（18 岁，外出打工），三个妹妹（最小的两个分别读初中、小学）。两个小妹妹学习成绩优秀。长男与次女上的职业高中，次女学习幼师，在这一方面成绩较好，学习认真，喜欢且一直梦想当老师
经济情况	父母均有工作，但身体不好，工作很辛苦，大致收入加起来 4000—5000 元 / 月。一家经济情况有些吃力
工作情况	长男读职高第三年外出打工，次女决定不继续读大专，而选择就业来供妹妹们读书，同时补贴家用

表 10　家庭 2 情况

概况	家中有六口人，四个孩子，其中长女就读于 YJ 中学高一，次男初二，三女五年级，四女三年级。父亲身体不太好（医院诊断结果可能是神经压迫），平时喜欢抽烟（3盒 / 天）。爷爷 80 多岁，需轮流照顾，每年照顾六个月。都为汉族，户籍在云南省昭通市
经济情况	收入：2000—3000 元 / 月 房租 600 元 / 月（两房间）、水电费 200 元 / 月 家庭其他支出：6000 元 / 月（其中老大 2000 元 / 月，包含学校强制要求补课以及外出餐饮）
工作情况	母亲洗公交车，父亲暂时失业（此前开货车）

表 11　家庭 3 情况

概况	一家四口，父母及两个男孩，两个孩子都在上小学 父亲原住地为云南安宁，母亲原住地为云南罗平
经济情况	收入：每月均收入 3500 元 支出：房租 600 元 / 月（房间条件是套间和厨卫） 孩子学费：长男 1500 元 / 学期，次男 900 元 / 学期
工作情况	父亲以制作葫芦丝为业，自己开店销售；母亲在家帮忙做零件

[①] 资料来源：云南大学民族学与社会学学院本科 2018 级民族学班学生文小双、李婕好、林燕婷和高旭东四人的小组调查。

表 12　家庭 4 情况

概况	家中有六口人，四个孩子，其中长男现读初一，次女读初一，三女读三年级，四男读三年级。父亲 68 岁，母亲年龄为 48 岁，与丈夫相差 20 岁。老家在贵州，迁到昆明已十年有余
经济情况	房租：460 元 / 月（收废品的店铺，12 平方米左右）、200 元 / 月（住所，7 平方米左右） 收入：2000—3000 元不等 家庭其他支出：4000 元 / 月（不包括孩子的学费） 长期入不敷出，以无息贷款为生
工作情况	父母都以收废品为生，无其他收入来源

随着教育的普及以及对教育的重视，家长们都尽量让孩子们读到高中，所以孩子的学费是家里较重的负担。因而对于一些额外的补习和兴趣班，尽管许多孩子有上课意愿，但是家里的经济情况并不允许。因此，公益性质的 K 中心就很受欢迎。许多受教育程度不高、无法辅导孩子课业的家长将孩子主动送来 K 中心并鼓励孩子参与，但是也有些较为重视孩子课业的家长认为 K 中心的课业辅导并没有实际帮助。我们结识了两位相伴而来的女孩子，其中一位来了两次就没再出现。对此，另一名女生的回答是："她妈妈说她前两天待到很晚回去还没写完作业，她妈妈觉得效率不高，就不让她再来了。"

家长们本身的受教育水平不高，很难找到高薪职业，且工作辛苦。根据一些儿童反映，很多父母因工作导致回家时间很晚。很多家长遇到休息时间，也不会带孩子出门玩耍，M 家长很直白地告诉我们："不会（带孩子出去），太累了，就是要睡觉、休息的。"所以儿童的活动范围主要是在社区内，社交对象也主要是社区内的伙伴。

基于这样的家庭状况，大部分家长对于 K 中心这样的存在是乐见其成的，因其既可以减轻自己对孩子的看护负担，又可以免费给孩子补习。在 K 中心老师和家长的交互之间，K 中心实际上处于被尊重的地位，多数家长们感谢 K 中心，也会听取 K 中心的建议，积极配合 K 中心开展的亲子活动。

4. 学校

K 中心的儿童大部分在附近的民办小学就读。学校教育作为儿童社会化的第二课堂，对于儿童的社会融入而言也起着重要作用。很多儿童反映，学校的老师会对他们使用体罚手段，有的学校还限制他们与其他学校同龄人交往。由于学校方面只允许进校参观，学校老师不接受访谈，我们并不清楚这些说法是否可信。从辅导儿童们的学业时了解到的情况来看，这些民办学校的教学水平较为一般，一些家长也认为学校部分老师并不负责。

我们在一次进校参观中也看到了老师们倦怠的情况：正是上课时间，有间教室很吵闹，但老师并不在教室。也有儿童反映说，学校有些老师会阻止儿童前往K中心，因为学校也会组织补课，这些补课会收取一定的费用，对于一些家庭来说还是有一定负担。

尽管这些孩子可以上公立学校，但是需要家长准备材料去报名，并且每个学校入学名额也是有限制的。在家庭方面，家长都会让孩子上学，但其实一部分家长对于孩子的教学质量是没有太多要求的，认为孩子有学上就可以了。这样的教育理念也使得孩子们多为就近入学，其实质仍然处于流动人口社区，未脱离流动群体，难以进行更大程度的新文化氛围的濡化。

（二）主观因素

1. 歧视知觉

歧视知觉，即相对于客观歧视现象而言的一种主观体验，指个体知觉到由于自己所属的群体成员资格（如性别、种族、出生地区或者户口身份等）而受到有区别的对待，这种区别对待可以表现为实际的行为动作，也可以表现为拒绝的态度或者某些不合理的制度等。[①] 随迁儿童作为文化外来者，在政策、经济、教育、社会资源等方面与同龄人相比都有显著差距，这些差距直观地反映于他们的衣食住行、受教育程度乃至于今后的收入水平与社会地位上。而由此引发的对于该群体的歧视乃至污名化是影响个体心理发展的重要压力环境。

在本研究中，随迁儿童集中生活在相对封闭的生活区域内，他们的交际圈也往往止步于城中村社区和老家。在有限的交际范围内，他们鲜少受到歧视，因为周边的人也多是流动人口（K中心老师、邻居、同学等）或是在与该群体在长期

---

① 李丽娜、于晓宇、那宇亭等：《人格在留守儿童个体歧视知觉与攻击行为间的中介作用》，《中国健康心理学杂志》2020年第12期。

互动中逐渐放下偏见的群体（学校的教师、村委会干部、社区常住人口等），抑或本身是具有同理心的群体（K 中心的大学生志愿者和海外资助财团等），故而在其他研究中所看到的歧视现象在本研究中没有突出表现。

值得一提的是，在我们的访谈对象中，有三个六年级的女孩子在公立学校就读，这在 K 中心是较为罕见的，她们身边多为本地户籍的同龄群体。在 K 中心内，她们总是将社交范围限定在彼此与几个熟识的志愿者和老师之间，不同其他随迁儿童交往，而且给其他孩子取侮辱性外号。由此可以看到，社会化程度较高的大龄流动儿童更倾向于与主流文化持有者或在社会地位乃至经济地位等方面占据优势的群体建立联系，这也是流动人口主动寻求社会地位改善、主动融入新社会环境和文化氛围的缩影。同时，公立学校流动儿童的受歧视知觉要高于民工子弟学校（C 社区内的学校）。

2. 自我意识

从上述例子可以看出，随迁儿童的自我意识已经有一定发展，可以说这一群体正处于自我意识形成的阶段，上述三个六年级女孩的举动反映了随迁儿童对于自我身份认同的迷茫。随迁儿童的身份认同也是个体心理发展的重要指标。在访谈中发现，由于生活空间的更易、城市人口对于流动人口的态度与户籍制度等的影响，各年龄段的儿童普遍存在身份认同上的迷茫，即使是居留时间较长、社会化程度较高的大龄儿童也是如此。低龄随迁儿童的认同迷茫通常来源于生活空间的更易，而年龄较大的随迁儿童则多是由于户籍制度、入学制度、医疗制度、社会保障制度等制度性因素的阻碍。

3. 性别及居留时间

就在 K 中心内的参与观察而言，同龄群体间的女生相较于男生的融入程度更高，这也与刘庆和冯兰的研究结果 [①] 相吻合。本次调查对象中没有独生子女，一部分父母仍抱有"重男轻女"的思想，在这些家庭中女孩普遍得不到同男孩一样的待遇，因而对于家庭的依赖性也较低，相反，她们对于同龄玩伴的依赖程度更高。而且，家庭中"姐姐"的性格往往更加外向、体贴，这也有助于她们更好更

① 刘庆、冯兰：《流动儿童社会融合的结构、现状与影响因素》，《中国青年政治学院学报》2014年第 6 期。

快地进行社交活动。

居留时间是一个正向的影响因素。一般来说，在同年龄阶层中，个体在某地居留的时间越长，身份融入情况越好，自尊水平越高，群体可渗透性感知越高，生活满意度也越高；从年龄段来看，初中阶段的流动儿童在受歧视知觉上高于小学阶段流动儿童，在生活满意度上低于小学流动儿童。[①] 这与问卷调查所获的数据吻合。

五、结论

从前文影响因素分析来看，笔者认为生活的封闭性是影响 C 社区的随迁儿童的主要因素。首先，C 社区内部市场的完整性就基本满足了随迁儿童的生活需要，除了在社区外上学的随迁儿童，其他的随迁儿童几乎无须走出 C 社区；其次，大部分家庭的经济条件不能满足随迁儿童与社区外的交往的需求，家长无论是精力上还是财力上都很难带儿童外出，导致儿童对新文化环境的濡化受限；再次，随迁儿童虽然可以接受教育，但是教育质量与城市普遍教育质量是有差别的，这些随迁儿童可使用的教育资源也存在着封闭性；最后，这样的社会环境对儿童的社会化也会形成某种程度的阻碍，进一步影响到他们的歧视知觉、自我意识、交往渠道等。

另一方面，生活环境的频繁变化对于成长中的随迁儿童的社会融入也造成了相当程度上的阻碍。空间上的变换带来的是更深层次的制度约束和文化断裂，以及对于儿童身心发展至关重要的社会关系网络的变更，这使得儿童对于生存空间和文化的敏锐性以及探索欲望都明显降低，因而即使是在 C 社区外居住的随迁儿童也会面临相似的困境。

笔者认为，尽管 K 中心作为面向流动儿童群体的社会服务机构还不够完善，在帮助儿童建立辩证思维、独立人格等更高层次的发展需求方面显然还做得不够，但它在促进随迁儿童的社会融入方面发挥了独特的作用。在这里，儿童并不是被

---

① 郝振、崔丽娟：《受歧视知觉对流动儿童社会融入的影响：中介机制及自尊的调节作用》，《心理发展与教育》2014 年第 2 期，第 140 页。

动地作为文化外来者被要求以模仿等方式融入主流群体的，而是独立的、被尊重的、不被以户籍身份划分的而被服务的个体。K 中心里的志愿者相对于 C 社区居民来说是外来文化持有者，也是他们将要面对并融入的主流文化持有者；而这样的文化差异也有助于打破社区内人员的固有认知。这些文化差异导致的文化震撼不仅作用于 K 中心内的儿童，还随家访、约谈等方式作用于随迁儿童的监护人乃至家庭，在相当程度上有利于提高随迁儿童主动适应文化氛围的积极性。这些在封闭社区内成长的随迁儿童将来有可能会随父母返乡，也有可能会迁移别处或定居在城市，但不管去留如何，随着他们不断成长，终究会有接触到 C 社区外的一天。在此期间，有诸如 K 中心这样的平台作为接触主流文化价值体系下的现代都市生活的平台、沟通他们与城市生活的一个桥梁，不失为一个好的选择。

福建官畲村的亲属模式报告①

厦门大学社会与人类学院 2017 级人类学专业　林俊杰

指导老师　蓝达居

摘要： 本文在对福建南部畲族村落的田野参与观察及访谈的基础之上，发现其族内交婚的话语及实践所造就的姻亲网络密集之社会结构。通过引入传统汉族社会结构为对比的出发点，思考分家、酒席筹宴、祭祖、拜神、族谱制作、族产开发等亲属实践对社会网络所起的作用，提出了不同情境下血缘、族群、地域作为群体归属的方式是动态变化的且服务于社会结构持续变迁的需要，并具体反映在亲属实践中的个体互动中。另外，从时代变迁的角度对官畲的地名空间格局进行阐述，以此补充族群归属中"地域"的作用。

关键词： 畲族；官畲村；亲属模式

引言

官畲村②位于福建省漳州市华安县新圩镇的东北部海拔 500 米上下的山腰处，背倚笔架尖山，东接华山村，西临新圩村，南近黄枣村，村部距离华安县城 20

---

① 本文是 2020 年 10 月在福建省华安县官畲村集体田野的基础上写作的，指导老师为蓝达居，他对建筑样态的强调是田野的一大重要线索。一些信息和观察在同学间的交流所获，在此要特别感谢笔者所在小组成员张紫倩、吴天一、衣力扎提、杨雪婷、金玫诚，张菁小组对古民居以及齐盈瑞小组对节日习俗的观察。另外，宋雷鸣老师对本文也提出了有益的意见。

② 本文的乡镇级以下地名、人名均采取化名的形式，但涉及姓氏的部分予以保留。

千米。官畲村落发展史近 400 年，根据 2019 年统计数据，全村共有人口 490 人，家庭 120 户，村内分成四个村民小组，现有土地 4362 亩，其中山地面积 3800 亩，耕地面积 386 亩。官畲主要姓氏为蓝、雷、钟，其中蓝、雷、钟户数比基本保持 10：5：3，是少见的蓝雷钟三姓杂居村，并且这种杂居状态已经持续一段相当长的历史。官畲通行的语言为畲语。

官畲村的经济发展大致可以分为三个阶段：第一阶段是 21 世纪之前。这一阶段的官畲村以传统的农业种植为主，主要种植双季稻，三月份和十月份各收成一次。由于耕地面积相对有限，村民会在家门口开辟一小块田地，充分利用可利用面积，种植日常食用的蔬菜，养殖家禽，部分家庭养猪。第二阶段是 21 世纪以来至 2018 年。20 世纪 90 年代末期，在邻近地区学到种茶制茶的工艺之后，少数村民开始将稻田改为茶园，种植铁观音。进入 21 世纪以后，全村茶业迅速发展，茶叶种植面积 2000 多亩，年创产值上千万，茶业给村民带来了可观的经济效益。村民纷纷推翻传统五凤楼民居，修建现代化高楼。此时，村庄与外界的联系逐渐加强。第三阶段是 2018 年以来至今，官畲村凭借自身独特的民风民俗和完整的民族语言保留，成功入选中国少数民族特色村寨，并先后获得省级美丽乡村、漳州市闽南畲族文化研究基地等荣誉称号。官畲村利用这些条件，发展乡村旅游，迎来了继茶叶之后的新一轮发展和腾飞。近年来，官畲村将景区管理交由漳州旅投公司负责，使全村三分之二的人口在村就业，并带动了 12 家民宿、10 家农家乐和 8 家特色农产品专卖店的发展。①

笔者于 2020 年 10 月 1 日至 10 月 15 日参加了学院组织在官畲村进行的田野调查，带队老师 2 名，队员 27 名，集体食宿于村里的民宿。田野调查采取分组的方式进行，27 名队员分至家族史、生计模式、婚俗、民俗、饮食、教育 6 个小组。笔者为家族史小组的组长，由于小组人数较多，田野后期根据资料收集的需要分为仪式研究分队和地图制作分队。集体田野的方式使得我们能够在短时间内获得相对丰富的资源，特别在集体吃饭时，我们在带队老师的带领下互相交流田野信息，互相介绍关键报道人、村里的重大活动等。

笔者所在小队的最重要关键报道人为阿周伯、蓝家祥、蓝玉珠。阿周伯是村

---

① 此部分内容参考笔者所在田野小队共同执笔的田野报告。

里的调委会主任，年过半百，我们先后对他访谈了 8 个夜晚，总计 25 个小时。他给我们讲述茶道、矛盾调解、官畲民俗、官畲地名，每次都热情地与我们"泡茶论道"，常常谈至深夜，经常督促我们要做好笔记。蓝家祥是 17 岁的小伙，我们在其老宅与之偶遇，从那以后我们白天经常和他在村里逛、走小路。他家族庞大，曾祖父还是当地民族成分还未识别之时官畲村的族长，我们也制作了他父系与母系的系谱图。我们走访他在村里的父系和母系亲戚，和他们一起上山采茶，在家中泡茶、捶糍粑。蓝玉珠是一家民宿的店主，年龄与阿周伯相近，后来了解到阿周伯和她小时候经常一块玩耍。我们好几次在玉珠阿姨的民宿蹭吃蹭喝，也帮她洗菜、收碗。她还热情地教笔者唱畲歌，担任笔者语言学调查的发音人。

我们和以上的关键报道人已经成为朋友，他们也十分乐意和我们这群"游客"拍照、发抖音，但在此还是要对他们还有所有的官畲人表示感谢。我们的田野调查遇上他们最繁忙的时刻，10 月 7 日之前大量的旅客来官畲，每家每户都在忙民宿接待、节目表演，10 月 7 日后则立即进入秋茶的采制。我们本次的田野调查对调查者和被调查者都是一次挑战，而接受这次挑战带来的友谊是丰厚的，促进了我们的成长。正是在一次次的访谈与参与观察中，笔者得以从具体的仪式和表述思考宏大的亲属模式这一议题。

一、畲歌唱出来的亲家——官畲村的婚姻模式

唱畲歌不仅是官畲村的一种民间艺术形态与娱乐方式，也是其族群建构与自我认同的承载体。从内容上看，畲歌中有详尽的先祖传说如《高皇歌》《开山公据》，也有畲族苦难的迁移史，对内凝聚和对外排斥两方面都表现得相当突出。《高皇歌》劝解畲族女性切不可嫁给"福佬"，视之为背弃祖宗、父母的行为。《开山公据》中则有"盘、蓝、雷、钟"四姓互婚和"民徭不得为婚"的说法。不仅在文本上如此，笔者在畲歌的实践及表述层面上也发现这种对内凝聚和对外排斥的族群建构方式，并且此族群建构直接指向畲村的婚姻模式，集中体现在对外的"怕被听到"和内部的"对厝歌"两方面。

"怕被听到"，这是村民蓝宝玉在和笔者相当熟悉的情况下所吐露的一句话。

蓝宝玉是一位年过半百的中年妇女，常常回忆起其童年时善唱畲歌的母亲即景抒情的畲歌创作以及以畲歌哄其兄弟姐妹入睡的情形。蓝宝玉在数年前自己也参加了政府提倡的畲歌传承保护工程，在台上表演过数回畲歌盘唱。她所谈的官畲村迁移史并不是像绝大多数村民所重复的一般叙述建构——某代先民于某地于某时因何原因迁徙至某处，又几经周转到畲村繁衍。她说到的是其母亲告诉过她的一个重要故事："畲族以前生活在山脚下，但怕唱畲歌被别人听到，所以才跑到山上来。跑上山以后就爱怎么唱都行，别人也不会听到。"她的表述蕴藏着许多信息，或许比一般化追求的精确年代还要真实，也正因为这种真实使得蓝宝玉要特别向我吐露母亲传下来的"秘密"。当我进一步向其追问"怕被听到"的原因之时，她早有准备地告诉我："就是怕吵到别人。"其实，这种"怕吵到别人"不仅停留于对他者的尊重，也折射出族群排斥的心理。我们平时有"到什么山唱什么歌"的说法，所表达的就是入乡随俗。"歌"是一种需要双方对唱的产物，畲歌尤为如此。畲族流传的"密语对亲"是一个很好的例子。当有陌生人进入官畲村时，官畲村人便以歌相问"一个竹子劈几片"？客以"三片半"回答才可通过此关，"三片半"意为畲族祖先有三子一女。故蓝宝玉的说法其实反映的是畲族和其他民族的习俗冲突，畲歌其实是畲族婚姻建构过程中的重要象征。畲族不仅"识趣"地采取不合作的态度，而且将这种族群心理不断强化，投射到畲歌内容、畲歌实践和具体的婚姻关系中。1984 年厦门大学民族调查组的《华安县新圩镇官畲大队蓝姓调查报告》中有："官畲村蓝、雷、钟共有 47 户 298 人，其中蓝姓 30 户，雷姓 12 户，钟姓 5 户，是无汉姓杂居的纯畲村。"[①] 畲族与外族不通婚的传说、祖训或是心态都具体地反映在了官畲过去的婚姻实践中。

另一方面，被官畲村群众所津津乐道的"对厝歌"则反映的是畲村流行的族群内部通婚模式。在过去，农历春节前后常有县城另一端的平谷村及邻县杉洋村的畲族客人前来。官畲村人便将其延请至祖祠"厝"中，由长者击鼓起过歌头后，男女分群对唱。官畲村的男性群对来客女性群，官畲村的女性群则对来客男性群。对畲歌输者罚喝米酒，赢者则奖励吃蛋。对歌持续到深夜，直至吃过象征性的蛋面点心后才各自散场。笔者所访谈的年过五十的村民几乎都自述儿时有参

---

① 厦门大学民族调查组：《华安县新圩镇官畲大队调查报告》，厦门大学人类学研究所，1984。

加过对厝歌的活动，并有一致的惊人表达："我们官畲村好几对就是这样唱出来
的。"虽然他们无法说出具体有谁是因唱歌结为夫妻的，但我们仍然可以获知"对
厝歌"实是内部婚姻的一种仪式操演。官畲村不仅是在仪式和象征上和平谷、杉
洋互相联姻，而且官畲村现在的人口结构中就有大量的女性来自这两个村落，官
畲村也有大量的女性嫁到这两个村落。笔者的一位关键报道人蓝家祥祖父以降的
34 名亲属（包括后代及后代的婚配对象），就有 3 名来自坪水，1 名嫁出到坪水。
必须注意的是，官畲村、平谷村、杉洋村所共同呈现的是一个三角形的婚姻圈
（如图 1），三点中的任何一点到其他点的直线距离大约都是 50 千米。在过去，于
三个村之间翻山越岭，不仅路途遥远陡峭且有一定的风险。村民蓝仁季回忆过去
有不习惯山路的新娘从平谷至官畲村花了整整两天，最后的路程还是请人背着才
上得了官畲村，在官畲村休息了两周才下得了床。这反映了"闽南畲族的婚姻圈
是以其畲族族群的蓝、雷、钟内婚制为边界的，而不是和闽南、闽西的当地非畲
族居民的通婚圈那样严密与区域性结合在一起的（受到当地祭祀圈和区域市场的
影响）"[①]。

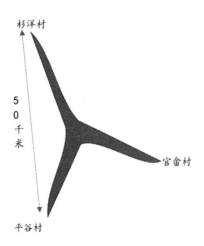

图 1　官畲村婚姻圈示意

---

① 刘婷玉：《凤凰于飞：家族文书与畲族历史研究》，厦门大学出版社，2018。

当然，官畲的内部通婚不仅是村际之间的，官畲内部也有大量的蓝雷钟三姓通婚或是同姓内不同房系的通婚。再以关键报道人蓝家祥为例，其父亲 7 兄弟姐妹的婚嫁关系是平谷 2 名，本村同姓非同房 2 名，异姓 1 名，汉族 1 名，未嫁 1 名。

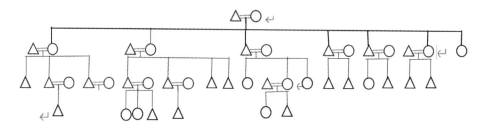

图 2　蓝家祥祖父以降子孙及其配偶示意图

官畲过去流行以姑换嫂的"姑嫂婚"，特别在于畲村内部之间的村际交换。三村中一村的一名男子娶另一村的一名女子为妻，此女子的兄弟则娶此男子的姐妹为妻，互相不收取聘金。在具体实践中，若男子未满 16 岁，即"未成丁"，则女方每年还要交给男方一定数量的养育费。"姑嫂婚"不仅是村民口中所谓贫穷时代的一种婚姻形式，也是原有的社会模式及婚姻结构所酝酿的特有产物。可资对照的是相近的闽南及扩大至东南区的汉族村落中因贫穷孕育出的"童养媳"制度。童养媳制度和"姑嫂婚"是闽南汉族和畲族根据不同的社会结构来应对贫穷的婚姻制度。"姑嫂婚"在官畲村民中起着关键作用，是畲族内部交婚的情感发泄口，也塑造了许多族群记忆和表达。例如，官畲现有的两大姓——蓝与雷的定居说法就是一种族内交换婚的浓缩版。大意是：一名外地的蓝姓男孩与一名官畲雷氏女孩因畲语在新圩集会上相识，于是，蓝姓便带着家族迁上官畲与雷姓共居。有意思的是，不同的叙述者会在以上故事的主要环节中增添不同的说法。雷姓报道人强调蓝姓是入赘的，先来后到等情节，蓝姓强调雷氏的势单力薄，甚至有的报道人还强调是蓝氏首先迁来的。蓝姓进村以及蓝雷二氏的男女多名互相看上眼的叙事则在众人叙事中若隐若现。尽管如此，我们仍能从繁杂不一、互有出入的叙事中捕获到畲家族内交婚的第一性及其在畲家中所起的重要作用。

畲歌的内容和实践及其延伸至畲村的族群记忆与历史叙事，给我们展示了一副畲族与外族不通婚和畲族族内婚的基本婚姻架构。如今，畲家唱畲歌的越来越少，畲歌脱离生产生活而成为一种文化遗产和旅游开发资源。"对厝歌"基本消失，畲族与外族不通婚的模式也已经打破。但这种社会结构的惯性在相当久的一段时间内还会存在，其所形成的社群内繁复的亲属关系值得我们深究。

二、亲属实践——血缘在消融而非凝聚

由畲歌实践所折射的族外及族内的婚姻联系暗示了官畲村繁重的亲属网络，下文将展示这一亲属网络的繁重性并介绍官畲村与典型闽粤汉族相似的酒席筹宴、祭祖、拜神、认义子、族谱制作、分家、族产开发等亲属实践是如何不断地消融血缘，对其进行重新组合而非利用血缘互相凝聚的。这个消融的视角使得我们必须有意地去突出这些亲属实践的特殊性，但我们的评估始终是基于已有的对汉族宗族实践的"常态"认识。畲汉并不是镜像关系，特殊性逃离不开这样的"常态"，当其与"常态"相吻合时，并不意味着其对血缘消融过程的反驳，反而有助于我们反思"常态"。

1. "钱拿不起"——繁重的亲属网络

金钱除了可以单纯地被理解为市场经济本身的流通货币，也可以被理解为嵌入到整个社会结构中的带有污染性质的魔力载体。村民口中有句话叫"拿不起亲戚的钱"，我们可以进一步理解为"他们无法向亲戚收取劳动报酬或是进行交易"。这句话集中反映了官畲村的血缘纽带十分繁重，由于内聚的姻亲关系，从"亲"的角度看，任何一个以个体为中心拓展出的人际格局难以形成由血缘天然定义的"差序"，由社会规则和亲属原则所定义的可资个体遵守或利用的血缘亲属规范趋于混乱。从"疏"的角度看，很难找到没有联系的两个个体。单纯的宗族间逐渐疏离的支系往往由于各种姻亲关系重新扭结在一起。关键报道人的蓝家祥的小姨嫁给了其堂兄，个体之间多重的亲属纽带十分常见。

形式上的繁重亲属网络使得各种由此所生发的责任、义务、面子扭结在一起，

其亲属实践、社会交往等人际互动必定有特殊的形式与之适应。在现代的经济模式向官畲弥散时，我们能够很明显地看出其特殊之处显示的社会结构张力。官畲在 2000 年后逐步开始发展种茶业，几乎每家每户都卷入到包括开荒种茶，雇工管理、采茶，自我在地进行晒青、杀青等制作的经营模式中。但全村的制茶产业链条几乎都到此为止，没有进一步地延伸至包括包装、收购、销售等能够大量攫利的环节。一位大茶户在解释村里没有茶叶包装机器时说："村里都是亲戚，做出来以后，你钱拿得起吗？"我们同时观察到，官畲每家每户的雇工对象几乎是新墟、骊山、红枣等邻村的人员，很少吸纳官畲本村的人员，其原因除了是采茶季家家户户都在忙以外，应该与这种"拿不起钱"有关。另外，统一收购和销售在如此大规模的制茶业基础上是一个很好的市场，可官畲本村村民却均不承担这样的角色，为了包装茶叶，村民需要专门到车程十多分钟的隔壁红枣村。与官畲村形成对比的是邻近的汉族村落，半小时车程的山都镇茶叶质量不如官畲村，却是种茶、制茶、收购茶的"茶都"。由上述，我们可以大致体会到由于内婚，官畲与其他传统汉人社会相比，显示出繁重的亲属网络，且这种繁重的亲属网络的惯性在当下还相当明显。

这个繁复的亲属关系交织的过程就伴随着血缘交易和对外抗争，而这种血缘交易使得"血浓于水"的说法成为一种神话。原本在传统意义上宗族社群所谓的"一村子都是亲戚"在实践中成为"一村子都不是亲戚"，我们会看到一个血缘社会倒转成超血缘社会的过程，各种亲属实践促进了血缘消融，避免社群在关系的重压之下崩溃。费孝通在《乡土中国》的《血缘和地缘》一章中提道："如果要维持这种亲密团体中的亲密，不成为'不是冤家不碰头'，也必须避免太重叠的人情。社会关系中权利与义务必须有相当的平衡，这平衡可以在时间上拉得很长。"[1]官畲正是处于一个繁重的亲属网络之中，如果突出强调血缘则易陷入费氏所言的重叠人情之中，故官畲的亲属实践必定有其自身的动态调适。亲戚与这个社会结构相对应的各种亲属实践和仪式所起的特殊作用，随着如今婚姻模式的变化在逐渐地削弱，但通过这些亲属实践和仪式还原的这个社会结构有利于我们了解萨林斯提出的大问题——什么是"亲属关系"。

---

① 费孝通：《乡土中国》，北京大学出版社，1998。

2. 酒席筹宴与分家——姻亲的影子

由于官畲亲属关系的凝重主要是由姻亲关系重复编织的，故有必要将亲属实践照姻亲的角色扮演做分类观察，我们姑且将官畲的酒席筹宴和分家这两项亲属互动称之为"姻亲的影子"。为了探讨姻亲和宗亲的关系，芮马丁采取过同样的策略，也着重讨论了姻亲在宗亲所举办的婚礼和分家两大仪式中的作用。[①] 酒席筹宴和分家是家族扩大联系及扩展演变的重要场合，宗亲的实践虽然是第一位的，但姻亲在其中始终起着隐形的作用。这使得宗族的内聚化仪式仅仅停留在本身的扩散形式上，而并没有渗入到整个社会结构中。

（1）酒席筹宴

酒席筹宴的过程可以被看作是亲属关系的一种展演，是妻方、母方等以"舅"为象征的姻亲关系对父系社群的仪式性介入。笔者特别选取婚礼来作为酒席筹宴的关键观察对象，完整的婚礼叙述其实融合了笔者在田野中亲身参与的一场婚宴以及在田野前几个星期关键报道人堂兄的婚宴。我们除了观察透过凝聚在礼单上的平面化人际关系，还必须看到历时的存在于酒席高潮舞台前后的筹备和收尾过程。整个连贯的过程才使得个人能够悄悄地突破社会规范，不断形成新的社会联结。但从总体上看，酒席筹宴的参与方式存在一种不变的调节作用，消融着父母双方的亲属关系，使得官畲的社会结构能够持续地更新。

婚礼前两天是筹备的日子。筹备的第一天主要是酒席空间的布置，来的主要是同姓中相同"房头"的男性堂兄弟及其配偶，女性负责家中的打扫及煮饭，男性需要向邻居及亲戚借来桌椅，并搭建好烹饪场地。筹备的第二天，同姓的家中必须都出一名女性前来帮忙。筹备的这两天前来帮忙的亲戚朋友及其中部分的家属会在主人家中的烹饪场地吃简单的餐食。第一天大概会有 30 人，第二天大概会有 80 人，这两天的吃食总共需要花费三千到五千元。

在婚礼当天，将有中午场的酒席和下午场的酒席，两场酒席并无大小之分，但在人员上有不同的指向。中午场主要的参加对象是远方的亲戚或是朋友，下午场主要的参加对象是同村的亲戚朋友。分为中午场和下午场的直接目的是为了远方的亲戚朋友有足够的时间及时地赶回家去睡觉，但我们从中可以重新发现官畲

---

① ［美］武雅士编《中国社会中的宗教与仪式》，江苏人民出版社，2014。

的亲属网络的特殊性。首先是中午场和下午场之间依靠"远"来界定，而这是一个相对的、模糊的、抽象的概念，特别是在村子即可望及的新墟集镇，很难说清楚它是远还是近。其次，中午场和下午场如果单纯按照村了远近来区分的话，中午场的人数将远远不及下午场。可实际情况并非如此，说明有许多新墟集镇、邻村甚至是本村的人自觉地加入了中午场。远和近不是单纯的地理距离，也是社会空间距离，而这种社会空间的确立是参宴者对主人社会网络的掂量及自我的定位。

两场酒席总共将会有200—300人参加酒宴，8人的酒桌大概会准备20桌。具体上席人数则较之略少，因为有部分堂亲和表亲将帮忙上菜。在席位不足的情况下，新郎新娘及新郎父母，新郎叔伯、婶及若干他们的孩子，新郎姐妹及她们的丈夫可能不会上桌吃饭。按赴宴资格统计，可赴宴的人数其实将近400人，之所以实际人数少于这个数目，是由于有部分人外出，也有部分有赴宴资格的家庭仅派一位代表前来赴宴。这种情况主要发生在"同房头"的身上。值得注意的是，同房头本身就是一种模糊的界定。这个"头"其实是到一个共同的祖先，是由现时往前溯源的，而不是向下分支的。善表达的村民谓婚礼的筹宴为"追根溯源"的过程，特别是在酒席筹备的第一天，人手并不是越多越好，因为任务量有限而主人需要为前来帮忙的人及其家庭提供吃食。尽管其中存在一些人为了显示亲近，勇于成为礼物的索取方，给主人增光并展示他们之间的情谊，但总体而言，有一定的"桌数"。第一天"同房头"的聚餐仅有三十来人，故一般仅限为同一曾祖父的子孙。而以曾祖父的父亲为"头"的"同房头"最具有参与的选择性。这涉及参与者对与其同等地位之人的考量，他们基本上会达成一个符合社会规范与个人情谊的综合指标，这一综合指标就反映在酒席上。

笔者在官畲村观察到的两场酒席分别是蓝氏和雷氏的结婚酒，虽然蓝氏和雷氏在官畲的户数比约为2∶1，各自都处于族内交婚的社会网络中，但两场酒席的席位和宴请人数相差无几，都是30桌上下。笔者经过询问了解到，钟氏办酒席也大概是这个数目。据此我们可以得知，所谓的血缘关系诸如"房头"没有绝对的人情分量，在具体实践中，虽然表现为"房头""同姓""同村"等具有等级的亲疏划分，但这种划分会适应社会网络的平衡而调整边界，血缘关系会被消除。

前来参加婚宴的送礼之客名字将会被登记在墙壁的嘉宾大张礼单上，具体的名字与金额数字则记录在小本的礼单上。经过统计，共有 167 位客人登记礼单，也就意味着与主人家发生关系的有 167 户家庭。其中，蓝姓 85 户，雷姓 37 户，钟姓 25 户，郑姓 6 户，黄姓 5 户，陈姓 2 户，叶、杨、李、肖、邹、刘、邱各 1 户。姓氏的不区分和对繁重姻亲网络的适应及对宗亲的重新调整这样的多重因素可以在各姓氏的户数比中得到进一步印证。蓝家祥堂兄的父亲和母亲均姓蓝，按亲戚网络的一般原则来说，蓝姓应占大部分。然而其登记礼单的客人中，蓝、雷、钟的比例约为 17 ∶ 7.5 ∶ 5，与官畲总体蓝、雷、钟比例 10 ∶ 5 ∶ 3 基本保持一致。

村民反复强调舅舅在酒席中的地位，"舅舅没拨鸡头，没人敢动""舅舅坐在最大的位置上"。待菜肴上桌后，必须由舅舅用筷子将汤鸡的头向侧部撩开，大家才能开始进食。此时的舅舅其实是"舅式人物"，包括新郎的舅舅、堂舅和新郎父亲的舅舅等。且舅舅们通常都聚在一堆，因为他们都是母系的亲戚，本身就较为亲近，都代表着母系。最重要的两桌就是新郎舅舅以及新郎父亲的舅舅这两桌，他们象征着姻亲在宗亲中的权威，兼具声望和陌生性质。村民同时也强调，为获取此声望，舅舅也要付出相应的"代价"，他们的礼金通常是最大的数额，而且还要购买母舅联置于厅头。

官畲舅舅的作用在附近的汉族村落其实如出一辙，对舅舅的定性也与已有的关于舅舅的权威或是仪式性反转等皆相符合。但我们若持有官畲繁重亲属网络的理论预设，便能够通过发现更多的细节重新阐释官畲的姻亲仪式以及发现其在汉族村落中同样适用的解构宗亲的作用。首先，与舅舅相连接的是母系。"母舅联"之前的各样吃食其实是由舅舅与姨姨，即新郎母亲的所有兄弟姐妹一同购买的。在礼金的数额上，姨姨们往往仅次于舅舅。进一步，与母系相连接的其实是姻亲，这里的姻亲甚至使得举办婚礼的一方处于母系的地位，而不是通常认为的父系。关键的细节在于新郎的姐夫的礼金数额也相对较多。姐夫称新郎为"小舅子"，姐夫之子称新郎为舅舅。新郎是未来其姐夫之子在婚礼上的"舅式人物"，故其实没有单向的父系与母系的关系，而是在特定场合中的宗亲与姻亲的关系。弗里德曼、武雅士等争论姻亲的地位和作用都陷入了"嫁女化"的父系与母系之间对立的逻辑，而没有注意到这套仪式和话语是针对宗亲和姻亲关系而言的，姻亲试图产生瓦解的力量抹平宗亲在财产共有关系基础上的紧密联系。

表 1 是官畬婚礼筹宴的人物参与表，通过结合时间维度与参与人物，对婚礼的筹宴进行直观展示。表格横向是婚宴前后的整个过程，包括婚礼筹备、婚礼宴请两个部分的 11 个主要仪式。表格纵向是婚礼前后所有涉及的人物，主要包括父系亲戚、母系亲戚、非亲戚、女家以及其他五个部分，另外还涉及处于模糊状态的新娘与出嫁的姑姑等"外家人"。

空白部分表示人物在仪式中不在场的状态，深色部分表示人物在仪式中必须在场，浅色部分表示人物在仪式中可选择在场或不在场。直观地看，父系亲戚的颜色均为深色，表明他们在婚礼前后受到明确的社会规范；非亲戚、母系亲戚、外家都有大量的浅色部分，表明他们的可选择性极高，可以通过自己的参与度来进行情感交换。

有活力的或者说破坏力的，存在于姻亲，而宗亲是处于社会话语规范之中的较为静态的一方。故通过官畬特有的社会结构及婚礼的筹宴我们可以重新理解有关舅舅的仪式、姻亲的地位以及这些仪式对宗亲关系的重组作用。

表 1　官畲婚礼筹宴的人物参与

人物		仪式										
		婚礼筹备					婚礼宴请					
		空间布置	第一天聚餐	母舅联	菜品准备	第二天聚餐	迎娶新娘	酒礼登记	第一餐	上菜	"不上桌"	第二餐
父系亲戚	新郎	■	■		■	■			■		■	■
	父	■	■		■	■			■		■	■
	母	■	■		■	■			■		■	■
	爷爷							■				■
	奶奶				■						■	■
	爷爷兄弟及其妻儿				■							■
	兄弟	■	■		■	■	■		■		■	■
	兄弟妻儿	■			■						■	■
	伯伯		■		■	■					■	■
	伯母				■						■	■
	叔叔		■		■	■					■	■
	婶婶				■						■	■
	堂兄弟		■			■					■	■
	堂姐妹				■						■	■
	"同房头"		■			■						■
	未出嫁的姑姑				■						■	■
	未出嫁的姐妹				■						■	■
	出嫁的姑姑		■									■
	姑父							■				■
	出嫁的姐妹		■	■							■	■
	姐夫或妹夫							■				■
	外甥、外甥女				■							■
	更远族亲							■				■
	朋友											■

续表

人物		仪式										
		婚礼筹备					婚礼宴请					
		空间布置	第一天聚餐	母舅联	菜品准备	第二天聚餐	迎娶新娘	酒礼登记	第一餐	上菜	"不上桌"	第二餐
母系亲戚	舅舅			■				■				■
	舅妈											■
	姨姨			■								■
	姨父							■				■
	表兄弟											
	表姐妹											
	表姐妹夫							■				
	更远舅亲											
非亲戚	同姓											
	同村											
	厨师傅		■									
	先生											
	近邻											
	远邻											
模糊状态	新娘								■		■	■
女家	亲家											
	亲家母											
	亲家舅											■

（2）分家

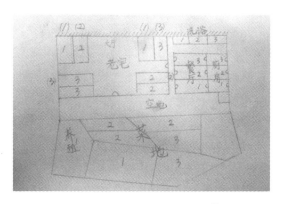

图 3　华春楼三兄弟份额示意图 [①]

　　图 3 所示的是关键报道人蓝家祥祖父三兄弟共同拥有的老宅"华春楼"及其门口空地与菜园。"华春楼"三字刻于老宅大门口正中央，宅内大厅和"华春楼"三字正上方均有三角形标识，村民介绍其为确立风水的宝物。村里的第二代土木建筑均命名为"华某楼"，其"华"字取自村里最重要的庙宇"华山宫"。命名之间的联系也象征着风水的共同拥有，亦即全村为一个命运的共同体。这种第二代的土木建筑形制为"五凤楼"，第一层共有 8 间，第二层共有 6 间，二楼不开外窗与门，右侧开一小门至厨房。

　　图 3 中数字 1、2、3 分别表示份额属蓝家祥祖父三兄弟的老大、老二和老三。老大的份额均位于左侧，或前侧，是村民口中的"大向""正位"。卧室、餐厅、厨房、洗浴间都是尽量秉持均分的原则，但其中也有无法平均之处。卧室上下两层共有 14 间，无法平均分为 3 份，实际情况是老大分得 4 份，老二和老三各得 5 份。这与村民口中的长孙为子的说法不一致，长子反而缺了一个份额。据长子的女儿解释，这种情况是大哥让给弟弟们的结果。据笔者了解与观察，三兄弟的后代其实为了份额的公平而争吵过相当长一段时间，妯娌之间甚至有段时间互不说话。门口的菜地并不以男孩均分为原则，而是以其份下的子孙人头数为标准进行分配的，这意味着菜地是和经济与养育相联系的。可子孙人头数中又牵扯到性别、

---

　　① 图 3、表 2、图 4 是笔者在田野中与所在小队成员共同收集信息并制作的。

年龄、婚嫁等问题，故实际情况并不明晰。

村里因为分家起摩擦和冲突的不在少数，冲突的各方互相指责分配方式不公平。对于这种情况，我们不应该简单地将其归咎为房子和菜地先天性无法均分，而应意识到其中原因乃是出于"分"这件事情本身。这种摩擦在大部分汉族村落中同样存在，故官畲的例子并不给我们带来特殊的模式，但将这样的例子置于官畲的社会结构中理解便可以重新审视"分家"本身。官畲村民介绍，舅舅在分家时不需要在场，因为分家"不关他的事""舅舅没什么用"，需要在场的是同族的长辈与邻近房支的亲属，"堂兄堂弟最大"。这种在分家仪式上和汉族传统模式的反差使得我们不得不思考舅舅的作用，不妨初步假设：官畲村姻亲的关系过于紧密以至于分家时无法再承担礼仪式的尊重，人们担心舅舅代表的姻亲实际地介入并夺取利益。分家毕竟和酒宴不同，强大的姻亲可能会因为实际的利益而使得分家引起争议。关于此假设还有另外的一个佐证，即每位被询问的村民都特别强调"抓阄要让女人来"，这种表述已经不仅停留在技术层面，而且生动地反映了姻亲在分家过程中与宗亲的紧张关系。

3. 祭祖与拜神——宗亲的狂欢

祭祖与拜神的参与对象在观念上是针对宗亲的，以每名男子为父系网络中的代表进行组织和划分，甚至有些场合排斥女性的存在。官畲的祭祖与拜神同样遵循这套理念，但并未严密地划分姓、房、房分、房头、同厝等严密的次序，从而使得一般意义上血缘性的祭祖和地缘性的拜神并无明显的团体区隔，其区分主要是功能上的。

祭祖与拜神都是以年（农历）为周期而进行的，主要的节日有：过年（正月初一）、正月初九、请火节（正月十二）、正月十五、二月二、清明、端午节（五月初五）、八月十五、平安醮（十月十二）、尾牙（十二月十六）、冬至。请火节和平安醮、正月初九和尾牙、清明和冬至是三对呈明显对反关系的节日，也是官畲最重要的六个节日。

请火节在农历正月十二进行，笔者所询问的每位报道人均认为此节日为官畲最重要的节日。笔者同时还注意到其与农历十月十二平安醮，均为村民口中"全部要拜"的节日。

平安醮又被理解为庆祝丰收的节日，组织者为请火节确定的"头家会"。在三四十年前，平安醮会进行三天三夜，而如今仅需一天。平安醮主要是进行打醮的活动，参加的人员也比较少。

除了冬至和清明以外的所有节日都在主要活动之外同时祭拜神明、祖先。村民认为祭拜祖先是祈求人丁兴旺，祭拜神灵则是祈求五谷丰登等"好事"。冬至祭拜的是宗祠中的祖先和山上的远祖，而清明则是祭拜新近去世的祖先。

表 2　官畲主要节日

节日	活动	地点	人员
正月初一	拜神	宗祠、庙、庵	全村
正月初九	迎佛	宗祠、庙、庵	全村
正月十二 （请火节）	游神　拜天地	村域、山	全村
二月二	祭祖	宗祠、庙、庵	宗族
清明	新墓祭扫	新墓	全村
五月初五	制作粽子	宗祠、庙、庵	全村
八月十五	拜神	宗祠、庙、庵	全村
十月十二 （平安醮）	打醮　拜天地	宗祠、庙、庵	全村
十二月十六尾牙	送佛	庙	全村
冬节	古墓祭扫	古墓、宗祠	宗族

官畲的蓝姓有宗祠，而雷姓和钟姓的宗祠是合并在一处的。雷氏宗祠相对简陋，由旧民居改造而成，敬奉的对象是三公主而不是某一雷氏专有的祖先，同样表明了族群的认同超过了具体血缘支系的划分。蓝姓宗祠的堂号是汝南郡，而敬奉对象亦为三公主。另外笔者还注意到村尾受人敬拜其却无法解释的盘古庵。日本学者濑川昌久认为："畲族接受河南传说之类汉族祖先移居穿梭，或许可以看作是在叙述关于本族出身传说的层次上表现出汉化的一个阶段。也就是说，他们不是以本族祖先为皇帝所豢之犬盘瓠为终结来联结中华文明，而是通过其原住地就是古代中国的中心区域这一事实，更直接地主张自己就是中华世界的一个成员。"[1] 周萧和郭志超[2] 关于畲族祖地的讨论中存在的"中原一带说"，反映出历史上畲族

---

[1] ［日］濑川昌久：《族谱：华南汉族的宗族·风水·移居》，上海书店出版社，1999。

[2] 周萧、郭志超：《畲族谱牒中的华夏认同——以漳浦种玉堂蓝姓畲族为例》，中国文联出版社，2008。

与其他历史族群密切的互动关系和对华夏民族的认同心理。结合以上学者的看法，笔者认为官畲的具体仪式更多地显示出的是一种复杂性，表明其是由多层的文化叠加而形成的，直接效果是推动其社会结构在具体社会环境与自然环境下的延续。

蓝氏宗祠的管理者为一名"师公"，其家也就在宗祠旁边。师公的兄长主持编写了本村蓝氏的族谱。笔者查阅了族谱内容，发现它花费众多笔墨描写了和其他地方畲族的关系以及畲族祖先的故事。该师公介绍官畲村现有师公四名，在"做法"时不分姓氏。这些情况都说明了宗亲的凝聚是有伸缩限度的，在官畲则尽量扩展至能够维持足够社会网络的人员范围，此时的姓氏划分和纯粹的血缘退居到第二位。

三、空间认知与村庄格局

多名官畲村民告诉我们，"有地方就有名字"，但"地方"又是什么呢？我们认为，所谓"地方"，就是村庄长久历史实践形成的经验与认知的承载体。在官畲这个仅一百多户人口的小村庄，大大小小的"地方"多达 200 多个，"地方"所至，即是这个族群的足迹所至。

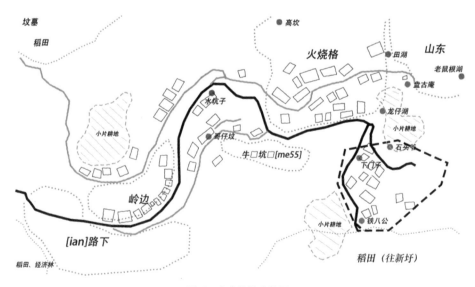

图 4　官畲的地名格局

以下，我们将图4所反映的空间结构与村民所述的社会变迁相结合，以寻找官畲的亲属模式造就的特殊社会模式。官畲村民口中反反复复提及"蓝姓一家人""雷姓一家人"又或是"蓝雷钟一家人"，统称"山哈"这样看似相互龃龉却又起着重要作用的说法是村民对群体特殊认知的投射，而通过解读村庄的地图，我们可以透视官畲对外的三姓结合和对内血缘转地缘的特殊态势。傅衣凌先生认为血缘扩大到地缘的宗族权势而成为一种"乡族势力"[1]，而我们官畲的例子是从反向的逻辑补证了血缘扩大的过程亦即一种血缘消除的过程。"畲族与外族不通婚"以及"畲族内部对换婚"所造就的特有社会结构使得人群在不同的情形下进行特殊的分合。

1. 传统时代

第一阶段是传统时代，我们可以笼统地以2000年的茶产业开发为标识。虽然已经有二十来年的改革开放背景，但还未触及官畲的传统社会结构。以下我们将从村内的生产队归队实践来看血缘转地缘的过程，而从村对外关系来看三姓结合的态势，这个过程值得我们思考不同于一般宗族社会的团结形态和血缘效用。

阿周伯回忆生产队归队分组，并没有太多的"自己人"归在一个小队中，也不是按照房分、分支的原则进行组合的。生产队的归队有很强的随意性，虽然一队和二队以蓝姓居多，三队和四队以雷姓居多，但是这并不是绝对的。特别是某队内部的同姓已经有意识地打破了房分等的限定。很明显，房分是由父姓为基础的财产分割式耦合的组织，但复杂的婚姻关系使得姻亲纽带模糊了这种自己人的亲和性，同房头、房分等无法确立足够的群体认同，反而增加了争吵的可能性。阿周伯说："不要太多自己人，会怕弄得太多矛盾。"

官畲对外交往的历史上有一次差点酿成械斗，所面对的即是新圩镇新圩村。以华山至新圩的华山路为界，官畲和新圩协定各占一边。但在此上的经济林归属权产生争议，后政府出面调停才制止了流血事件发生。从此次事件可以看出官畲在族产合法权益上有不同于一般汉族的思维模式和结合模式，这其实与其特定的迁徙模式以及社会结构相关。官畲在生产队划分地产时就不计算山产，如今山上还有许多公共山地，没有私有与个体占有的强制力，与之对应，祖宗归属的神话

---

[1] 傅衣凌：《明清社会经济变迁论》，人民出版社，1982。

舆论也不存在。畲民拥有的《开山公据》呈现的是不同的准入制度，如《惠安丰山雷氏族谱》的《始祖序》等记载。① 对准入制度的不同表述反映不同群体的不同利益诉求，在塑造不同的族群结构的同时也加强了这种特性。

2. 茶叶风波

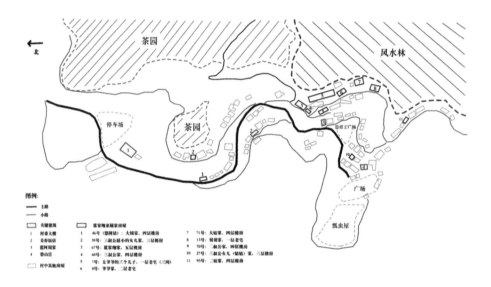

图 5　如今官畲的村庄格局

第二阶段则以茶产业进入及随之而成立的矛盾调解委员会为标志，官畲的山地进入了"谁种谁有"的时代。官畲村民对海拔相当敏感，我们走访的几位村民，包括十几岁的小孩也对各处海拔十分熟悉。究其原因应是官畲的"高"从来就是它的特征之一，既与过去的交通不便和族群隔阂相关，又和现在的种茶产业的特殊自然地理优势有关。关键报道人阿周伯是村里矛盾调解委员会主任，他给我们讲述了 20 多年来官畲村如何在内部处理村里出现的矛盾。他称这些矛盾为"茶叶矛盾"，虽然我们明白矛盾不仅是关乎茶叶，还关乎社会生活的方方面面，但这种说法仍值得我们注意。他认为，在村中各事务当中，调解的重要性是第一位

---

① 福建省少数民族古籍丛书编委会编《福建省少数民族古籍丛书：畲族卷——家族谱牒（上）》，海风出版社，2011。

的，而调解矛盾纠纷的难度又是最大的。村中成立调解委员会的直接原因是村中开始出现很多矛盾纠纷。阿周伯自述人缘好、亲戚多、为人直、能够一碗水端平，特别是遇到自己人不会偏袒，故担任了20多年的治保主任、调委会主任。阿周伯处理了好几百例纠纷，"过去大家都穷，矛盾少，也就没有调解等必要。现在因为经济发展，大家有钱了，也就开始出现矛盾纠纷了"。

四、田野总结

本文从婚姻模式、亲属实践和在地化认知三个方面组织了官畲亲属模式的相关内容，这三个方面的划分其实对应着"族群—血缘""血缘—地缘""地域—族群"这三种群体归属相互作用的机制。官畲的亲属模式与传统华南汉族的亲属模式在对比中呈现了对不同群体归属方式的重视，"畲式"（仅针对官畲的模型）的群体归属由重要到相对次要依次是族群、地域、血缘，而"汉式"则是血缘、地域、族群，如图6所示。此处必须说明的是，这里的重要性是在具体环境以及在具体情形下相对来说的，也可以看作是研究者强加其上的。同时，群体归属的选择本身就不是相互排斥的。但本文提供的模式并不是一种静态的说明，着重之处并不是宏观的社会模式本身，而是试图重新理解不同的社会中仪式及其所反映的群体认同的复杂性。正如麻国庆在其《永远的家》自序中所思考的："从周边看中心，即从汉人社会周边与汉民族相互接触和互动中'他者'观点，来重新审视汉民族的社会与文化。"①

图6 畲与汉的群体归属模式

① 麻国庆:《永远的家：传统惯性与社会结合》，北京大学出版社，2009。

　　"畲式"的这种群体归属与其群体的规模、散居方式、生计方式、社会网络维系都是相互关联的，散居的畲族仅靠血缘无法维持社会网络的运转。而"汉式"的群体归属模式则似乎是通过"由小至大"的方式不断扩大的，使用费孝通先生的"差序格局"能够使之得到很好的解释。不过我们通过畲族酒席筹宴、分家、族谱制定、祭祖、拜神时与传统汉族相近的酒席仪式中发现了它们可以起着"消除血缘"等不同于"凝聚血缘"的认知，不得不使我们反思血缘、地域、族群在内在并不是僵化的"由小至大"的序列，它们从来就是一种文化性质的承载物。血缘可以连接几乎所有人，族群也可以少至数十人。

　　本文对母舅的作用、祭祖等仪式还未阐释得十分清晰，但提供了其基本的样貌和将其纳入"血缘消融"模式的设想。文章的论证逻辑或许由于田野的不够深入而不连贯，但官畲过去族内交换已经编织了一个形式上不同于传统汉族的亲属模式。总体而言，所有的叙述都是为了反思传统的汉式亲属模式，至于这种不同的亲属模式的发生学问题需要进一步地探究，而这一探究过程将会促进我们不断从不同的角度思考环境、仪式、话语和社会关系的交互作用。

情感与利益：青田华侨跨国谋生实践中的亲属关系

中央民族大学民族学与社会学学院 2019 级民族学专业　谢小雨

指导老师　刘东旭

摘要： 近年来，随着世界的多极化发展以及新冠疫情的蔓延，全球化形势愈发复杂多变，在此背景下跨国流动的不确定性增强。在青田，以谋生为目的的跨国流动使得出国者需要不断降低流动的风险。本文认为在大批量青田人出国谋生的过程中，亲属关系作为一种跨国谋生策略被应用，这种策略性的应用，使得青田华侨的亲属关系超越了情感上的联系，成为一种自发的、非正式的流动的基础设施。文章尝试从亲属关系的角度理解出国者跨国流动的技术，这种技术的产生不仅来自侨乡长期出国传统的孕育，也是青田华侨为应对不确定的跨国谋生条件而形成的实践策略。

关键词： 跨国流动的基础设施；青田华侨；跨国谋生；亲属关系

一、导论

孔飞力（Philip Alden Kuhn）教授认为，长期以来，中国人家庭在空间上的分布模式，连同外出务工、寄钱回去养家的策略，无不显示出我们正在考察的是一种假定移民及其家乡（"侨乡"）之间存在持续联系的"劳动力分布系统"。因而，事物的本质不是"分离"而是"联系"。虽然许多移民事实上在中国以外的地方安了家，但这并没有减少原先语境的重要性：大多数人与其说是确定性地

"离开中国",还不如说是他们正在扩展劳作者和家庭之纽带的空间维度。他还分析了意大利托斯卡纳地区温州移民群体和北京浙江村的温州人之间的关系,认为他们虽然没有直接的亲戚关系,但是他们的生存方式却有着惊人的相似之处,都是以家庭为基础建立起了他们的加工和市场营销体系。①事实上,在中国这样重视人际关系、传统文化和"乡土情"的社会,华侨无论是在流动前还是在流动后,都会和自己的家乡产生持续性的联系。在侨乡青田同样如此,长期的出国传统使得当地几乎家家户户都有华侨,出国者在跨国流动前后,都能获得亲属的帮助。

珍妮特·卡斯滕(Janet Carsten)提到了亲属关系的"可计算性"②,她认为新亲属关系故事中最引人注意的不是由此产生的新的亲属关系,而是人们可以通过什么行为来定义谁是亲属谁不是亲属,什么样的亲属关系重要,什么样的亲属关系不重要。亲属关系的这一特点在个体跨国流动的实践中得到体现,并引起学者们的关注。

卡伦·弗里曼③(C. Freeman)关注到亲属关系在中韩跨国流动中的作用,认为在新的跨国环境中,亲属关系被重新定义和体验,人们可以通过操纵亲属关系实现跨国流动。金红④关注中韩跨国婚姻中存在的问题,她认为中韩跨国婚介对于实用主义的鼓励使得男女双方的婚姻和亲属关系变得功利化、商业化。郭静伟⑤从人类学的视角解读了老挝丰沙里"搭老表"现象。老挝山地民族普图族为完成市场竞争环境下跨国茶叶生产和流动,接纳和吸收了流行于中国南方的拟制亲属习俗,郭静伟认为他们通过亲属称呼把毫无亲属关系的人纳入私人亲属分类中,发展出应用于跨国茶叶贸易中的实践亲属关系,构建了相对稳定的跨国商贸关系。以上研究更倾向于关注出国者为流动而建立的婚姻关系,以及出国者与目的地国家人群建立的关系,忽略了对出国者本身已有亲属关系的关注。本文认为,出国

① 〔美〕孔飞力:《他者中的华人:中国近现代移民史》,李明欢译,江苏人民出版社,2016。

② Janet Carsten, *After Kinship*, Cambridge: Cambridge University Press,2004,p.180.

③ C. Freeman, *Making and Faking Kinship: Marriage and Labor Migration between China and South Korea*, Ithaca: Cornell University Press, 2001.

④ 金红:《有缺陷的亲密关系:商业婚介和中韩跨国婚姻》,《广西民族大学学报》2013 年第 5 期。

⑤ 郭静伟:《跨国茶叶贸易与亲属关系实践——对老挝丰沙里"搭老表"现象的人类学解读》,《西南边疆民族研究》2015 年第 3 期。

者为了避免跨国流动的风险，不仅会提前在目的地国家人群"打点"好关系，而且还会"利用"自己已有的亲属关系，提高跨国流动的稳定性。

在北京南站的候车室中，一个青田当地的语文老师自豪地展示了青田的"网红桥"照片，向笔者讲述起她的家乡："（青田）家家户户几乎都有华侨的，我家也有人在国外。出国就是一个带一个嘛，亲人或者朋友总有在国外的，比如你想出国，你就找你在国外的亲人，让他把你带出国去。一般人刚出国没什么钱，就会在带他出去那家人的店里免费工作两到三年……一代一代人就是这么出去的，选择出国的一般都是不读书的，我的同学大概初中毕业就出国了，他们一开始在外面很辛苦的。"（2021-07-17，北京南站）在笔者的印象中，出国需要有充足的资金支持和扎实的语言功底，但是从这位当地人的口中听起来好像并不是这样。她向笔者透露的信息有三：青田华侨的学历一般比较低；青田华侨一般由亲人带出国；青田华侨在出国后要为亲人打工。

对于大部分在高中甚至初中毕业之后就打算出国，没有资金、不懂语言的青田华侨来说，去哪里，怎么出去，出去后要做什么，一切都是未知；怎么办理护照和签证，如何解决居留问题等也是考验。亲属关系对于出国者的重要性在这时得到凸显，远在国外的亲人充当"桥梁"，让跨国流动成为可能。如那位青田的语文老师所说，青田人在出国后要为自己亲人的生意帮忙，在这一到三年中，出国者需要学会当地的语言、组织起自己的社会网络并学会必要的生存技能，在具备一定的能力与资本后脱离亲人，另立门户。

那么青田所有华侨的跨国经历都是同一种模式吗？悠久的出国历史、庞大的华侨数量都使笔者将目光聚焦于他们的跨国实践中。项飙与约翰·林德奎斯特（J. Lindquist）将促进和控制流动的系统性相互联系的技术、机构和行为者定义为"移民基础设施"，包括商业（招聘中介）、监管（国家机构和证件、许可证、培训及其他用途的程序）、技术（通信和运输）、人道主义（非政府组织和国际组织）和社会（移民网络）五个方面。[1]笔者经过田野调查发现，在出国这件事情上，青田县已经形成了一套"跨国知识"，比如怎么出国，找谁出国，什么时候能出国。他们对于出国方式的表述集中在"包客""亲带亲""朋带朋"这三个途

---

① B. Xiang & J. Lindquist, "Migration Infrastructure," *International Migration Review*(2014):124.

径，仔细了解后，以上三种方式都有亲属关系的参与。笔者认为这是青田基于一些特定条件形成的"跨国谋生的基础设施"。本文将亲属关系看作青田华侨"跨国移民基础设施"的一部分，认为青田华侨基于所在社会的人际关系帮助完成跨国谋生，在这里，人际关系表现为各种类型的亲属关系。这样的亲属关系使得出国者在护照、签证办理，跨国流动和就业、创业方面具有一定的保障，对于青田华侨具有重要的意义。

综合以上，本文将以多个青田华侨跨国谋生个案为例，以跨国流动策略为视角，运用文化人类学相关理论和方法，对不同国家、不同时代的青田华侨跨国谋生过程进行描述和分析。文章一方面将亲属关系理解为青田跨国移民基础设施的一部分，分析亲属关系对青田华侨的跨国流动产生了怎样的影响；一方面将亲属关系看作青田华侨跨国谋生的策略，探究这一策略的产生与维系如何可能，以此讨论青田侨乡在全国华侨体系中具有的特殊性。

二、田野介绍

本文所使用的资料来自 2021 年 7 月中旬到 8 月中旬为本科实习所展开的田野调查，观点基于围绕中国"青田侨乡"华侨亲属关系展开的一个月田野调查，同时有一部分访谈主要在山口镇和华侨进口商品城进行。

青田华侨是一种介于华工和华商之间的形态，他们出国的主要目的是谋生，在经历一段"打工"时期后，会自己开店，并将家乡的亲人带出国，实现从"员工"到"老板"身份的转变。本文提及的"华侨"是一个宽泛的概念，其实更接近的应该是"跨国劳工"，但是因其形态有一个转变的过程，再加上尊重当地人的表述[①]，故全文将这种由跨国劳工转变为华商形态的出国者统称为华侨，即因为谋生等原因进行跨国流动的、具有中国血统，且仍将自己视为中国人的人们。

田野调查发现，青田华侨基于侨乡百年出国传统，发展出一套应用于跨国谋生的实践亲属关系，他们为了实现跨国流动会重新定义并联系自己的亲属，将亲

---

① 在田野调查过程中，当地将拥有出国经历的青田人一律统称为"华侨"。在访谈过程中，有些已经加入他国国籍的华裔仍称自己为华侨。

属关系策略性地应用于自己的出国实践中，使得青田华侨的亲属关系呈现出可塑性。同时，出国者在回国后对于其亲属的评价十分矛盾：感激却也埋怨。笔者将以青田县为时空背景，关注青田华侨的跨国实践，梳理青田华侨的跨国谋生过程，在此基础上重点聚焦于华侨的亲属关系，了解青田华侨如何界定、区别、联系自己的亲属关系，分析这种关系为什么能作为一种跨国流动的策略而产生并维系。

在研究方法上，笔者主要选择了访谈法、参与观察法、个案研究法和文献法。华侨的出国过程、亲属关系等具有时空跨度，短时间内了解这些经历的方法就是通过访谈归国华侨，了解被访谈者的个人生命史，所以笔者田野调查的大部分内容都集中在访谈上。在选择访谈对象的过程中，笔者考虑了访谈对象的性别、所在国家以及出国和回国时间，利用滚雪球和当地人介绍的方式访谈了 25 位华侨①，并对每位访谈对象进行了不少于 2 小时的半结构式访谈，后期还对一些访谈对象进行了二次甚至多次访谈。因为访谈内容在不同程度上涉及被访者的隐私②，通常需要建立一定的信任关系才能使被访者愿意"开口"，所以获取的访谈资料可信度较高。

青田华侨的跨国流动受多重因素影响，这些因素可能会随着时间发生变化，使得青田华侨的跨国流动在不同时期呈现出不同的特征。考虑到历时性因素，在田野调查中，笔者重点选择了在《青田华侨史》中有记载的华侨宗族家庭做个案分析，并结合青田华侨历史陈列馆的历史资料和访谈资料，呈现不同时期青田华侨跨国流动方式的变化。就笔者关注的主要问题来说，将跨国流动置于特定社会历史情境能够更好地理解青田华侨对于流动策略的选择，从经历四代的华侨宗族家庭的跨国实践中，具体分析跨国流动方式的变迁，理解政治经济和文化因素对青田华侨跨国流动方式的影响，以及以亲属关系作为切入点探究跨国流动策略的产生原因和发展脉络。

因为出国经历、出国过程等内容具有时空跨度，很难对其进行直接的参与观察，但如果仅依赖访谈的口述经历，又很难证实资料的真实性。青田当地的华侨历史陈列馆和侨联史料征集室里保存了大量的青田华侨史料，笔者在那里阅读了

---

① 访谈对象包括个别已经加入他国国籍而认同自己华侨身份的华裔。

② 为了保护个人隐私，本文出现的人名均为作者虚构。

20 世纪三四十年代华侨家庭的往来信件、老华侨的护照和签证照片、二代华侨的访谈视频和族谱等历史资料，为笔者的访谈内容和参与观察提供了现实依据。值得一提的是，笔者的部分访谈对象出自华侨宗族家庭，本身已是第三代华侨，在他们的帮助和许可下，笔者才能获得这些珍贵的资料。

三、华侨亲属关系的过去与现在

青田县是浙江省著名的侨乡，在特定的历史年代，受自然环境的制约，青田人民虽然辛苦劳作，但是始终食不果腹、衣不蔽体，生活异常艰辛。[1] 于是当地人将谋生的目光转向了国外，县里出国的人越来越多，最后逐渐演变成为一种当地的传统，造就了三百年的华侨史。

"九山半水半分田""55 万常住人口有 33 万华侨"在笔者和青田当地人聊天的过程中总是被"不经意"地提起，一句解释了青田人选择出国的原因，一句突出了青田华侨的数量之多，这两句话似乎成为青田当地向外宣传华侨特色的"广告语"。从青田县的第一次出国潮算起，一百多年来，这种跨国流动为青田带来了欧式建筑、西餐和咖啡，也推动了当地的城市化和经济发展，同时还生产出了一种相对低风险的流动策略。

在青田当地的华侨历史陈列馆中，有一间资料室中保存着部分华侨世家的国内外往来信件，笔者有幸阅读了青田县某周姓西班牙华侨家庭的信件。信件的时间从 1976—1987 年，贯穿了十一年，其间记载了周家爷爷、周家叔叔和周家小辈三代人的生命历程，这些信件内容为笔者了解上个世纪青田华侨跨国谋生实践与亲属关系间的联系提供了一定依据。比如其中的某一封信件频繁出现关于跨国谋生事宜的相关内容，信件中的"法国政府对外国人来法国非常严格""禁止外国人来法工作""定要有开商店的人来担保""我给你办来证明"等语句证实了亲属关系在周姓家庭跨国谋生过程中确实发挥了作用，国外的亲属会为国内的亲属提供邀请信、办理证件、提供住所等，涉及出国和在国外生活两方面的保障。可以看出，亲属关系在青田华侨的流动过程中应用广泛且重要，其主要目的就是跨

---

[1] 青田华侨史编纂委员会编著《青田华侨史》，浙江人民出版社，2011，第 1 页。

国谋生，避免跨国流动的风险以及提高跨国谋生的成功率。

亲属关系被青田华侨作为一种出国策略不只是历史传统的巧合，还是基于理性的考量并且经得起考验的。梳理《青田华侨史》的相关内容，青田华侨的出国历史大致分为三个阶段：开创时期、第一次移民潮、第二次移民潮。亲属关系在青田华侨跨国流动中发挥的作用，在此过程中一步步凸显。

根据民国二十四年（1935 年）英文版《中国年鉴》记载，青田华侨在十七、十八世纪之交就已经出国了，这是青田人最开始出国的时期。他们出国主要有明走和暗走两种途径，那时候青田华侨在国外几乎没有建立亲属网络，只能通过一些非常"极端"、艰苦的方式出去，比如钻在行李箱内随着轮船出国；比如趁着在船上工作，到了想去的国家直接下船逃跑等。

第一次移民潮是在民国时期，据青田县侨情调查统计，仅旅居欧洲的青田人就达到了 1.7 万人。这个阶段的出国方式主要是以地域作为联系，移民中介十分活跃，一些老华侨归国后，专门从事"包客"生意，收集一些已经归国且不打算出国华侨的护照，再将这些护照转卖给新出国者。在当地，这种"包客"的移民中介被称为"传帮带"，据说是青田某著名华侨①最先发起的，基于亲属带亲属和朋友带朋友的关系运作。也就是说，其实这一阶段的出国方式在一定程度上已经和亲属关系产生了联系。只是在后期，"包客"这种移民中介方式被官方严厉打击，在正式记载中几近消失。

第二次移民潮是在改革开放后，这段时间出国的方式变得十分多样：（1）本身出身于华侨宗族世家，已出国定居的人在安定后，一般都有责任和义务把国内亲属带出国；（2）老华侨的提携，在二战后有大概 3000 名滞留海外的青田华侨，他们多思念家乡，想要在国内找人托付自己的事业，就通过"亲带亲"的模式，将自己的亲人带出国；（3）家族团聚，该途径主要适用于直系亲属；（4）劳务输出；（5）第三国签证；（6）私买公走；（7）偷渡等待大赦；等等。这一阶段，青田华侨的数量逐渐增多，"亲带亲"出国模式逐渐变得重要且演变出更多形态。

可以看出，青田华侨在出国过程中对于亲属关系的利用方式和利用程度随着时间变化，且与跨国流动的有关政策相适应。黄老板是青田进口商品城一家红酒

---

① 尊重当地人意愿，此处不公开姓名。

经销公司的老板，他们一家上至姥爷下至子女的四代人都是华侨，这一家四代人的出国经历，真实且完整地呈现了亲属关系作为一种跨国谋生策略的演变。

黄老板家从20世纪20年代末已经有人走出国门，最近能追溯到的是他的外公。经过黄老板的许可，笔者在青田华侨陈列馆的资料室找到了黄老板姥爷的资料，《青田华侨史》中也有3处提及黄老板姥爷①，他出国最重要的目的就是谋生，在积累到一定资产后落叶归根。外公之后，黄老板的阿姨被老公以亲属团聚的方式带到西班牙，之后黄老板的妈妈又被阿姨以劳工的形式带出国。据黄老板说，八九十年代没有指纹、人脸识别技术，那时经常是别人出国后，把护照买来换上自己的照片就可以出国。1990年黄老板的妈妈用自己姐姐的证件，凭借相似的容貌成功通过了海关。这当然是违法的。在黄老板妈妈的这一代，他的阿姨因为出国最早，且拥有带人出国的能力，迅速成为家庭的核心。

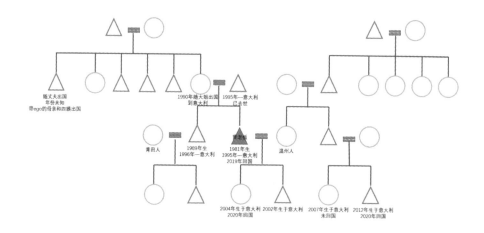

图 1　黄老板家亲属关系图　作者/绘

到了黄老板这里，他的父母已经在国外建立了一定的基础，并以亲属团聚的方式将黄老板和黄老板的父亲接到了意大利（1995年）。黄老板在国外打拼了5年时间，于2000年开起了自己的店，并和在意大利的浙江人育有一男一女，可

① 青田华侨史编纂委员会编著《青田华侨史》，浙江人民出版社，2011，第5页。

谓苦尽甘来。黄老板的两个孩子都出生在意大利，直接随父母拥有意大利的居留资格。追溯黄老板一家跨国流动的经历，谋生和致富的强烈愿望驱使他们走出国门，寻求稳定的需要使得他们将希望寄托于自己在国外的亲人。尽管一家四代人的出国方式和出国时间不同，利用的亲属关系也不同，但亲属关系在青田华侨跨国谋生过程中的重要性不言而喻。

事实上，亲属关系在不断变动的国际环境、政策和经济等条件下仍然显现出强大的"生命力"。尤其近年来受到输入国对外国就业者的限制和疫情影响，青田华侨通过劳务输出和旅游等方式出国的难度逐渐提高，亲属团聚成为一种相对稳妥、难度较低的方式，所以被更多出国者作为首选，并一度成为出国的"唯一途径"。亲属关系在跨国流动中的作用如此重要，那么青田华侨会如何选择亲属？不同的亲属关系类型会不会对出国者的跨国谋生过程产生不同影响？

四、"寻找"亲属关系

马歇尔·萨林斯（Marshall Sahlins）认为："所谓的'生物学'关系的各种建构形式经常倾向于社会建构，比如拜把子兄弟会比亲生兄弟关系更亲更团结。那么，亲属关系就并非血缘关系所造就，因为人类的血缘并不是一个先于推论的事实。"[①]费孝通先生在《乡土中国》中提出"差序格局"，用以描述中国传统社会的人际关系，认为我们的社会结构不是一捆一捆扎清楚的柴，而是好像把一把石头丢在水面上所发生的一圈圈推出去的波纹。每个人都是他社会影响所推出去的圈子的中心。被圈子的波纹所推挤的就发生联系。[②]费先生所提的"差序格局"正好解释了青田华侨的亲属关系如何能够被选择作为一种跨国谋生策略：当每个家庭有人要出国的时候，出国者就好像被控制好力道后丢在水面上的石头，这块石头推出的波纹中总有一圈是出国者需要"利用"的。"自家人"可以包罗任何要拉入自己的圈子、表示亲热的人物，自家人的范围是因时因地可伸缩的，大到数

---

① [美] 马歇尔·萨林斯：《亲属关系是什么，不是什么》，陈波译，商务印书馆，2018，第5页。
② 费孝通：《乡土中国》，北京大学出版社，2012，第42页。

不清的。① 因为亲属在跨国流动中十分重要,所以为了实现跨国谋生,青田华侨亲属关系的范围变得极具包容性和可塑性。

与此同时,亲属关系还被广泛地牵涉进青田华侨跨国谋生的过程中。青田华侨跨国谋生过程分为三个环节:跨国流动、跨国谋生和国外居留。前文提到,青田华侨的普遍特点是初高中毕业、低技能、无资金,他们甚至可能只会讲青田话。这样的情况导致出国者对于自身要去的国家几乎没有选择权,亲属是他们唯一能够信任和依赖的人,所以他们在哪儿,出国者就去哪儿,且亲属关系不止在跨国流动的一个环节中起作用,这就意味着出国者一开始为了实现跨国流动所选择的亲属,也会对之后的谋生和居留产生影响。为了说明与不同亲属关系对应产生的跨国流动方式,以及不同亲属关系对出国者生产的影响,笔者将亲属关系分为三类:直系亲属、旁系亲属和法律认可的亲属,以便分析。

在这里,直系亲属主要包括父母、子女和配偶。根据政策规定,以上亲属关系都在探亲访友的范围内。也就意味着,如果出国者的父母或者配偶是华侨,只要他们在某国具有合法的居留资格,就可以以探亲访友的方式将出国者"带"出国。笔者的访谈对象西班牙归国华侨悠悠姐和她的大儿子都是被她的丈夫以亲属团聚的方式带出国的,每次悠悠姐提起她老公带她出国的事情,她整个人都透出一种愉悦,因为由自己的直系亲属带出国,只需要支付手续费和交通费,不需要任何额外的"办事(人情)费",是成本最低的出国方式。

法律认可的亲属是指出国者为了满足办理护照或签证的条件而生产出来的一种法律上的亲属关系。笔者在田野中也经常遇到曾以这种方式出国的华侨,主要有两种类型,法律上制造出的"婚姻关系"和"父母子女关系"。前文提到,近两年受一些因素影响,通常只有亲属团聚的签证可以办理,即因子女和配偶关系出国。也就是说,在某一时期受结构性因素影响,出国者为了规避风险,可能就会想办法制造出"合法的"亲属关系。

笔者刚到青田不久,就发现了街边相隔不远就会有一家航空售票公司,当笔者向航空售票公司的老板询问出国事宜时,曾被告知现在不是合适的出国时机,但是有一种办法可以行得通:"只有亲属团聚的签证比较容易办理,你现在还年轻,

---

① 费孝通:《乡土中国》,北京大学出版社,2012,第 41 页。

要实在是想出国，可以办理'假结婚'以亲属团聚的方式出国，这种方式是最稳妥、可行度最高的，但前提是你要找到人（愿意和你'假结婚'）才行。人家要回来和你领结婚证还有各种各样的公证书等，到时候你可以再来店里找我们给你办理。"（2021-08-08，青田）意大利归国华侨吴老师的出国经历就是以类似"假结婚"的形式实现的跨国流动。他从九几年的时候就开始准备出国但一直被拒签，直到2006年经表姐介绍，与一位具有意大利合法居留资格的单身女性结婚，才以亲属团聚的方式到了意大利。

那时候吴老师是有妻子的，而且大女儿已经两岁了，他和妻子因为出国的事情一直没有领结婚证。2006年吴老师的假结婚对象蒋小姐从意大利回国和他领了结婚证，之后留吴老师在国内办理相关公证手续，包括健康公正、计划生育公证等，其间经历了34个月的时间。2008年吴老师出国，下飞机后蒋小姐接待了他，并"收留"了他两晚，允许他在家里打地铺到吴老师找到工作。在找到工作后，他和蒋小姐一直存在法律层面的婚姻关系，却很少直接联系。吴老师在意大利待了三年，发展得并不顺利，于是在2012年回国。回国后，吴老师就和蒋小姐离婚了，并和自己的妻子办理了结婚手续。整个结婚、离婚的过程，吴老师的家人都是知情且支持的。现在吴老师和妻子幸福恩爱、儿女双全，蒋小姐也在国外建立了自己的家庭，双方再没有联系。可见，尽管已经有了自己的家庭，但是出国的强烈愿望使得出国者及家人愿意接受和陌生人建立婚姻关系。当然，这是钻法律漏洞的行为。

想要出国，除了"假结婚"还有一种"认干亲"的方式，这种情况可以理解为"我的干亲是我法律上的父母"。笔者在青田华侨进口商品城的一家店铺结识了阿鑫，他的家人都曾是意大利的华侨，其中阿鑫的大姐通过与餐馆老板娘建立法律上的母女关系才得以流动。阿鑫一家有五个人，在阿鑫的大姐决定出国前，他的妈妈已经在2000年到了意大利，并在一家餐馆打工，且与餐厅的老板一家交好。2002年阿鑫的大姐计划追随母亲一起在意大利打工，按理来说阿鑫的妈妈可以通过亲属团聚的方式将自己的女儿接出去，但是因为当时她还没有获得意大利的合法居留资格，所以没有能力带任何人出国。"我妈妈当时和餐馆老板娘关系很好，她就拜托老板娘想办法带我大姐出去，老板娘让我大姐认她做干妈，又去办理了手续，成了我大姐法律上的母亲。"阿鑫的大姐就这样被法律上的妈妈以亲属团聚的方式带到了意大利。"老板娘没收钱，她也挺喜欢我大姐的，她只让大姐在店里免费打工一年，就算是抵了机票钱和手续费吧。"（2021-08-02，青田进口商品城）如果没有合法的身份，即使有直系血亲在国外也无法对出国者的流动过程产生有效作用。

以上，直系亲属和法律认可的亲属都包括婚姻关系和父母子女关系，虽然我们明白，亲生父母和干亲、真夫妻和假夫妻在情感和物质等层面的差距不止一点，但是在跨国流动和国外居留的环节，直系亲属和法律认可的亲属都能够提供亲属团聚签证，因为这两者的依据都是法律关系证明，不会过多受人为因素的影响。尽管如此，差异还是在跨国谋生的环节得到体现。因为亲属团聚签证和劳工签证不同，亲属团聚签证是不可以直接工作的，出国者到了国外之后，需要将亲属团聚签证转换为工作签证才可以合法工作，不然只能称为"打黑工"。

表1　直系亲属和法律认可的亲属关系在青田华侨跨国谋生过程中的作用

亲属类别	跨国流动	跨国谋生	国外居留
直系亲属（父母、夫妻）	亲属团聚签证	留学后接手家业	有，时间随亲属
法律认可的亲属（假结婚）	亲属团聚签证	不提供工作机会，打工时需要转换为工作签证	有，具体时间随亲属
法律认可的亲属（认干亲）	亲属团聚签证	不提供工作机会，打工时需要转换为工作签证	有，具体时间随亲属

法律认可的亲属只能够为出国者解决"怎么出国"的问题，而直系亲属在跨国谋生的过程中不止解决怎么出国的问题，还会提供更稳定的生活和收入来源。对比悠悠姐和吴老师，他们都是以夫妻团聚的名义出国的，但是他们现在的生活状况完全不同。一方面悠悠姐出国时只需要花一些必需的手续费，而吴老师为了出国支付了一笔不小的费用。另一方面如上文所说，亲属团聚的签证无法工作，悠悠姐在出国后直接接手了丈夫的店铺，不需要换为劳工签证，现在因为疫情回国，也在进口商品城拥有一家不小的店面；而吴老师因为签证的问题一直"打黑工"，拿到的工资不多不说，这样的生活让他对致富失去了希望，在国外没待几年就回国了，现在以石雕手艺为生。可以看出，法律上等同的亲属关系，在青田

华侨跨国谋生的实践中仍然起到不同的作用，从而影响着出国者的生活状况。

当然，并不是每个青田华侨的直系亲属都想出国，也不是每个出国者都出生在华侨世家，能够支撑青田侨乡跨国谋生网络正常运转的最大一部分关系还是来自旁系亲属。旁系亲属是指有间接血缘关系的亲属，包括自然旁系血亲和拟制旁系血亲。这部分亲属关系已经不适合用探亲访友签证，但仍可以为出国者提供劳工签证和劳动机会。在访谈过程中，出国者一般会根据亲属所在国选择自己要去的国家，原因就是亲属可以帮助他们获得劳工签证，让他们以劳工的形式出国。相较于直系亲属的"无偿"性，被旁系亲属带出国的华侨往往要以现金或者劳动的形式支付一笔"人情费"。这里的旁系亲属也有细分，一类是同源于父母的亲兄弟姐妹，一类是同源于祖父的伯叔、姑母、堂兄弟姊妹，一类是同源于外祖父母的舅父、姨母、表兄弟姊妹，还有一类是远房亲戚，其中的区别在于亲属关系的远近对流动成本的影响。

关系最近的要数亲兄弟姐妹，比起其他的关系，亲兄弟姐妹之间帮忙出国的花费要小一些，而且受到欺骗的风险也比较小。不过因为以劳工形式带人出国的方式也要求国外的亲属有一定的经济基础，最起码在国外要有满足招工条件的生意，所以尽管有亲兄弟姐妹在国外，其中拥有带人出国能力的也不一定多，这种旁系亲属关系被利用的可能性相对较小。既然这种方法行不通，出国者就要从堂亲和表亲中另寻出路。笔者的访谈对象吴女士是她的堂姐带出国的。吴女士告诉我，刚到国外的时候她很辛苦，每天和家人打电话的时候，一般都是讲不了几句就要哭。"虽然说是姐姐，但和自己的家人是不一样的，她九几年出去，我八九年才出生，本身就不熟悉，也没有接触，比一个陌生人没有好多少。"（2021-08-02，青田华侨进口商品城）吴女士还说，虽然生活在一起，也有血缘关系，但确实不是"家人"，没有可以依赖的感觉。

那么远房亲属要怎么理解呢？青田华侨出国史已有 300 年，从最初的山区人民寻求出路到现在"侨乡"的转变，青田人民渐渐达成共识：在出国的事情上，能帮就帮，虽然价钱另算。笔者的访谈对象林爷爷的出国方式是"公走私买"，当他决定要出国后，联系了一个远房表哥为他办理签证。爷爷说在找他这个所谓的远房表哥办签证之前两人都是从来没有联系过的。当出国者在自己的表亲和堂亲范围内都找不到可以利用的亲属关系，就会转向地缘关系，于是很多从未联系的关系就被出国者以亲属的名义重新"组织"起来。

相较于直系亲属内部具有的差异性，旁系亲属因为涉及的范围较大，所以呈现出出国者对其评价的矛盾性特征。在笔者与青田华侨的访谈中，对于亲属关系的"矛盾"评价常常表现出一种惊人的相似性，也就是利用亲属关系实现跨国谋生并不是"万全之策"，那么这一方法为什么还会在青田延续百年？是什么使得亲属关系策略得以维系？

五、流动之后：熟人社会的道德与责任

亲属关系的情感色彩没能完全掩盖华侨跨国谋生过程中的利益关系，因此亲属关系在被青田华侨策略性应用的过程中，并不只以一种均质性、单一性的"形象"出现，相反，利益和情感的矛盾使得华侨的亲属关系充满张力。一种矛盾经常在青田华侨的话语中出现：感激亲人能够帮助自己实现跨国流动的同时，也少不了抱怨亲人在对自己工作安排和薪资条件方面的"不近人情"。

这种矛盾在杨阿姨的身上得到了"生动地"呈现。杨阿姨是比利时籍华人，在她的讲述中，自己的姐夫是一个很有争议的角色。杨阿姨一家被她的姐夫带出国，等一家人到了国外后发现，自己在姐姐店里拿的工资只有正常工资的五分之一。那时候她才明白，其实一开始她的姐夫帮她申请出国，就是为了找劳动力。虽然如此，杨阿姨还是记着姐夫帮助她们出国的恩情，在店里帮忙的三年一直没有怨言，直到有一次她的姐夫当着众人的面一遍又一遍说，她们应该感谢他，她们都是他一个人带出国的，"他的语气仿佛我们占了他多大的便宜似的，我一下就火起来了，直接和他对骂，'你把我们带出国我们又不是一分钱都没给你，不但给了钱，还多给了，之后还在餐馆里给你打了那么久的工，也没给我们多少工资，你一遍遍地说这些有意思吗？要不是看着我姐姐的面子，我们懒得搭理你'"。（2021-08-08，青田进口商品城）杨阿姨说，当她骂完这些话的时候，心里长长舒了一口气，仿佛把很多年的委屈都道出来了。

这种矛盾性其实是因为华侨和亲属之间不对等的期待而产生的。杨阿姨在讲

述自己经历的时候提到过，远在国外的亲人"缺人手""找劳动力"，正好自己想要出国，亲人才"顺便"把自己带出国。听起来好像是，国外的亲人在国外经营需要一定的劳动力——最好是中国人，并且为了雇佣关系的稳定，还要是熟悉、"知底"的人，所以对于他们来说，国内想要出国的亲人是最好的选择。也就是说，出国者想象着亲戚可以提供情感和资金支持，而在国外的亲戚期待着国内的人可以提供劳动力支持或者一笔带人出国的费用。这样就解释了杨阿姨的姐夫为什么会给她低于市场价的工资：因为亲属关系的原因，国外的亲人可以用"情感"来要求出国者以"亲人之间的义务"完成更多低价、超额的劳动。

甚至一般丈夫带妻子出国也是存在期待的，一方面是为了维持情感、稳固婚姻，一方面将妻子看作一种免费的劳动力，出国后在自己店里帮忙。与此相对地，出国者想象中的亲人却是能够帮助其实现跨国流动，并为其提供轻松或体面的工作和稳定收入的。但实际情况却是，国外的亲人对于跨国流动的帮助不只是念及亲情，更多的是对之后劳动的补偿；而出国者觉得国外的亲人眼里只有利益，或者说亲情只是一个"骗局"。

为什么青田华侨对于亲属的评价时"好"时"坏"的同时，却仍将跨国谋生如此重要的事情寄托于亲属？亲属关系策略在青田如何维系？当学徒变为老板后，他们会不会以同样的方式和条件把自己国内的亲人带到国外？什么因素使得这样的传统得以延续？

在青田华侨矛盾的表述中，他们觉得合理的那一面是用对陌生人的标准衡量亲人，而不合理的那一面是用对亲人的标准衡量亲人。小伟告诉我："你用国内市场的逻辑解释一下对方的行为，不要把对方当你的亲人，你就觉得他们还是比较仁慈的。"（2021-07-25，线上访谈）咖啡店老板 ① 把这种张力解释为运气："在国外虽然说也有好人，但总体都是比较现实的，和国内的氛围不一样，这些要看自己的运气，有可能就会碰到比较靠谱的亲戚。"（2021-08-05，青田）青田华侨将亲属关系在跨国谋生过程中呈现的张力解释为自身运气、社会传统等，也会根据亲属的经济条件等调整自己对于亲属关系的期待，比如对方经济条件不是很好，那么他不帮忙就不是亲属关系出现了问题，而是客观条件不允许，所以即使对方拒

---

① 咖啡馆老板与小伟均为笔者的访谈对象。

绝提供帮助，也不会在实质层面上影响亲属关系。亲属关系这才得以作为一种跨国谋生策略被青田华侨广泛应用于自身的跨国实践中。

前文提到在访谈对象对于自身经历的讲述中，远在国外的亲人愿意将国内的亲人带出国，更多的是出于金钱和劳动力的需求，那么当这些人自己变为老板的时候，他们会不会把国内的亲人带出国？在我的所有访谈对象中，只有三位明确表示过，在他们出国"站稳脚跟"后有"带人出国"，黄老板便是其中之一。当聊到他是否有带亲人出国时，他开始叹息："我们家亲戚都是我姑妈带出去的，我带出去的是我国内的朋友。当时哪有想着赚钱，虽然我姑妈眼里只有钱，但是我经历过的难处不能让他经历，我只收了他们十万过一点，把他和他妻子带出国了……根本没有赚钱，都是看着朋友之间的情分。"（2021-07-31，青田）另外两位的情况也和黄老板差不多，他们从学徒转变为老板后，并没有像他们的亲戚当初对待自己那样"苛刻"，并且他们的帮助更多是出于人情、责任，而不是利益。对于他们来说，带人出国能够获得的报酬远低于自己做生意的收入，反而是一种麻烦又不讨好的事情。

既然远在国外的"亲人"没有想象中那么想要从出国的事情上捞好处，也就是说亲属关系策略上很重要的一环应该存在极大的不确定性，甚至可能导致整个环节无法继续，那么这一策略又是通过什么方式避免了这种可能且维系了上百年？如果考虑利益的话，国内的朋友关系可能比亲属关系要更脆弱，但是他们更多权衡了责任和道德，也就说明亲属关系在青田作为跨国流动策略，除了利益的一面，还有道德和责任。

在山口村，曾有一位耄耋老人和笔者聊起："青田'不大的地方'，全是山，没法指望着生活，但是在国外大有打拼的天地。我们都是没文化的，不懂语言没有能力，（要想出国）只能找熟人帮忙。一个村里大半人家里都有华侨，相互之间都是街坊邻居的，能帮就帮帮。尤其是在国外发展得好的、有能力的人，都要帮助国内的人出去。"中国的传统乡土社会是一个熟人社会，在这个社会中维系着"跨国谋生"希望的，不只是亲属，也不只是利益，而是道德和责任。亲属关系策略除了情感和利益的层面，还有来自社会规范的约束。在青田，出过国的华侨是有义务把国内的人带出国的。"能帮就帮帮"成为青田侨乡社会心照不宣的默契。

六、结论

青田县是"华侨之乡"，几乎家家户户有华侨。从 17 世纪至今，出国打工、开店已经成为青田的谋生传统。在大批量青田人出国谋生的过程中，一系列跨国流动的技术被应用，形成了青田县的"跨国移民基础设施"。

项飙教授在他的著作《全球"猎身"》①中曾提到过印度的嫁妆制度作为动员印度人参与生产与过度生产 IT 劳动力的手段，但在他与约翰·林德奎斯特对于"跨国移民的基础设施"的论述②中，移民网络作为基础设施的一个方面被提及，而文中没有详细阐述这样的移民网络到底是什么，又是怎样作用于移民的跨国流动过程中。笔者将青田华侨的亲属关系理解为青田县"跨国移民基础设施"的重要部分，青田人口中的"亲带亲，朋带朋""传帮带"和"包客"三种形式，都是亲属关系作为移民基础设施的表现，正是因此，青田华侨才能利用最低的成本实现跨国谋生，完成"华工"到华侨的转变。不同的是，项飙教授提出的移民基础设施概念旨在揭示更广泛的社会过程，而笔者提到的"移民基础设施"并非只是针对跨国劳工这一特定群体的，它是基于特定的地理、社会背景，经过长期历史发展而逐渐形成的一种地域性的跨国流动策略。这样的"跨国流动的基础设施"不但没有阻碍流动，反而提高了青田华侨跨国流动的实际能力，这也是青田侨乡能够形成的重要条件。

青田华侨的亲属关系在青田三百年的跨国谋生传统中，逐渐变成了一套跨国流动的策略被社会共享，这样的"跨国流动的基础设施"并非围绕国家、中介等正式组织而展开，而是通过亲属关系的联系和熟人社会的道德约束，在人际交往和互动的微观层面进行的。在这一层面上，华侨个体的行动动机变得清晰可见。亲属关系的情感因素掩盖了华侨跨国谋生所带有的经济追求以及国外亲属愿意帮忙背后的利益诉求，在出国者完成跨国流动之后，情感与利益的矛盾成为华侨亲属关系紧张的潜在因素。对于出国者来说，他们需要亲属关系的帮助来降低风险；

---

① 项飙：《全球"猎身"：世界信息产业和印度技术劳工》，王迪译，北京大学出版社，2012。

② B. Xiang & J. Lindquist, "Migration Infrastructure," *International Migration Review*(2014).

对于已在国外的亲属来说，他们期待着国内的出国者可以变成他们的一笔收入或者是信得过的员工。

这种因双方不对等的期待而产生的落差和亲属关系在掺杂利益后呈现出的不稳定性，一定程度上被乡土社会的道德责任所约束，使得所有的不确定能够在一定范围内维持平衡，这也逐渐形塑出青田县的一种规则：青田人出国后发展一段时间，等有能力的时候就要把家人也带出去，这是道德也是责任，作为"跨国知识"的亲属关系策略因此得以维系。可以说亲属关系的流动策略一方面来源于青田当地跨国谋生的传统，另一方面这一流动策略也使得青田能够将出国者源源不断地"带"往国外。这种模式慢慢形成了一种"国内是大家，国外是小家"的地方性知识。正是这样一些规范使得移民通道历久不衰。然而，当通道两端经历了几代人的隔绝之后，好些通道并不能延续。在结构性因素的影响下，青田华侨以亲属关系作为流动策略的传统也变得脆弱。

尽管如此，青田的亲属关系策略为我们认识变化中的中国社会提供了一个更广阔的窗口。策略的产生、实现与维系，体现着中国的变与不变：变化的是中国日渐提高的综合国力和世界地位，不变的是人与人之间的人情味。中国的发展与进步是每一个国人共同努力的结果，青田华侨的生命史向我们呈现了个体的努力与挣扎，他们用"中国式智慧"应对了跨国谋生的风险，提醒我们继续探索中国社会中人情、道德和规范的复杂关系。

"跨国货币"与日常照料

——汇款、责任与情感构建的跨国家庭想象

中央民族大学民族学与社会学学院 2019 级民族学专业　蒋清鸢

指导老师　邱　昱

摘要： 汇款在跨国家庭维系中发挥着核心作用，对非移民家庭成员的福祉至关重要。学界关于移民汇款的研究已开始超越传统发展主义视角。本文从微观层面出发，讨论汇款如何塑造跨国家庭的养育实践。汇款是青田县山口村华侨家庭建构社会关系的重要方式，但也带来张力：夹杂在移民父母经济形式的远程抚养，和老人身体形式的日常照料间的儿童，对亲密关系的感知存在选择性。本文认为，这种选择性并非是商品化对亲密关系的取代，而是汇款作为复杂且充满异质性的社会过程的体现，是社会意义的表达。

关键词： 汇款；跨国家庭；代际养育；亲密关系；社会意义

一、研究缘起

当华侨家庭中的父母远赴异国寻找工作机会，他们要如何与留在中国的孩子建立关系，使在边界分隔之下，仍能建立起团结统一的家庭感？很多情形中，汇款成为跨国家庭维系的常见策略，它被视为一种可用来产生情感支持、成员照顾

和亲密关系的市场化和商品化交易过程[①]。但当我和一位自出生就被父母留在山口村，现由爷爷奶奶照顾的 12 岁女孩王琳绘[②]聊天时，却发现汇款和社会关系的构建间，充满矛盾与张力。

王琳绘删除了和在西班牙的爸爸的大部分聊天记录，仅保留着爸爸微信给的一个又一个红包。"我只留着我爸发红包的记录，然后拿出来炫耀炫耀，"琳绘笑着说道。这笔"零花钱"被琳绘用来在同学中"撑面子"。"我会跟同学说'我爸给了我多少钱'"，然后琳绘就把保留下的证据——爸爸的转钱记录展示给同学看，再以一句"哎，有钱人的世界你们不懂"收场。对于父亲的汇款，琳绘给予了积极评价："爸爸都是整百地给，非常大方。"但对印象中的父母，琳绘却以"不怎么样"的简单描述一笔带过。在现实中，琳绘觉得和爸爸聊天令人尴尬，父亲鼓励她的话语显得"肉麻"和"不走心"，自己更愿意和朋友而非家人相处。在想象中，如果未来父母回国，琳绘不认为自己会与他们变得熟络，"我可能不会跟他们讲话"，琳绘否定了主动尝试的可能。

王琳绘对父亲的疏离，显示出跨国汇款并未实现亲密关系的有效构建，相反，她对汇款的情感体验存在选择性。博富林[③]（Bofulin）对汇款导致家庭关系商品化提出担忧。但我不想讨论在跨国语境下，汇款是否或如何体现社会关系无可避免地转向理性化，而是思考为何同样是跨国的"金钱"，却在家庭构建中产生一系列丰富且富于差异的效果。当汇款与儿童养育实践紧密联系在一起时，其不仅是异质的，更充满社会关系与社会意义的。由此，本文尝试回应这样的问题："汇款"如何形塑了跨国家庭养育实践？移民父母的远程抚养策略，又如何关联着孩子对情感体验的选择？

---

① E. Leifsen & A. Tymczuk, "Care at a Distance: Ukrainian and Ecuadorian Transnational Parenthood from Spain," *Journal of Ethnic and Migration Studies2*(2012): 220.

② 本文受访者人名均为化名。

③ M. Bofulin, "Family-making in the Transnational Social Field: The Child-raising Practices of Chinese Migrants in Slovenia," *Journal of Chinese Overseas* 13(2017): 94-118.

二、文献回顾

20 世纪八九十年代以来，学者们愈发关注到人口流动与全球和地方关系的密切融合在现代世界的重要性。在世界经济一体化语境中，跨国主义被视为对结构性不平等的回应：全球市场创造了对低工资、工作稳定性差的非熟练工人的大量需求，而发展中国家传统经济部门的工业化，及经济的不平衡发展，带来大量流动的未充分就业劳动力，在家园和东道主国之间移徙成为很多贫穷和失业工人的生存途径。将跨国主义与家庭联系起来的早期研究指出，移民过程非纯粹个体选择，而是更广泛群体战略的一部分：移民决定由家庭成员共同做出，应以家庭作为分析单位[1]。同时，在各种类型的跨国社会关系中，家庭过程和亲属关系构成最初基础[2]。进入 21 世纪，将跨国家庭视作有效决策单位[3]，并以其为中心展开移民研究被越来越广泛地采纳和讨论。

移民在原籍国经济发展中发挥着关键作用，他们的汇款使家庭成员能持续分享稳定的经济纽带与集体福利。斯塔克和卢卡斯[4]（Stark and Lucas）在对国内移民汇款的研究中，指出家庭单位非常灵活，它可通过发展经济战略以克服市场不足，实现收入最大化、风险最小化。汇款成为家庭的隐性"合同"安排，移民为家庭提供更多汇款，家庭则为移民提供更多保险。文化上符合经济利益的对亲属义务的共同期望，使家庭作为一个整体从中获益，每个成员可能是不同阶段的净受益者。因此，汇款能够"自我执行"，并使家庭经济战略强大而持久。马西[5]（Massey）

① D.S. Massey, "Social Structure, Household Strategies, and the Cumulative Causation of Migration," *Population Index*56(1990):4.

② L. Basch, et al., *Nations Unbound: Transnational Projects, Postcolonial Predicaments, and Deterritorialized Nation-States*, Langhorne: Gordon and Breach, 1994, p.261.

③ D. Bryceson & U. Vuorela, "Transnational Families in the Twenty-first Century," in D. Bryceson & U. Vuorela (ed.), *Transnational Family: New European Frontiers and Global Networks*, Oxford, New York: Berg, 2002, p.6.

④ O. Stark & R.E.B. Lucas, "Migration, Remittances, and the Family," *Economic Development and Cultural Change*36(1988):478.

⑤ D.S. Massey, "Social Structure, Household Strategies, and the Cumulative Causation of Migration," *Population Index*56(1990):3.

进一步将传统成本效益模式置入移民亲属网络等社会关系中，关注到相互义务、期望体系对移民网络的反馈机制。马西还强调，想更整全地理解国际移民，离不开理论与数据支持，要将更大的社会结构与个人、家庭决策联系起来，将宏观和微观层面的分析联系起来，将原因与时空结果联系起来。本文可视为微观层次的补充，不限于阐述汇款与构建社会关系的关联，也考察这一强大、持久战略内部潜在的张力。

移民行为改变了家庭组织模式，这一改变集中反映在家庭照顾实践上，而汇款往往成为跨国照顾实践的主要货币[1]。在缺乏身体亲密关系的处境中，经济上的跨国养育成为劳工移民维持亲子关系、塑造家庭意义的主要途径。帕雷尼亚斯[2]（Parreñas）通过经济和性别来理解跨国亲密关系的形成。他指出，汇款在跨国家庭维持中发挥着核心作用，其不仅是一种现金交易，还被移民母亲用以建立跨境亲密关系。菲律宾移民母亲通过维持家庭的共享银行账户重新定义母职，她们从经济上"养家糊口"，同时也面临照顾责任转移引发的与替代照顾亲属间的关系紧张，以及对孩子情感支持的不足。当经济是家庭做出移民决定的主要因素，并将家庭照顾工作重新分配，就不得不面临经济效益与社会、情感成本的权衡问题。莫兰-泰勒[3]（Moran-Taylor）在危地马拉移民的研究中，发现相比于经济补偿，孩子通常更希望与父母待在一起。与父母长时间分离会产生明显的情感后果，金钱可能越来越多地取代孩子与移民父母的亲密关系。

本文希望在延续对汇款与情感张力讨论的基础上，对"金钱取代亲密关系"或"亲密关系商品化"的观点作出悖反。以"亲密关系商品化"阐释跨国家庭成员的紧张情感关系，实际是将汇款视为社会关系商品化的载体。这种理解一定程度上契合了现代经济对金钱的假设，即把金钱当作是单一的、可交换的、完全不受个人情感影响的工具，它的"数理特性"会使社会生活充满"测量和权衡"，

---

[1] L.A. Hoang & B.S.A. Yeoh (ed.), *Transnational Labour Migration, Remittances and the Changing Family in Asia*, Palgrave Macmillan UK, 2005, p.17.

[2] R. Parreñas, "Long Distance Intimacy: Class, Gender and Intergenerational Relations between Mothers and Children in Filipino Transnational Families," *Global Networks*4(2005): 323.

[3] M.J. Moran-Taylor, "When Mothers and Fathers Migrate North: Caretakers, Children, and Child-rearing in Guatemala," *Latin American Perspectives*35(2008):89.

让社会关系干涸。泽利泽①（Zelizer）挑战了传统理论对货币根深蒂固的预设。她认为，单一、同质、普适的金钱并不存在，金钱是多种多样的：人们为多种社会互动指定不同的货币，就像人们为不同的社会情境创造独特的语言。同时，用作理性交换的金钱并不能"免受"社会约束，而是社会创造的另一种货币，从属于特定的社会关系网络和其自有的一套价值与规范。在人类学领域，一些学者业已将汇款视作塑造家庭和家庭意义的社会过程的一部分②，汇款的流通不仅仅是一项经济活动，它还反映并改变着社会义务、自我价值、地位和人格等概念③。与这些学者的关怀相同，本文强调汇款的社会性理解。介由对山口村跨国家庭的观察，我们发现汇款在维系和改变跨国家庭关系中，颇具创造性和丰富性，经济行为对亲密关系的构建是复杂且异质的社会过程。

最后，在跨国照顾实践的研究中，学者们开始注意到移民外的其他家庭角色的重要性，包括儿童和替代照顾者等角色，实现对跨国家庭的动态理解。我对山口村华侨家庭的研究亦借鉴该思路，从移民、替代照顾者和儿童三类主体出发，尤其强调儿童的视角。儿童作为主体，他们对远距离养育的感受存在差异和选择，且这种选择还会延伸至其他社会关系，形成自身的同辈压力。

三、研究方法

我的田野点选在浙江省丽水市青田县山口村。大部分时间里，我聚焦在青田县山口村的不同跨国家庭之间，这些家庭都是夫妻双方移民，把自己的孩子（或部分孩子）留在（或送回）山口村，并由移民一方的老人父母进行照顾。当谈及汇款时，老人们更愿意分享移民子女取得的经济成就，"赚钱重、亲情轻"成为很多山口村人讲给我听的话，但实际照顾孩子的繁忙情形，让很多老人在获得经

---

① V.A. Zelizer, *The Social Meaning of Money*, New York: Basic, 1997, p19.

② C.C. Fan, "Migration, Remittances and Social and Spatial Organization of Rural Households in China," in L.A. Hoang & B.S.A. Yeoh (ed.), *Transnational Labour Migration, Remittances and the Changing Family in Asia*, Palgrave Macmillan UK, 2005, p.195.

③ L.A. Hoang & B.S.A. Yeoh (ed.), *Transnational Labour Migration, Remittances and the Changing Family in Asia*, Palgrave Macmillan UK, 2005, p.10.

济福利的同时，又承担起代际养育的压力。正是这样的环境，让我们的造访有时变得"不合时宜"：忙于照料多个孩子的华侨家庭，可能无暇再应对一个满腹疑问的"陌生人"。在老师带领下，我通过入户调查的方式慢慢和 8 个华侨家庭建立起密切联系，并从中获取一手经验资料。同时，我还利用自己的女性身份与年龄优势，深入山口村多个孩子的日常生活，以"姐姐"的角色了解这些孩子的独特视角。因移民远在海外，难以利用短期时间建立信任关系。为弥补移民角色的缺失，我也和曾为华侨，但因某些原因回国，且过去面临过跨国"做家"处境的年轻一代交谈，以作相应补充。

四、跨国家庭的形成

1. 移民传统

山口村作为华侨发源地之一，2007 年全村不到 2 万的户籍人口中有 10555 位华侨，意味着华侨人数已经接近或多于国内人口数[①]。如此长期的移民历史和庞大的移民数量，与山口村逐渐形成的移民传统密不可分。20 世纪 70 年代改革开放以来，新移民源源不断涌入欧洲[②]，青田县周围农村地区作为欧洲最早的移民群体来源之一也在该阶段涌现大量移民[③]。20 世纪 90 年代至 21 世纪初是山口人前往欧洲寻找工作机会的快速增长期，出国华侨主要集中于西班牙、意大利等欧洲国家，此外在巴西等拉美地区及非洲也有分布。

山口村华侨发展出"亲戚带亲戚，朋友带朋友"的链式移民模式，以亲属关系构建的移民网络降低了后继移民的风险和成本，而切实的经济回报亦形塑着当地人的观念。他们源源不断地跨国以谋求生存机会，利用国内外薪资差距和外汇比率差异来改善经济状况，设法将节省下的钱和商品送回家。据 2007 年统计数据显示，当年青田外汇汇入额达 18.29 亿美元[④]。高额外汇不仅在宏观层面推动当

---

① 青田县志编纂委员会编《青田县志：1988—2007》，浙江人民出版社，2013，第 800 页。
② 李明欢：《欧洲华侨华人史（增订版）》，暨南大学出版社，2019，第 47 页。
③ G. Benton & F.N. Pieke, *The Chinese in Europe*, Palgrave Macmillan UK, 1998, p6.
④ 青田县志编纂委员会编《青田县志：1988—2007》，浙江人民出版社，2013，第 563 页。

地经济发展，也在微观层面成为创造家庭福利的关键。通常而言，老人和小孩组成非移民群体，他们几乎完全依赖移民的汇款生存。

2. 跨国家庭的设定："国际务工人员"

从自然角度看，青田县四面环山而缺少平地，"九山半水半分田"的自然资源条件显示出青田人多、耕地少的现实处境。从社会结构看，第一二代华侨受教育水平有限，多为小学或初中文凭，一般情况下只能寻找出卖体力的工作，而当地匮乏的就业机会使其丧失通过劳动赚取财富的能力。

同时，"跨国家庭"的设定还深刻嵌入在经济全球化创造的市场需求和不平等中。欧洲市场为华侨提供就业机会，但语言障碍和缺乏适应劳动力市场的技能，使大部分华侨只能从事底层的工资低、环境差，且缺乏晋升机会的工作[1]，如服务员、洗碗工、搬货工、保姆等。因此，"打工的"成为贴在众多华侨身上的标签。劳工性质的移民意味着华侨实际成为"国际务工人员"，他们在海外生存条件恶劣，缺乏经济和安全保障，严格的移民制度和输入国居留政策又使社会融入困难重重。此情形下，"分裂"家庭似乎是合理的决定：留下的家庭成员得以免于在艰苦和不安全的环境中挣扎；而华侨移民则能更容易和迅速地跨国，减少在异国生存和赚钱的成本，更快实现移民目标。因此，家庭成员不得不面临地理分隔，接受远程"做家"的挑战。

3. 山口村的社会风气

华侨必须在确保孩子有成人照顾的前提下，才有移民的现实可能。在山口村，步履蹒跚的老人带着儿童在河边玩耍、推着婴儿车在街道上散步、簇拥在放学后的托儿班门口接孩子——这些景象都不足为奇，人们已习惯于由老人承担抚养孙子女/外孙子女的生活模式。华侨为维持家庭生活，尽力创造更体面的经济条件而移徙，因此他们的长期缺席被乡村社会所接受。汇款使老人从体力劳动中解放出来，替移民照顾孩子成为其力所能及的贡献，双方形成互惠的关系网络。同时，老人作为血亲，由其看护孩子是令人放心且合乎逻辑的选择[2]，这种帮助式的代际

---

① P. Levitt, *The Transnational Villagers*, Berkeley, CA: University of California Press, 2001, p53.

② M. Bofulin, "Family-making in the Transnational Social Field: The Child-raising Practices of Chinese Migrants in Slovenia," *Journal of Chinese Overseas*13(2017): 102.

抚养是中国乃至很多亚洲国家的普遍规范。尤其在夫妻双方同时移民愈发普遍的情况下，"隔代养、隔代带"逐渐成为山口村邻里默会的社会风气和乡土规范。

五、谁是汇款者，谁是受惠人？

（国际）汇款是原籍国外工作的移民向家庭、社区和国家的经济转移[①]。但华侨汇款并非单纯的经济行为，它"嵌入了复杂的亲属关系和跨国社会领域的社会义务、社会价值和社会比较的集合中"[②]。汇款的社会文化属性，在多元汇款类型，以及汇款方与受惠人对汇款差异性的感知、理解与支配中，得到生动体现。

1. 受惠人

（1）用以"家用"的汇款：

家用汇款基于对全家的照料，用来支持整个家庭的发展，囊括所有非移民家庭成员。对老人而言，子女有抚养自己的义务，且老人作为替代照顾者，由移民提供物质保障是必要的。对儿童而言，父母提供汇款不仅是履行抚养义务，更是利用经济方式弥补在身体照顾方面的空缺。

家用汇款的接收人往往是作为替代照料者的长辈，其直接承担整个家庭的生活运转。此类汇款包括银行汇款、移民携带现金回国、钱庄交易和私人汇款等形式。银行汇款属官方交易，金额受外汇管制，其上限与移民年收入挂钩。为减少税负、增加收入，钻法律漏洞的虚报工资成为常用手段。携带现金回国存在相似问题，即移民入境受携带外币金额管制，由欧洲入境的金额上限为 10000 欧元，超额部分会被直接没收。

过去，银行汇款是主流的做法；近年来，地下钱庄和私人汇款愈发流行，这些独立于银行监管和正规金融渠道外的"非正式"汇款能送回更大量的资金，减少官方汇款的手续成本，但也违反国家法律规定。此外，随线上支付普及，越来

---

① H. Richard & J. Adams, "The Determinants of International Remittances in Developing Countries," *World Development*1(2009): 93.

② H.C. Thai, *Insufficient Funds: the Culture of Money in Low-wage Transnational Families*, California: Stanford University Press, 2014, p16.

越来越多移民依赖微信、支付宝等软件汇款。但线上汇款对接收方使用电子设备的能力提出要求，大部分老人需其他非移民家庭亲属协助代领，亲属再把等额现金交付老人使用。

家用汇款发挥着象征性作用，华侨和非移民利用汇款在原籍国建房、买房和翻新房子。对于大部分移民而言，海外工作条件艰苦、收入低、不稳定，支持全家生活要担负昂贵的成本，且严格的政策也使其难以真正融入当地社会。所以，海外打工仅为赚钱而非永久定居，山口村一二代移民大多抱有"告老还乡""落叶归根"的想法。同时，山口村浓厚的父权意识形态塑造了建房、买房的社会规范。在问及老人移民子女对家庭的贡献时，他们会通过买房来彰显子女的成就。一些情况下，移民买房不仅是为在回国后有居处，还是为父母养老提供更好的环境。"买房"使移民成为一个"负责任的人"，房子承载着强大的经济、社会和象征意义[1]。

总而言之，家用汇款呈现出很强的支配性和可变性特征，义务上的经济支持不仅发挥着实质功能，也成为展现社会地位的符号象征。这些汇款根据现实家庭处境而不断变动，非移民对汇款的安排与汇款者的初衷可能契合，也可能产生矛盾和冲突。

（2）"零花钱"性质的汇款

零花钱指向儿童，是移民减轻分离成本、弥补儿童心理与情感创伤，实现跨国养育的重要途径。通信技术赋予孩子接收汇款的能力，孩子成为受惠人使汇款"接口"多元化。移民父母一般通过微信转账"零花钱"，金额大小和频率受父母主观意愿和孩子个体诉求影响。零花钱被允许完全用于孩子个人的消费，无须扩展成其他家庭成员的福利。虽家用汇款也指向孩子的发展福祉，但其由长辈调度、支配，孩子作为间接受惠人难以直接感受汇款包含的社会情感。而零花钱作为针对性经济支持，儿童能通过它直接感知父母的情感表达。

---

[1] L. A. kesson, "Remittances and Inequality in Cape Verde: the Impact of Changing Family Organization," *Global Networks* 9 (2009): 389.

（3）不同汇款的差异性效用

无论是家用汇款还是"零花钱"，都受"跨国道德"的影响①：非移民拥有的"道德资本"，使其能要求移民承担汇款责任②。尽管如此，二者仍存在差异。家用汇款义务性强，因其紧密关联非移民生活的维持，汇款不足会造成家庭生存危机。同时，隔代抚养使移民更有双重动机向家庭提供汇款，汇款缺失意味着"不孝顺""不负责"。在道德约束下，无论移民主观意愿如何，此类性质的汇款"供应弹性"很低③。相较家用汇款，是否给孩子零花钱无严格道德约束，且父母子女间非互惠关系，此类汇款更多是移民的单向动机。

从效用看，家用汇款和"零花钱"作为"炫耀"资本的动机和意涵不同。移民在家乡建房、买房不仅是在履行继承和发扬家庭财产的责任，还是其在海外通过努力"赚到了钱"的显示，是社会地位的提升，在乡村社会中"有面子"也令老人认为自己的付出是"值得"的。而孩子从父母手中获得零花钱成为儿童间比较的资本：零花钱表达了父母的关心和爱护，是证明主体重要性的资本。

2. 汇款者

（1）名义上的供养者

山口村与中国许多地区农村一样，受父权制度的深刻浸润，遵从父权传统下的社会文化规范。一般而言，儿子承担原籍国家庭成员的生活费用，尤其是留下孩子给老人照顾的"儿子"成为名义上的汇款者。

（2）现实中的供养者

但现实生活中，老人的女儿和子女配偶也会主动为家庭提供经济支持，供养者角色被更多主体分享。既有研究指出，女性移民是比男性移民"更好""更可靠"的汇款人，尽管部分学者认为男性比女性在劳动力市场上更吃香，收入更高

---

① J. Carling, "The Human Dynamics of Migrant Transnationalism," *Ethnic and Racial Studies* 31(2008): 1457.

② L.A. Hoang & B.S.A. Yeoh (ed.) , *Transnational Labour Migration, Remittances and the Changing Family in Asia*, Palgrave Macmillan UK, 2005, p.17.

③ K. Kusakabe & R. Pearson, "Remittances and Women's Agency: Managing Networks of Obligation among Burmese Migrant Workers in Thailand," in L.A. Hoang & B.S.A. Yeoh (ed.), *Transnational Labour Migration, Remittances and the Changing Family in Asia*, Palgrave Macmillan UK, 2005, p.53.

因而能汇款更多[①]；但女性有更强的义务网络[②]，汇款的期望更大、频率更稳定、持续周期更长[③]，山口村名义上的汇款人与现实中的供养者不一致的现象，正是这一观点的印证。

在山口村很多跨国家庭中，老人的女儿和儿子的配偶会向家里寄送资金和商品，不仅指向对老人的支持，还涵盖了共同生活的儿童，即便孩子并非亲生。名义汇款人与实际供养者的不一致，造就了山口村吊诡的现实：父系乡村社会重视"儿子"——家中一定要有男性后代、移民"儿子"继承家庭权利、留下儿童由爷爷奶奶照顾……但女性移民提供的经济支持不一定少于，甚至多于男性移民，使家庭同样依赖女性华侨的经济转移。且在很多老人口中，汇款更多的女儿反而成为炫耀对象。

六、汇款中的家庭构建：跨国货币与日常照料

"分裂"家庭使移民能利用海外劳动力市场实现在国内无法达成的经济收益。但经济、社会和情感代价不可忽视[④]。华侨向海外迁移并将孩子留在山口村，意味着家庭养育分工不得不重组：一方面，移民将汇款作为跨国抚养策略的一部分，尝试建立与国内子女的联系；另一方面，老人变为孩子的日常照料者，参与进跨国汇款的接收、分配和使用之中。因此，汇款如何介由不同主体的日常实践形塑跨国养育行为，又如何在分散中制造出联结和张力，成为本节讨论的重点。

---

① S. McKay, "'So They Remember Me When I'm Gone': Remittances, Fatherhood and Gender Relations of Filipino Migrant Men," in L.A. Hoang & B.S.A. Yeoh (ed.), *Transnational Labour Migration, Remittances and the Changing Family in Asia*, Palgrave Macmillan UK, 2005, p.123.

② K. Kusakabe & R. Pearson, "Remittances and Women's Agency: Managing Networks of Obligation among Burmese Migrant Workers in Thailand," in L.A. Hoang, B.S.A. Yeoh (ed.), *Transnational Labour Migration, Remittances and the Changing Family in Asia*, Palgrave Macmillan UK, 2005, p.60.

③ S.R. Curran & A.C. Saguy, "Migration and Cultural Change: A Role for Gender and Social Networks?" *Journal for International Women's Studies* 2(2001): 54.

④ P. Hondagneu-Sotelo & E. Avila, "I'm Here, but I'm There: the Meanings of Latina Transnational Motherhood," *Gender and Society* 11(1997): 550.

1. 跨国货币：移民父母的抚养策略

错过孩子的成长无疑是移民成本中最为沉重的一种，在山口村，如果经济条件允许，华侨会把孩子带在身边抚养。而对于"国际务工人员"，与孩子分离是没有选择余地的结果。因此，尽管华侨在海外面临非常艰辛的生存环境，但他们大都默默忍受着汗水与眼泪，抓紧挣钱以与子女团聚。面对分离，如何承担对孩子的抚养责任，保留自己作为"父母"的角色地位是移民亟须解决的难题。在众多创造性策略中，汇款成为移民进行情感联络的普遍且重要手段。

刘梅梅的儿子、儿媳于 2018 年到西班牙打工，留下一对双胞胎。因出国时间不长，又遇上疫情，他们不仅没有挣到钱，还有尚未还清的债务。现阶段两人向家中的汇款只有孩子每人每学期 5000 人民币的学费，和 3000 人民币左右的课外培训费。

艺绘（16 岁）父母在西班牙经营小店赚钱，除每年固定的汇款外，父亲还主动为女儿们提供"零花钱"，通常是半年两次 188 元的微信红包。此外，节日、生日她们还会收到来自父亲的单独红包。"这笔钱最好你们直接拿着""我有钱都尽量给你们""你们要多少我就给你们多少"是父亲挂在嘴边的话。不仅是"钱"，商品也参与进跨国流动，物流截图频频出现在父女的聊天记录中。

无论是孩子的学费，抑或是"零花钱"，都是移民利用汇款进行远程抚养的实践。尽管如此，作为跨国抚养策略的汇款也存在明显区分和多元化用途。从纵向发展脉络看，华侨的汇款能力和家庭成员的物质需求与移民生命周期紧密相连[①]，支持移民跨国抚养的资源是异质的。随时间推移，移民在海外的经济条件、法律地位、生活状况等会出现一系列转变。在生命周期的不同阶段，华侨对用以跨国抚养汇款的分配，及跨国家庭的组织模式会发生动态变化。

从横向角度看，汇款的不同呈现形式，表明其传达的社会意义有所不同。首先，包含孩子生活费的家用汇款通常由移民父母和老人协商，以定期、定点和固定的方式送回。一般情形下，孩子的花销与家庭其他生活支出无严格区分，都囊括于家用汇款中。而儿童受教育的资金往往被单列出来，如学费、课外辅导费、

---

① D. Bryceson & U. Vuorela (ed.) , *Transnational Family: New European Frontiers and Global Networks*, Oxford, New York: Berg, 2002, p.17.

托管费，不与其他开支杂糅。除教育费会随孩子年龄增长发生改变外，移民更在儿童教育上表现出较强主动性，他们会就孩子的学习与非移民展开频繁联系，因而与之相关的汇款也会被定期询问以便及时给付。这些钱具有强烈的抚养和教育意涵，是父母对子女发展福祉的关怀。

而零花钱却区别于家用汇款，是个体化的。零花钱更接近"礼物"性质，是一种将金钱作为礼物的特殊货币[1]。一般而言，给孩子的零花钱不是双方商议的结果，而是父母与孩子长期交流互动中形成的一种习惯，它可以是固定的，也可以是无规律的；可以是定额的，也可以是随意的。从根本上说，零花钱本身就非常灵活，父母可以选择给或不给孩子提供零花钱。这一逐渐形成的独特流动体系，在不同父母子女间有各自的运转规则，重新定义了彼此的亲密关系。

2. 日常照料实践："老爸爸"和"老妈妈"们

山口村跨国家庭对留下的孩子的照顾工作的分配表现出父系继嗣的特征，即将孩子交给父亲的父母抚养，而非母亲的父母。这种传统意味着由孩子的爷爷奶奶填补照顾空缺，他们成为孩子的"老爸爸"和"老妈妈"。在养育劳动重新分工的背景下，老人依赖移民获得生活来源，并在对汇款的保管、分配和使用中支撑起整个家庭的运转。

（1）"老爸爸"视角

仇韩（70岁）家中有三个小孩，分别是大儿子的儿子、小儿子的儿子与大女儿。大儿子2000年出国，与其妻子一起在斯洛伐克打工；小儿子和小儿媳于2004年前往西班牙，经营一家副食店。两个儿子主要通过银行汇款回家，大儿子一年汇9000欧元，小儿子一年汇不到3000欧元，此外，两个儿子也借私汇向家里带钱。

在仇爷爷眼中，汇款如何被花费是无须细算和管顾的，"（汇款）吃穿够用就行""（钱）没有了电话打给他又会汇过来，吃一天算一天，管他呢"。仇爷爷认为，自己帮助儿子照料孙子女不仅放心，还省下雇人成本。同时，自己作为替代照顾者，儿子心中自然就"有数"要把钱送回来，儿子们"会算这个账"。正因儿子们的汇款足以支持生活，仇爷爷用"一个月三四千或四五千"来概括家庭的

---

① V.A. Zelizer, *The Social Meaning of Money*, New York: Basic, 1997, p51.

生活开销，直言"家里没算这个账"。

"思想就是赚钱"是仇爷爷对儿子移民行为的总结。正因如此，不论是儿子汇的款、买的房，或是其他经济成就，都被视作移民行动的自然成果，也成为仇爷爷频频提起的谈资。

（2）"老妈妈"视角

王中珠（69岁）喜欢参加村里的各种演出，但照顾孩子困住了她的脚步。王奶奶大部分时间坐在客厅沙发上，面对用旧柜子搭成的书桌，这是家中四个孩子学习的地方。王奶奶的一儿一女在西班牙打工，留下两个外孙女（13岁和11岁）与一个孙子（10岁）、一个孙女（8岁）。暑假期间，四个孩子的补课费共花费2万余人民币。同时，成绩不错的两个外孙女被老师提议送去更好的私立高中，但一年六至七万的学费让奶奶望而却步。尽管孩子父母会从海外寄回足够资金，但疫情导致儿女挣钱艰难的现实处境奶奶心知肚明。"挣钱总归是不容易的，我已经老了不会挣钱，就是在家里看看孩子"，除照料孩子的日常起居，王奶奶还承担起督促他们学习的任务。因为受教育程度低，孩子们时常用"你不知道""你不会"反驳王奶奶，在王奶奶眼中，把孩子送去补习班是一种"解脱"："全部交给老师，我就不用管了。"

家庭的顺利运转依赖"老爸爸""老妈妈"有效地规划资金和合理地鉴别家庭开支，一般情形下，他们都参与汇款的支配过程，但二者会产生不同的态度和感知。男性长辈更关注汇款作为社会象征的一面，他们将孩子买房等事迹当成茶余饭后的炫耀资本，关心孩子能否带建房的资金回国。就汇款本身而言，只要其足以保障家用，数额的多与少似乎并不是关键。而女性长辈对汇款的支配与家庭生活开销紧密联系在一起，她们承担了家务劳动，因而比男性长辈更需要去计划分配到自己手中的钱，更精打细算，更清楚日常花销的细节。当移民汇款无法覆盖生活所需费用时，女性长辈会更直接地感受到资金不够带来的紧张关系，并试图平衡有限的资金与维持生活的张力。因此，在对汇款差异性的感知中，不难发现多数情况下，女性的钱仍然与"集体"紧密相连，即可以说是归属于集体的。

"爸爸"和"妈妈"的称谓意味老人不仅需要利用汇款以保障孩子基本的物质需求，还需要生理和精神性的付出。虽然男性和女性都可承担照顾者责任，但维护亲属网络主要是女性的工作，如移民母亲、姑姑、姐姐或其他女性[1]。在山口村，"老爸爸"与"老妈妈"共同照顾孩子，但这项工作往往会向"老妈妈"倾斜。由女性长辈承担大部分家务工作，是山口村跨国家庭的普遍现象，家庭依赖她们的劳动付出。照顾任务作为家庭劳动的一部分，给女性长辈带来了额外的工作。而当这些工作被视为自然且合理的时候，"老妈妈"的付出常会被当作情感任务来定义和评价，而不会被视为物质性的重要工作[2]。因此在谈到对家庭的经济贡献时，移民挣到的钱、买的房被认可为家庭福利来源，而"老妈妈"的贡献却不被视为具备"经济价值"的劳动，"我就是会做家务事"成为她们对自己的定义。同时，长期、繁重的家务工作，协调家庭关系的责任，花在抚养孩子上的时间、情感，可能让她们没有时间去做其他活动[3]，"带孩子带伤掉""人都老了""走不出去"等表述，都透露出"老妈妈"们"走不出这个家"的无奈。

3. 流动的货币：跨国抚养与日常照料的张力

当汇款是非移民维持生活的来源时，这笔资金流动一旦中断，家庭关系可能出现紧张。疫情影响下，打工和个体经营的华侨不得不面对停工或暂时歇业的处境，意味向家庭的汇款可能减少甚至归零。李健化的儿子于2005年去往西班牙打工赚钱，疫情暴发前尝试自立个体户，疫情歇业，负债后再次开始打工。海外经营失败令儿子没有给家里任何汇款，但孙子一直被留在山口村由老人照顾，爷爷对孙子的花销表现得敏感：

> 我退休的（工资）2000块钱差不多了，他（孙子）早餐（花）10—12块，晚饭10来块，中午在学校里吃，又要来十几块，一天起码30多块。我问他，你花的这个钱（我是不是）拿不回来的？你发微信去叫你老爸拿点回来。（李健化，2021-07-26）

---

① C. Carling, C. Menjívar & L. Schmalzbauer, "Central Themes in the Study of Transnational Parenthood," *Journal of Ethnic and Migration Studies* 2(2012): 196.

② V.A. Zelizer, *The Social Meaning of Money*, New York: Basic, 1997, p73.

③ N. Rao, "Transnational Remittances and Gendered Status Enhancement in Rural Bangladesh," in L.A. Hoang & B.S.A. Yeoh (ed.), *Transnational Labour Migration, Remittances and the Changing Family in Asia*, Palgrave Macmillan UK, 2005, p.39.

而对于移民，汇款"代表了为家庭提供基本商品和提升生活水平而忍受的汗水、牺牲与孤独"①。王捷回国前，曾在斯洛文尼亚和西班牙打过工，每天 11：00—11：30 上班，直至 24：00 下班。他在斯洛文尼亚的月工资为 200 欧元，到西班牙后月工资为 1000 欧。他吐露到，不是自己不想把孩子带在身边，而是经济条件无法支持自己亲自抚养孩子；如果经济允许，没有父母会不愿意自己抚养孩子的。他将两个儿子交给父母照顾，而自己则尽可能地减少开销，每月省下 800 欧元带回家。他表示，抚养孩子、照顾老人、在村里盖房都是他需要考虑的因素并算进给家庭的汇款。

因此，汇款看似是理性的、非个人化的、商品化的载体，但实际却包含移民的诸多考量。他们设法节省工资送回家，但这笔钱仍不一定能满足家庭的生活需要。汇款紧缺或停止供应造成的紧张关系，尤其体现在老人和需要照料的孩子之间。很多情形下，非移民容易把家庭生活的难以为继和留下的孩子的"照顾危机"直接归咎于移民父母②，而难以认识到汇款缺失与更大范围的社会与经济背景的关联。

因此，虽从表面看，赋予抚养意义的汇款，与老人的替代照顾工作，像是维持跨国家庭高效运转的"合同"安排，但现实情况中，对所有成员而言，汇款都意味着责任和"做家"的付出。且当孩子的日常照料责任落到"老爸爸"和"老妈妈"身上时，跨国汇款也表现出其无法覆盖的一面：老人对家庭福利的感知，和其生理性与精神性的劳动体验存在不一致。尽管大部分移民向家庭提供足以保障生活的汇款，但照料孩子所需的心力让老人明显感觉"辛苦"。此外，养育孩子不仅是物质的供给，亦需教育指导和人格培养，"育"的重要性并不亚于"养"。但现实处境是，多数"老爸爸"和"老妈妈"未能完成小学学业，或只有小学受教育程度，有限的知识水平使其在教育孩子上"失能"。并且随着年龄愈发增长，日趋衰落的体力也让管教儿童变得愈发困难。能够提供日常照料，却无法满

---

① E. Castaneda, "Remittances," in A.G. Wood (ed.), *The Borderlands: An Encyclopedia of Culture and Politics on the US-Mexico Divide*, Westport, CT: Greenwood Press, 2008, p235.

② K.M. Zentgraf & N.S. Chinchilla, "Transnational Family Separation: A Framework for Analysis," *Journal of Ethnic and Migration Studies* 2(2012): 361.

足儿童的教育需求，成为诸多老人们普遍面临的困境："孩子不听话""老师管得少""没读过书，没有知识教小孩""孩子的作业看不懂""干脆不管孩子的学习了"……

七、夹杂在跨国抚养和日常照料中的主体：孩子的声音

儿童是夹杂在父母跨国养育和"老爸爸""老妈妈"日常照顾间的主体，关注儿童的主体性对了解跨国家庭的构建具有重要意义。虽从表面看，孩子是跨国进程中"被留下"的群体，但这不意味孩子是无力和被动的行动者；恰恰相反，儿童有自身的弹性和恢复力，能发展出一系列适应、抵抗的策略，是有意识的社会行为者和自我的代表[1]，也会产生对社会关系的自我认知。

1. 孩子视角下的"跨国货币"与养育

婧依（15岁）"名义"上的零花钱被涵盖进父亲2万元（人民币）的汇款中，由爷爷奶奶提供，但她很少主动开口："我不好意思从爷爷奶奶那里拿钱，他们的钱也不太多。"只有在迫不得已的时候，婧依才会要20—30元的零花钱。婧依没有固定零花钱来源，小姑姑和小婶婶偶尔会给她一百至几百不等（一般不会超过500）的红包，但次数有限，她的零花钱主要来自过年红包。2021年春节婧依收到总计2000元的红包，这笔钱供应着接下来一整年的自我花销。因父母不提供零花钱，婧依会主动向爸爸要，但爸爸很少立即答应，而是过半个月再给10元左右的人民币。在婧依眼中，她与父母的矛盾80%与钱相关，而对父母的不满则95%因为钱，"有钱我就不找他，要没钱就天天骚扰他""问他要钱，他也不给"。除了"要钱"，婧依几乎不与爸爸交流。

零花钱不足在婧依看来是显而易见的事实，但假若父母给自己充足的零花钱，她也不认为自己与父母的关系会改善："这辈子都不可能！"婧依坚定地否决了父母对自己倾注关心的想法，父女间的跨国交流几乎都以吵架收尾。一次争吵中，婧依喊道："这不是爸爸的家，是奶奶的家。"她也曾对爸爸说，"我不是你生的，

① L.A. Hoang et al., "Transnational Migration, Changing Care Arrangements and Left-behind Children's Responses in South-East Asia," *Children's Geographies* 3(2015): 269.

我是奶奶的'小女儿'"。有时婧依会直接喊大姑姑"姐姐"。

艺绘父亲则呈现出截然不同的形象，艺绘一直觉得爸爸"懂自己那点小心思"。爸爸给的 188 元红包被艺绘解读为"要爸爸"的意涵，而隔三岔五的主动汇款，生日、节日大大小小的红包，被艺绘视为爸爸的主动补偿。在艺绘眼中，"零花钱"是父亲关心自己的表现，是父亲主动考虑到了爷爷奶奶可能不会给自己很多钱。艺绘和婧依一样没有固定零花钱，但她会向爷爷奶奶要，从 5—10 元到 50 元不等。和婧依不同的是，艺绘不会主动找父亲要零花钱，理由是"不太好意思"。零花钱尚有富余时，收到爸爸 188 或 200 元的红包，艺绘会认为爸爸给的过多。此外，她的衣服、裤子，以及心仪物品爸爸都会替她下单，这些额外花销不算进零花钱，使艺绘在消费时可以无所顾虑。

除了"金钱"互动外，艺绘觉得和爸爸有"聊不完"的话题，生活中的困难、与家人的矛盾、在学校的不快、未来的选择……艺绘和爸爸分享着私密话题，"遇到烦心事就会去找爸爸""可以有依赖的感觉"，爸爸成为艺绘心中关系最亲密的家庭成员，尽管他只回过一次国。

而对于共同生活的爷爷奶奶，艺绘则认为和他们存在"代沟"与"矛盾"，他们的抱怨和数落是常态："高中考不考得上啊""床这么乱""吃饭不准时"……疫情期间爸爸给家中的汇款减少后，奶奶有时会通过责怪艺绘和妹妹琳绘来发泄不满情绪。此外，奶奶和爸爸通电话时，会当着她和妹妹向爸爸抱怨她们在家的"不良"表现。

和艺绘父亲类似，万开艺（12 岁）母亲也会不定期给女儿一笔笔零花钱。每次通过微信转账的 100—200 元左右的零花钱，没有固定周期，短时间隔两星期，长时一个半月。平时妈妈还会给额外的补贴。母亲每天都会给女儿打电话，但在开艺眼中，这种联系时常成为负担：

（我和父母）不怎么吵，不开心就直接挂了。或者我就说"真的太困了，我很想睡觉，你的话太多了我就先睡觉了"，随便拿什么理由搪塞一下就好了。（万开艺，2021-08-02）

开艺表示妈妈给的钱很多，收到妈妈的钱"当然好"，但她不认为这是父母该做的。相反，她认为父母给钱是期待回报的，需要自己长大后挣钱再还给他们。在开艺的心里，外婆才是最亲密的家庭成员：

> 外婆从小把我养到大。妈妈在我出生几个月的时候就把我送给外婆养了，之后她去国外了，四五年回来一次。（万开艺，2021-08-02）

2. "经济支持"与"日常照料"的分离

"核心家庭"作为现代化家庭的典型，被定义为以儿童为中心的，一个更喜欢亲密和隐私，而不愿与亲属或陌生人共享功能的群体[1]。但在跨国语境下，更广泛的亲属关系被纳入家庭建构，使职能核心化的家庭再一次扩大，老人甚至更多旁系亲属，与移民父母一并成为跨国养育的主体。就移民而言，他们对孩子的跨国养育更多是经济上的，借照顾与经济交叉的汇款网络来构建和孩子的联系[2]；而就"老爸爸""老妈妈"而言，对孩子的照顾更多是身体和精神形式的付出。此外，老人在儿童教育上的困境，也使一些有能力为孩子提供知识、技术等教育指导的亲属参与进孩子的社会化过程。

由此，跨国养育实践介由移民父母远程抚养，及老人日常照料两部分建构起来。但实践可能并非以连贯、整体的形式呈现，而是出现不同程度的选择性，这种选择性在以孩子为主体的视角中得到生动体现。孩子对父母寄送的家用汇款，或有时被单独商议的学费、生活费等的感知，可能是模糊、不明确的，而当汇款被老人用以日常照料的分配、使用或消费时，反而带给孩子更直接的"被养育"体验。譬如在"零花钱"的来源上，普遍情形下，孩子没有的固定零花钱，需要他们在钱不够时主动向家庭成员寻求，而孩子选择的家庭成员往往是老人而非自己的父母。在"谁为我提供了经济支持"的问题上，孩子们的第一反应可能不是

---

[1] T.K. Hareven, "The Family as Process: The Historical Study of the Family Cycle," *Journal of Social History*7(1974): 193.

[2] J.B. Leinaweaver, "Outsourcing Care: How Peruvian Migrants Meet Transnational Family Obligations," Washington, DC: paper presented at the American Anthropological Association meeting, 30 November-4 December, 2005, p80.

父母，而是"老爸爸"和"老妈妈"。同时，孩子会将对物质支持与日常照顾的直观感知，与"养育"等同起来。正如学者观察到的那样，孩子通常更爱抚养自己长大的人，因为他们比生自己的人更像是自己的父母①。婧依认为自己"是奶奶的'小女儿'"，开艺则直言"是外婆从小把我养到大"，她们将奶奶 / 外婆视作与自己关系最亲密的人，尽管海外的父母是家庭生活的经济来源。

移民通过直接向孩子汇款来构建情感联系，但孩子对经济支持和养育体验存在选择性，因而对父母提供的"零花钱"的回应与解读不尽相同："挺开心的""没钱，不给钱""付出要有回报"等。汇款塑造的社会关系充满异质性和特殊性：它可以表达亲密，可以创造联结，可以传递照顾，可以巩固成员身份；也可以被拒绝，被质疑，被挑战，被漠不关心。"跨国货币"创造了差异性的家庭构建，而汇款本身也在此过程中被形塑而富于社会意义。

3. 差异性的家庭构建

从三个孩子的故事中，我们得以观察跨国家庭构建的巨大差异，尤其是针对成员关系的认定。本节将继续以孩子为主体，通过不同孩子对汇款的感知与回应，探讨跨国家庭多元形态的产生。

汇款不足或缺失，与汇款富余的差异是显著的。父亲汇款不足覆盖生活需求，使爷爷奶奶仍需继续劳动以补贴家用的情形，令婧依"不好意思"向老人要零花钱。相比于女性长辈，父亲几乎没有主动提供过零花钱。既无固定零花钱来源，也无零花钱不足时可以索要的对象，让婧依对钱的使用谨慎且顾虑更多。同时，自己和朋友在"用钱"上的差距，让金钱不足导致的紧张体验从物质层面延伸到社会关系层面。汇款缺失成为婧依和父亲矛盾的根源之一，她会频繁地向父亲要钱，用"赚不到钱"来抱怨父亲没有能力，将父亲买的房子认作是奶奶的房子……这些指向钱的、割裂社会关系的行为的常态化与正当化，显示出婧依对自己与父亲社会关系的根本否定。

与之相反，汇款的流动在艺绘父女间创造出紧密的社会联结，并透过艺绘的

---

① M.R. Gamburd, "Migrant Remittances, Population Ageing and Intergenerational Family Obligations in Sri Lanka," in L.A. Hoang & B.S.A. Yeoh (ed.), *Transnational Labour Migration, Remittances and the Changing Family in Asia*, Palgrave Macmillan UK, 2005, p.155.

回应呈现：她为爸爸的红包赋予"要爸爸"的意涵，独特的标记让父女间的亲密关系与其他社会关系得以区分。同时，艺绘"不好意思"主动向父亲要钱的心态，实际反映出她对和父亲的社会关系的重视与维护。

钱确乎可以成为创造家庭感的工具，但父母与孩子的关系能完全由经济衡量吗？显然，除了经济的保障，养育还意味着一种情感劳动。儿童需要的不仅是经济上"可用"的父母，更是身体"在场"和情感"可用"的父母 ①。艺绘父亲和开艺母亲提供的零花钱在孩子视角下都是充分的，但策略收获的效果却不尽相同：艺绘将父亲视作最亲密的家庭成员，对父亲"有依赖的感觉"；而开艺却认为和母亲的关系"不怎么亲密"，并将外婆认定为最亲密的家庭成员。如何倾注情感是两对亲子关系差异的关键之一，开艺的父亲不仅在经济上关心艺绘，还为艺绘提供了丰富的情感支持，这种情感支持将孩子作为独立思考的、有主体性的存在。由于艺绘难以从爷爷奶奶的照顾实践中获得情感支持，进而促使她转向从和父亲的亲密关系中获得情感来源。开艺的母亲虽也提供了经济和情感的双重支持，但其倾注情感的方式，使构建亲密关系的尝试停留在单向传达，开艺最直接的情感体验依然来自外婆贯穿其生长过程的照顾实践。即使开艺母亲提供比艺绘父亲更多、更频繁的汇款，仍未能依靠钱的流动建立紧密的社会关系。

无论是经济支持，还是倾注爱与关心的情感支持，都是跨国家庭构建的重要组成部分，而这些支持能否转变为现实的社会关系，联结家庭成员彼此的亲密感，核心之一在于孩子的主体性是否得到重视。透过对父母远程养育和"老爸爸""老妈妈"日常照顾的感知，孩子会主动选择谁成为自己亲密的家庭成员，而谁不是。此外，孩子对主体性的强调和证明，也让发展家庭之外的亲密关系行为变得常见：婧依对属于自己的钱的分配，相当一部分用于和朋友共同的消费。她直言："如果不和朋友一起出去，我一般不去奶茶店吃东西。"从网购衣服，到在杂货店买零食，婧依对钱的管理与发展亲密关系的互动紧紧相连，这些钱被用来创造或加强指向友谊的社会关系。

---

① C. Alipio, "Filipino Children and the Affective Economy of Saving and Being Saved: Remittances and Debts in Transnational Migrant Families," in L.A. Hoang & B.S.A. Yeoh (ed.), *Transnational Labour Migration, Remittances and the Changing Family in Asia*, Palgrave Macmillan UK, 2005, p.238.

在家庭内部流动的汇款连接起移民的远程抚养和老人的日常照顾。我们看到，看似同质化的"跨国货币"并没有完全"腐蚀"价值并将社会联结化约为数字[1]，也未使家庭内部的亲密关系商品化为纯粹经济关系。相反，汇款成为充满创造性和差异性的策略，不同主体在对"跨国金钱"积极、精细、带有情感的管理中，构建出异质性的社会关系和家庭形态，而汇款也在分处不同时空的家庭成员的利用和改造中，成为反映社会关系和价值观念的社会过程。

八、结论：汇款的社会意义

在移民汇款研究中，斯塔克和卢卡斯开创性地对汇款动机进行了理论化阐释。他们从经济学角度出发，认为汇款可被视为移民与其家庭之间形成的，长期对双方义务不成文理解的一个组成部分。而对家庭的利他主义，可能会强化这一家庭内部自我执行的隐性"合同"安排，使其更具效率。近年来，学者们已经超越该经济模式和传统的发展主义视角，将汇款置于更广泛的社会文化背景中，探讨不同文化的社会价值观和汇款行为如何相互塑造[2]。人类学也在该过程中扮演重要角色，越来越多的民族志作品聚焦于对汇款社会意义的讨论。本文做了类似探索，尝试回应汇款与跨国家庭养育实践的紧密联结：一方面，海外移民父母将汇款作为核心策略之一，实现对国内孩子的"远程抚养"；另一方面，老人和儿童依赖家庭内部流通的汇款维持生活。借由对汇款的保管、分配和使用，山口村老人以"身体"形式的劳动承担起孩子日常照料的工作。但经济的福利又会模糊移民与家人长期分离的张力，模糊悄然生长的代际与性别不平等，我在文中的描绘，恰是想揭开这些掩盖。

刚进入田野时，我将山口村老人"赚钱重、亲情轻"的表述，理解为是这片地区人们自然的价值观念。经过对田野的反思，我的想法也发生了改变："赚钱重、亲情轻"实际是跨国家庭不得不面临的结果和困境。国际移民为华侨提供改善经

---

① V.A. Zelizer, *The Social Meaning of Money*, New York: Basic, 1997, p39.

② L.A. Hoang & B.S.A. Yeoh (ed.), *Transnational Labour Migration, Remittances and the Changing Family in Asia*, Palgrave Macmillan UK, 2005, p.4.

济生活的机会，使华侨能向家庭寄钱以促进非移民家庭成员的福祉，而汇款在跨国家庭维系中发挥的核心作用，使其成为构建社会关系的重要方式。但这不意味着社会关系由此转向为理性工具，商品化取代了亲密关系，恰而相反，汇款并非简单的经济交换关系，而是饱含亲情的赠予与爱的表达，其本质仍是社会意义的呈现。

　　本文尝试囊括实践跨国养育的多元主体，并着重从爱和金钱的接收方——儿童的视角来理解跨国家庭的构建。孩子对汇款形塑下的跨国养育的感受存在选择性，不同家庭差异化的实践策略亦使选择呈现异质性：作为主体的孩子，或认可"跨国货币"创造的情感联结，想象亲密的家庭成员关系；或否认移民父母的成员角色；或对亲密关系表现出模糊认知……同时，远距离亲密关系的张力还会扩展至家庭以外的社会关系，形成他们自身的同辈压力。我们发现，儿童亦是跨国家庭构建中的积极社会行为者，重视孩子的主体性，或能帮我们更好地了解跨国家庭生活，并提供实践意义上的支持。

楚雄州六苴矿区周边彝族入赘婚姻调查报告

云南民族大学云南省民族研究所民族学与历史学学院

2017 级民族学专业　许锦洁

指导老师　黄彩文

摘要： 在云南省楚雄彝族自治州大姚县六苴镇的彝族社区中，存在着多种婚姻形态与开放的婚姻观念。其中入赘婚长期存在，但绝非普遍。伴随着矿区在此社区地理位置上的嵌套式开发，当地彝族的各方面便与矿区发展相捆绑。其中较为显著的是入赘婚的缔结数量在具体时段的激增。这种男性矿工与社区彝族女性缔结的入赘婚，当地称之为"招亲"。文章通过运用多种民族学田野调查方法，结合民族学人类学的相关理论知识，针对在矿区发展背景下指定人群缔结的入赘婚婚姻形态的前因后果与具体内容，结合田野调查材料进行了思考分析。

关键词： 大姚六苴；彝族；矿工；入赘婚；招亲

按照云南民族大学民族学本科人才培养方案要求，学院于 2020 年 9—10 月组织 2017 级民族学专业全体同学赴云南省楚雄彝族自治州大姚县六苴镇进行为期一个月的田野调查实习。在实习期间，笔者对当地彝族女性视角下的入赘婚姻、劳动分工及当地的民间信仰和传统节庆等内容展开了调查。实习期结束后与导师商讨，黄教授认为矿区背景下当地彝族的入赘婚姻具有较强的研究意义，建议笔者围绕这个主题开展更具体的深入调查。之后，笔者于 12 月上旬再次下到田野进行了为期七天的补充调查，围绕六苴矿工与当地彝族的入赘婚姻，确定重点访谈对象，展开访谈。

一、问题的提出

婚姻关系是人类社会最基本的社会关系，婚姻能够作为反映社会生活的一面镜子，同时婚姻形式也是社会生活的产物，所以在此次田野报告中，着重点是矿区发展背景下，六苴矿区矿工与六苴社区彝族女性缔结的入赘婚研究。六苴彝族的入赘婚是伴随着社会的发展而发展的，在一个原本以嫁娶婚为主要婚姻形式的彝族地区，增加了更多的入赘婚姻形态，而伴随着矿区的兴衰，这种入赘婚的缔结数量也产生着变化，随之而来的是"不招不嫁"婚姻形式的盛行，使得原本盛行的入赘婚姻形式面临着挑战。六苴镇下属的六苴社区经济文化，基本上是依托着当地矿区而发展的，在矿区发展进程中所产生的矿工与当地彝族女性结合的入赘婚，与周边普通彝族地区的彝族入赘婚相比，具有一定的差异性。对于在矿区发展影响下产生的入赘婚研究比较少见，所以选取这样的研究内容，具有一定价值。

1. 文献回顾

（1）关于彝族婚姻的研究

关于彝族婚姻的研究早先多集中于以凉山彝族为研究对象。马长寿的《凉山罗彝考察报告》[①]一书主要针对凉山彝族的恋爱、结婚、离婚以及婚后的小家庭居住模式等进行了细致的考察，认为凉山彝族恋爱自由、实行阶级内婚和宗族外婚的婚姻制度，并对凉山彝族结婚和离婚的过程进行了详细的描写。林耀华在《凉山夷家》[②]一书中运用人类学经典进化论和结构功能主义理论，指出凉山彝族实行阶级内婚制、氏族外婚制、转房制和新娘坐家制等婚姻制度，实行姑舅表婚优先，实行早婚早育和婚后小家庭居住模式等婚姻家庭习俗。江应樑的《凉山彝族的奴隶制度》[③]一文认为，黑彝、白彝实行严格的阶级内婚的婚姻制度，实行小家庭制、

---

① 马长寿：《凉山罗彝考察报告》（上、下），巴蜀书社，2006，第296、347、404—426页。

② 林耀华：《凉山夷家》，云南人民出版社，2003，第44—53页。

③ 江应樑：《凉山彝族的奴隶制度》，收入《民族研究文集》，民族出版社，1992，第118—175页。

幼子继承制等家庭制度。李绍明、冯敏在《凉山彝族旧有婚姻家庭形态与现代化问题》[①]中认为,凉山彝族至今仍旧残留的落后的奴隶制婚姻制度和习俗,与现实生活发生着尖锐的矛盾,应该进行改革使之与现代社会发展相适应。袁亚愚在其《当代凉山彝族的社会和家庭》[②]一文中写到,由于新中国成立前凉山彝族婚姻制度、婚姻习俗存在许多弊病,所以政府在新中国成立后对凉山地区进行了三次婚姻改革并取得了较大成效;且新中国成立前凉山彝族家庭是父权制、夫权制家庭,家庭人口较少,存在少数一夫多妻现象。

彝族分布广泛,对于其婚姻的研究当然不仅仅局限于凉山地区。李平凡的《贵州彝族古代妇女的婚姻家庭》[③]一文中较全面地叙述了贵州彝族古代妇女的婚姻、家庭状况,同时从社会性别的角度,对女性的婚恋过程、家庭角色、家庭地位等做出深入的理论探索。颜小华、李林凤的《西南彝族传统婚姻形态的宗法性探究》[④],总结出西南彝族地区宗法性婚姻缔结的基本原则,以及这一地区实行的主要婚姻形式。汪宁生的《云南永德县彝族(利米人)的婚姻形态——附论远古婚姻家庭研究中若干问题》[⑤],认为利米人在婚姻中享有较大的性自由,实行严格的单偶制,父方居住和父系继嗣,这种婚姻形态有助于人们反思单线进化论。程发根的硕士论文《贵州彝族婚姻、丧葬研究》[⑥]通过对新中国成立前贵州彝族通婚的族群范围、等级范围、亲属范围,以及传统的婚姻习惯法与禁忌的归纳,认为贵州彝族联姻具有较大政治目的,是不同宗族间相互结盟、提高各自集团社会影响力的途径。李晓莉的《楚雄彝族的婚恋习俗》[⑦]和《云南彝族婚礼的民族学观察:

① 李绍明、冯敏:《凉山彝族旧有婚姻家庭形态与现代化问题》,《思想战线》1990 年第 6 期,第 73—78 页。

② 袁亚愚:《当代凉山彝族的社会和家庭》,四川大学出版社,1992。

③ 李平凡:《贵州彝族古代妇女的婚姻家庭》,《西南民族大学学报(人文社科版)》2001 年第 9 期,第 31—38 页。

④ 颜小华、李林风:《西南彝族传统婚姻形态的宗法性探究》,《贵州社会科学》2005 年第 2 期,第 37—39 页。

⑤ 汪宁生:《云南永德县彝族(利米人)的婚姻形态——附论远古婚姻家庭研究中若干问题》,《社会科学战线》2006 年第 1 期,第 199—207 页。

⑥ 程发根:《贵州彝族婚姻、丧葬研究》,学位论文,贵州师范大学,2007。

⑦ 李晓莉:《楚雄彝族的婚恋习俗》,《云南民族大学学报(哲学社会科学版)》,1998,第 43—45 页。

以永仁县直苴村为例》①，前面一篇文章通过对云南楚雄直苴彝族的恋爱方式、择偶标准、通婚范围、离婚再婚等婚姻习俗的田野调查，认为变迁中的该地彝族婚恋习俗体现了传统性与现代性并存的特点；后面一篇文章在对楚雄直苴彝族婚礼进行调查的基础上总结其特点，并探讨产生这些特点的原因。李树翠的《元谋彝族婚姻习俗探析》②对改革开放以后元谋彝族婚姻习俗的变迁进行了阐述，认为改革开放后元谋彝族在婚恋观念、择偶范围、家庭观念、价值观念等方面都发生了巨大的变化。

在以上对于彝族婚俗的研究中，大都是从彝族传统的文化机制出发对其婚姻形式特征进行思考分析的，还有的是从时代发展的背景着手讨论婚俗的变迁。本文的研究也植根于六苴彝族传统文化机制，但主要讨论的是矿区发展这一特定的环境下对于入赘婚缔结因素的影响等问题。

（2）关于滇西民族入赘婚研究

由于专门针对彝族入赘婚的研究较少，所以这一部分是对于滇西民族入赘婚研究相关内容的介绍。王越平在其论文《排斥与融合——四川白马藏族入赘婚的研究》③中，通过对寡妇的入赘婚及初婚女性的入赘婚二者产生的动因进行深入分析，指出这些是由于族群内部和族群外部差异性、选择性的认同而产生的一种典型的个案。王文亭在其硕士学位论文《不完整的倒置——喜洲白族招赘婚田野考查》④中，论述了在与汉族交往密切的白族地区——云南大理白族自治州喜洲镇生活的白族人所特有的招赘婚制度，阐述了大理喜洲白族人招赘婚的实现过程及其所处关系结构，介绍了白族入赘婚姻的变迁历史。曾凡贞《浅论大小凉山彝族宗法性的婚姻形态》⑤阐述了凉山彝族宗法性婚姻形态是整个彝族宗法制度的重要组成部分，还介绍了新中国成立前大小凉山彝族的宗法性婚姻形态主要包括聘娶婚、姑舅表优先婚、转房、赘婿及重婚五种形式。商正美在论文《贵州南部佯僙人入

① 李晓莉：《云南彝族婚礼的民族学观察：以永仁县直苴村为例》，《学术探索》2004 年第 8 期，第 112—116 页。

② 李树翠：《元谋彝族婚姻习俗探析》，《思想战线》2009 年第 S1 期，第 14—16 页。

③ 王越平：《排斥与融合——四川白马藏族入赘婚的研究》，《西北民族研究》2008 年第 2 期。

④ 王文亭：《不完整的倒置——喜洲白族招赘婚田野考察》，学位论文，中国政法大学，2010。

⑤ 曾凡贞：《浅论大小凉山彝族宗法性的婚姻形态》，《玉林师范学院学报》2001 年第 1 期。

赘婚姻研究》①中，以侤僙人的入赘婚姻为对象，全方位地对侤僙人的生态环境、亲属制度、文化习俗等进行展示，把入赘婚姻放在侤僙人整个社会背景下进行讨论。胡戈瑞的《滇西南入赘婚盛行的原因探析及启示思考——基于云南波村的田野调查》②，以云南省新平县波村的田野调查为例，阐述并分析了滇西南入赘婚盛行的原因及盛行原因的背后的力量：与人和谐、与物和谐、与自然和谐的道德观念，并在此基础上对当今社会存在的婚姻问题及社会主义精神文明建设提出一定的启示性思考。朱佳男、聂葛明在《云龙诺邓千年白族村赘婚调查与分析》③中总结出诺邓民众对于赘婚的接受程度和理解程度较高，使得诺邓招赘婚姻这一特殊的婚姻形式与一般男娶女嫁婚姻模式在赡养父母、养育子女等方面发挥了同样的作用。马腾嶽的《入赘婚还是收养婚？——云南鹤庆地区白族"上门婚"的人类学再解读》④，通过对云南鹤庆地区白族上门婚的人类学再解读，指出这是一种兼有收养与婚嫁关系的收养婚，说明该地入赘婚的观点是把汉人的亲属概念投射到白族婚俗中的一种误解。李素娟的《壮族赘婚初探》⑤一文对壮族婚姻和壮族赘婚的文献资料进行了梳理，结合田野调查资料，运用文艺学、民俗学、历史学、社会学等学科相关理论，对刘三姐乡中枧屯赘婚及其社会功能进行了全面系统的调查研究。

参照上面两部分的文献回顾内容，结合本文的研究对象，矿工与六苴社区彝族女性的入赘婚姻形式产生、盛行的原因（背后的力量），这种婚俗的主要内容，产生的作用，都需要作为文章内容。与传统意义上的汉族入赘婚一样，矿工与六苴彝族女性缔结的入赘婚同样有着赡养老人、养育子女的作用，但是这种产生在与众不同的、新的社会背景下的被当地人叫作"招亲"的入赘婚婚姻形式有一定的不同之处。

---

① 商正美：《贵州南部侤僙人入赘婚姻研究》，学位论文，贵州大学，2015。

② 胡戈瑞：《滇西南入赘婚盛行的原因探析及启示思考——基于云南波村的田野调查》，《学理论》2015 年第 30 期。

③ 朱佳男、聂葛明：《云龙诺邓千年白族村赘婚调查与分析》，《山西高等学校社会科学学报》2020 第 2 期。

④ 马腾嶽：《入赘婚还是收养婚？——云南鹤庆地区白族"上门婚"的人类学再解读》，《民族研究》2015 年第 6 期。

⑤ 李素娟：《壮族赘婚初探》，硕士学位论文，重庆大学文艺学专业，2011。

2. 研究方法与思路

运用访谈法、文献法、参与观察法等民族学田野调查方法，结合民族学人类学的相关理论知识，来对六苴矿区彝族入赘婚婚姻现状、婚姻观念，入赘婚的核心内容（居住形式、姓氏传承、家庭地位等），入赘婚形成的原因、产生的影响，以及伴随着矿区衰落入赘婚形式面临的挑战这些内容，结合田野调查材料进行分析。

3. 研究目的与意义

（1）研究目的

"婚姻通常被作为一种表示社会制度的术语。因此，可以给它下这样一个定义：得到习俗或法律承认的一男或数男与一女或数女相结合的关系，并包括他们在婚配期间相互所具有的以及他们对所生子女所具有的一定的权利和义务。这些权利和义务因民族而异，故不能全都包括在一个通用的定义中，同时婚姻不仅仅规定了男女之间的性交关系，男女之间的结合必须根据习俗或法律规则被确认为正式婚姻，而不管这些规则是什么样的规则。"[①] 在不同的历史发展阶段，不同的社会背景，产生了多种婚姻形式，而不同的婚姻形式中，男性与女性拥有的权利和承担的义务是不同的。在对六苴矿区矿工与当地彝族女性被当地命名为"招亲"的入赘婚的调查研究中，通过对其入赘婚的核心内容进行分析，总结出在这种不同对象、特殊年代产生的入赘婚姻形式中，男性和女性分别承担了怎样的权利和义务。在研究的过程中，研究者也注意到一个问题，比如说在现在的城市中广泛存在的一种现象，男方会因为在女方家附近好找工作的原因，而在女方家定居，这种居住形式下的婚姻形式并非是严格意义上的入赘婚姻。而这就与本文的研究对象有一定的相似。作为矿工的男性同样也是为了方便工作、获得更好的社会资源，而选择在当地进行婚姻的缔结，而这种是否属于传统的入赘婚姻形式，需要进行更深入的调查研究。当地彝族社区中的女性家庭面对外来矿工招亲入赘的情况，一开始男女双方秉承着怎样的态度，大量男性的涌入给六苴社区适龄男性的婚配产生了怎样的挤压？关于婚姻挤压的问题，在本次的调查中材料有一定不足，后期会再次补充调查。

---

① ［芬兰］韦斯特马克：《人类婚姻史》，商务印书馆，2002，第33—34页。

（2）研究意义

从前人的研究成果来看，对于入赘婚的研究也基本上是从产生的原因来分析其背后的文化机制的，也广有研究分析入赘婚的功能，专门针对矿区与入赘婚结合的研究比较少见。本文的研究，能够在一定程度上为矿区研究或入赘婚研究领域提供民族志材料，也是对特定年代六苴矿区矿工婚姻形式与六苴社区彝族女性婚姻形态选择的展示和婚姻特征的总结。

二、田野点概况

1. 六苴镇概况

六苴镇隶属于云南省楚雄彝族自治州大姚县，在大姚县北部 45 千米处，东西横距最大处是 20.9 千米，南北纵距最大处是 24.38 千米，全镇面积 267 平方千米。东北与永仁县宜就镇毗邻，南与赵家店乡、金碧镇相邻，西与县华乡和新街乡接壤。[①] 地势西部高东部低，有簸箕河、六苴河、者纳么河，三条河流由西向东贯穿全镇，在全镇水田灌溉上起着重要作用。

六苴（方言读 zuo）镇，"六苴"原系彝语"倮着"，含义是石头多的地方，后变音为"六苴"。六苴主要是由彝族同胞集聚组成的半山区镇，全镇彝族人口 9084 人，占全镇农业总人口的 82.3%，散乱分布的还有汉、回、白、苗等 17 个民族，这 17 个其他民族中汉族占据着相当大的比例，所以总的来说现在的六苴镇是一个彝汉山区镇，有着彝汉双语共同使用的稳定语言环境。经调查，彝族以外的各民族主要是由于铜矿的开采需求迁入的。

六苴镇下管辖有八个村（居）委会，分别是六苴社区、波西村委会、簸箕村委会、石房村委会、双河村委会、外期地村委会、者纳么村委会、红光村委会，共 105 个村民小组，常住人口 12800 人（2017 年），目前全镇共有 4667 户 12427 人，其中农业户口 3271 户 10958 人。全镇耕地 10014 亩，人均耕地 0.89 亩，森林覆盖率达到 74.6%。[②] 每个人会拥有少量的水田，旱田，山地，蔬菜田（矿区开

---

① 数据来源：六苴镇政府于 2020 年 09 月 22 日提供的材料。

② 数据来源：六苴镇政府于 2020 年 09 月 22 日提供的材料。

发后，配合矿区工人蔬菜需要，每家每户都有划分）。村上的正式矿工没有土地。嫁入的媳妇及生下的子女，招亲的男子，如果没有遇到土地重新划分的，也没有土地。[①] 当地经济作物有烤烟、核桃、百合、魔芋、蔬菜、花椒、山药、大蒜。牲畜养殖以牛、黑山羊、猪为主，鸡较少养殖。粮食作物大春大量种植玉米、水稻；小春种植大麦。玉米、大麦广泛种植，每家的量都不多，主要适用于家畜喂养，较少用于售卖获取收益。[②]

图1　六苴社区局部外景　作者／摄

图2　六苴社区的土地　作者／摄

---

① 访谈人：L某，女，生于1948年，彝族，从小仓嫁到鲁格簸，农民。访谈时间：2020-10-08。
② 访谈人：C某，女，生于1956年，彝族，杨柳坡人，农民。访谈时间：2020-11-07。

2.六苴社区彝族概况

由于六苴镇下只有六苴社区是与矿区在地理上嵌套存在的，六苴社区是研究调查的主阵地，所以需要对其中的彝族情况进行简介。

根据当地彝族人的说法，他们祖上是从凉山迁徙过来的白彝①，也就是白彝人，《楚雄彝族民俗大观》里面有这样划定的，大姚彝族属于俚濮支系，自称俚濮，他称白彝族，黎族，倮倮族，骂池族。②

语言上，由于20世纪60年代起，外来矿工的大批迁入，加入矿区的勘探与基础设施建设，当地彝族有了更多的机会与汉族进行交流，不仅仅是当地彝族男性应聘进入矿场工作，成为正式工或临时工，更多的彝族妇女进行蔬菜种植，进入市场进行销售，当地的彝族男性和女性都被充分调动到与汉语人群的交流中，以至于形成了现在的彝汉双语共同使用的稳定语言环境。

图3　当地彝族婚礼仪式后的打跳　作者/摄

服饰上，以前，吃饱穿暖是生活的主要追求，民族服装不受重视，在近几年物质生活较为富足、需要精神文明建设时，更多的人才把自身民族服装重新重视起来。云南彝族支系繁多，但各类服饰多用黑色、蓝色、青黑色、青色作为基底色。黑色在传统凉山正宗的彝族文化中是贵族的象征，相对的，白色在社会中是

---

① 访谈人：L某，男，生于1952年，彝族，从小仓上村入赘杨柳坡，教师，矿上临时工。访谈时间：2020-11-07。

② 周文义主编《楚雄彝族民俗大观》，云南民族出版社，2005，第5页。

处于最低等的^①，所以服饰颜色对应的也是黑彝白彝地位的显著划分。在访谈中接触到的老人拥有的服装都以黑为底色。年轻一点的在民族服饰上会以蓝色、红色、白色为底色，此时的服装基色成为一种年龄的象征，黑色蓝色象征稳重，红色白色象征年轻与活力。原本的阶级意寓消失了，伴随着其他文化的融合有了新的内涵。尤其在六苴社区，彝族阶级观念也不明显，更多是由于白色下地干活容易脏，致使黑色受众更广，而且黑色吸热、保暖，实用性强。在平时生活中大家不会着民族服装，但遇到婚礼、打跳以及当地彝族重要节日时，凡是有彝族服装的都会穿起来表示庆贺。

节日上，对于彝族来说最重视的莫过于火把节，其隆重度和汉族春节差不多，当地彝族的火把节是在旧历六月二十四。^②原来的火把节是会在空旷平整的地方烧火把的，现在就是在底下村委会篮球场上打跳，不烧火了。火把节的时候每家每户需要杀鸡祭祖，去世几个老人就要杀几只鸡，经常是杀的鸡太多，吃不过来就扔给狗吃。^③但实际上十分富裕的人家并不多，所以会象征性地杀一两只鸡就作罢。

祭祀上，在当地彝族社区中，主要存在有自然、鬼灵崇拜，祖先崇拜，土主崇拜。当地彝族和北方汉族不同的是，汉人祭祖，当地彝族祭鬼，当地连同祖先也被划分在鬼的范畴中。在当地人的观念中，每年都有些日子得去祭拜一下那些鬼，"总有点用"。于是每个月旧历初一、十五都会烧纸烧香磕头杀鸡吃饭，时间的话，一天之内任何时候都可以。还有七月半鬼节，在这个时候大家选的日子也不尽相同，有的是三天，有的一天，但基本上都在十二至十六这几天之内，此外过年、火把节、清明节也都得祭鬼^④。一般祭鬼都会选择在十字路口，道路通畅之处^⑤，所以在整个田野中会不断看到一处处祭鬼的痕迹。

---

① 王婷、吕钊：《云南彝族服饰的结构和美术色彩的特征》，《染整技术》2018年第12期，第94—95页。

② 访谈人：Z某，女，生于1976年，彝族，外期地村人，农民。访谈时间：2020-09-24。

③ 访谈人：L某，男，生于1949年，彝族，从波西入赘鲁格籤，原六苴村委书记。访谈时间：2020-11-12。

④ 访谈人：L某，男，生于1949年，彝族，从波西入赘鲁格籤，原六苴村委书记。访谈时间：2020-11-12。

⑤ 访谈人：Y某，女，生于1953年，彝族，杨柳坡人，农民。访谈时间：2020-11-15。

图 4　六苴社区土主庙外观　作者 / 摄

图 5　固定祭拜处　作者 / 摄

　　社会互动。社会互动是最基本、最普遍的社会现象之一，正是在人们的各种互动的中形成各种社会关系，进而形成复杂的社会结构。^①当地彝族社区当中存在的社会互动主要是两种：第一种是男性之间的搭老庚，女性之间的作姊妹。搭老庚和结姊妹多数是看缘分，在外打工做伙计遇到说得来话、年纪相仿的就建立这样的关系，而且更多情况下是和远地方的人建立起来的，有事情需要帮忙就相互来往帮忙，过年过节也会来回一下^②。有一些案例中，搭老庚不仅仅是一代人之

①　郑杭生主编《社会学概论新修》，中国人民大学出版社，2013，第 155 页。
②　访谈人：M 某，女，生于 1966 年，彝族，鲁格簸人，村民小组长。访谈时间：2020-10-09。

间，下一代也会承着上一辈的关系建立老庚或姊妹关系，此时的老庚就不仅仅是两个人之间的关系，而升华到两个家庭之间的关系。这种关系的建立多存在老一辈彝族中。自身兄弟姐妹多的，也不会选择建立这种关系，他们觉得不需要再多建立亲人之外的亲近关系。[①] 另一种是邻里相帮，也就是换工。平时家里面盖房、掰玉米、背玉米等自家人忙不过来的事情，会找邻居家商量相帮，等下次邻居家有忙又去帮邻居。恰好是这种相互换工，更稳固了原本的邻里关系，促进着整个六苴社区彝族的团结。

访谈一：

在临走那几天，村民 L 某家房子塌了面墙，找邻里帮忙背沙子石灰，头天晚上她就找邻里关系好的说好了。她说相帮是不能开口说给钱帮工的，这话一说就没人愿意帮忙了，人们会觉得关系远了，人情淡了。相帮这几天她家要管帮工的伙食，晚上干完活儿还会在家里一起喝喝酒，等下次别人家有事儿，她家又会出人去帮忙。[②]

从上述六苴社区彝族概况中不难看出，在六苴社区中较难看到显著的彝族文化特色，其在语言服饰婚俗等方面受到汉文化影响很深，但在信仰方面，"祭鬼"的传统依旧盛行。

图 6　矿区外部建设　作者 / 摄

---

① 访谈人：L 某，女，生于 1948 年，彝族，从小仓嫁到鲁格簸，农民。访谈时间：2020-10-08。
② 访谈人：C 某，女，生于 1956 年，彝族，杨柳坡人，农民。访谈时间：2020-11-07。

图7 废弃的早期矿洞 作者/摄

3.六苴矿区概况

六苴由于有滇中红层，即在滇中盆地形成的巨厚红色砂岩层而得名。由于这种特殊的地质条件，引来了冶金工作者的极大关注，来自全国各地的地质专家在六苴镇境内找到了丰富的铜矿资源，使得六苴成为滇中重点铜矿区和冶金矿产开发的主战场，成为著名的"滇中铜都"，属于云南六大矿区之一。[①] 以前叫六苴铜矿，现命名为大姚铜矿，从 1966 年建矿到 1976 年 5 月投产，至今（2020 年）已经有 44 年的历史，已探明的铜矿储量为 67 万金属吨，是滇中重点铜矿区和重要的有色金属基地。八九十年代是矿区最为繁荣的时期[②]，跟随着矿区的开发，在六苴当地建立起完善的办公和生活设施，有百货商店，新华书店，邮电所，粮管所，医院，托儿所，办公楼，灯光球场，电影院，大礼堂，家属楼，矿区的子弟小学、高中，矿区及临近村都有闭路电视。[③] 铜矿最繁荣的时期有 1 万人，除了矿上的工作人员，还包括他们的家属，都在六苴当地生活。同样是跟随着矿区的开采，四面八方各个民族的工人来到六苴，投入开发，在当地生活。铜矿工作的更多是男性工人，长期的工作使得他们产生了对家强烈的需求，老婆孩子热炕头，听起来虽世俗却真实。六苴的繁荣离不开铜矿的开发，现在小仓、中仓、大仓矗立着的一片片职工宿舍正是六苴镇人口繁荣时期的体现。如今六苴铜矿已退去了它的

---

① 龚琳主编《六苴情》，2017，第 7 页。

② 访谈人：W 某，男，生于 1965 年，汉族，定居杨柳坡，正式矿工，退休工人。访谈时间：2020-11-07。

③ 龚琳主编《六苴情》，2017，第 27 页。

繁华，企业改制，工人减少，但是矿区所带来的影响很大。矿区建设导致原住民搬迁，耕地减少，但带来了新的生机方式，带来了消费力，改变着当地传统彝族社区，形成了双语交流的语言环境，促进了当地教育的普及。20世纪末，矿区开始衰落，老一批矿工离开六苴到大姚，楚雄的矿工到安置小区定居，矿区裁员使得没有新一批矿工到来，矿上工作更多可以被本地人消化，没有新的消费人群，基础设施没有更新，现在的六苴矿区完全看不到曾经"小香港"的繁荣景象，矿区已经开始打造"铜都记忆"。不难看出，大姚铜矿的繁荣已经离去，成为几代人的记忆。

图8 展现矿区繁荣的墙画 作者／摄

图9 职工宿舍和篮球场 作者／摄

三、彝族传统婚俗

1. 楚雄彝族传统婚俗

在楚雄境内的彝族社会存在多种婚姻形式，新中国成立前，基本都实行民族或支系内婚，即便是本民族不同血缘之间也不能进行婚配。但在新中国民族政策的影响下，生存发展的需要下，各民族交往更加密切，使得民族间通婚情况日益增多。在楚雄彝族社会中，婚姻上实行姨表不婚，姑表舅优先婚。童养媳，娃娃亲（摇篮亲），抢婚，逃婚，转房，买卖婚，入赘婚都是楚雄彝族历史社会中被允许存在的婚姻缔结形式。[①]

从以上内容来看，楚雄彝族青年的婚姻受到父母长辈的很多干预，婚姻关系的成立也需要各种传统礼仪，但总体上来说楚雄彝族青年仍有着一定的社交与恋爱自由，婚前男女青年通过各种社交活动相互了解对于婚姻的促成也有一定的帮助。楚雄彝族社会文化为彝族青年婚前的自由社交与恋爱创造了多种场所，主要有姑娘房、夜会（俗称"跳脚"）、对歌与歌场这三种集体性约会。[②]丈夫很难确认妻子的头一胎是否是自己的孩子，所以在楚雄彝族社会中逐步形成稳固的幼子继承制。幼子继承制使得子女婚后除了幼子外一般都与父母分居，另立门户，组成一夫一妻制小家庭，这同样也是彝族父系制小家庭的产物。

2. 彝族传统入赘婚

楚雄彝族传统的入赘婚，是女子在家不外嫁，招男子进家为婿的婚姻形式，俗称"招姑爷"。较早时期的上门女婿还需要改女家姓氏，子女也得继承女家姓氏。入赘婚的男方家主要是儿子多或者经济实力不足以操办婚事，才会让儿子去上门。女方家招姑爷主要是为了让男子帮助赡养父母，扶持弟妹。一般是长女或者幼女在家招姑爷，长女招姑爷一般为了扶持弟妹，幼女招姑爷则为了赡养父母。在本次访谈中的案例仍旧具有这样的功能。

---

① 周文义主编《楚雄彝族民俗大观》，云南民族出版社，2005，第62—64页。
② 周文义主编《楚雄彝族民俗大观》，云南民族出版社，2005，第60—62页。

3.汉族传统入赘婚

赘婚自古以来都被视为一种边缘化的婚姻形式，是主流聘娶婚的一种变异形态。[1]"赘婚的发展历经了一个从'望门居'到'从妻居'再到'役婚'，最后才发展到赘婚的漫长阶段。"[2] 所谓赘婚，是一种男子就婚于女家，以女家为主体关系的婚姻形式[3]，是一种入夫婚姻[4]，是我国传统婚俗的一个组成部分，又被称为"入赘婚""招赘婚""赘婿婚""招夫婚"等。

纵观历史，尤其是在汉族聚居的地方，入赘者是会受到非议和歧视的，入赘行为也是不入流的，更有甚者会被说成愧对祖宗，男子不到万不得已不会选择入赘到女方家庭。汉族传统的入赘婚有这样几个特点：一、在女方家居住。二、有专门仪式入女方族谱，进宗祠，并从原生家族宗祠脱离出来（有的甚至不能入族谱进宗祠）。三、所有后代为女方家传宗接代，随女方姓（男子失去对原生家族传宗接代的身份）。四、在女方家入赘的男子无实权利，除非非常有实力，挽救女方家于水火之中，才会在重大事情上有绝对决策权。

四、六苴矿区彝族入赘婚

在上文中说到了在楚雄地区内传统的彝族社会中也存在入赘婚的婚姻形式，只是相较于前，之后伴随着矿区的发展，出现了更多的入赘婚案例。而由于时代的变迁，环境的改变，后者与前者在一些方面会存在差异。比如较早时期的上门女婿还需要改女家姓氏，子女也得继承女家姓氏，现在则不然。相比于汉族传统入赘婚，这种矿区矿工与周边彝族女性缔结的入赘婚也存在着差异。在接下来的内容中将对六苴社区入赘婚现状，入赘婚观念，入赘婚的核心内容（居住形式、姓氏传承、家庭地位等），入赘婚形成的原因、产生的影响，以及伴随着矿区衰落入赘婚形式面临的挑战这些内容，结合田野调查材料展开分析。

---

① 张馨月：《元朝赘婚制度研究》，硕士学位论文，贵州大学法制系，2017。

② 孙晟、舒萍：《中国赘婚的演变与研究》，《兰州学刊》2012 年第 3 期。

③ 盛义：《中国婚俗文化》，上海文艺出版社，1994，第 245 页。

④ 陈顾远：《中国婚姻史（影印本）》，上海文艺出版社，1987，第 108 页。

1. 入赘婚现状

六苴社区的入赘婚，在当地彝语中被称作"招亲"。本研究主要针对六苴社区彝族女性与矿区矿工缔结的入赘婚。在当地，任何一个年代都存在着入赘婚，尤其是在贯穿始终的楚雄彝族父系制之家庭背景下，招亲上门的男子多多少少受得到不好的看待，要是没有一定的能力便很难在女方家立足，所以入赘婚在六苴地区并非是主要的婚姻形式，男娶女嫁的嫁娶婚仍占婚姻形式的主流。而伴随着20世纪六七十年代矿区的开采，大批外来矿工投入到矿区开发建设中，大批单身男性的到来给了六苴社区彝族女性更多的婚姻选择。与矿工的入赘婚在六十年代到八十年代大量缔结。不仅仅是为家中幼女招亲，有的家庭几个女儿都会留在家中招亲。

访谈二：

六苴社区铜矿队村民 L 某，彝族，生于 1961 年。丈夫比她年长 11 岁，退休前在队上做会计，是招亲来的。她有两个姐姐一个弟弟，两个姐夫也是招亲来的，两人都是矿工，弟弟娶妻也住在铜矿队，现在她们姊妹四人都在铜矿队，住得很近。问到家里为什么还会把女孩子留在家中不嫁出去，她说：一个是自己不想出去；另一个是当时矿工很多，有很大的概率招亲成功，就留在家中了。

访谈三：

六苴社区六苴队村民 Q 某，彝族，生于 1972 年，家中排行第三，前面有两个姐姐。老大当矿工，结婚后就在楚雄定居；老二嫁给了一个文山的驾驶员，跟着老公去了文山；老三 Q 某留在家中招亲。当问到为什么不把大姐留家中招亲，她说，老人就喜欢家里的小女儿，大的女儿都嫁出去或者招亲出去了。

但随着九十年代后矿区的衰落，矿工越来越少，外来男性也越来越少，加上计划生育政策的影响，这一时期当地彝族大都采取"不招不嫁"（既不是招赘婚，也不是嫁娶婚，"不来我家也不去你家"）的婚姻形式。

访谈四：

六苴社区杨柳坡村民 Y 某的大女儿是这样说的："入赘在我们这边是很普遍的，现在矿上入赘的很少了。以前挺多的，像那些从昭通过来的人，原本家庭情况也不是特别好，所以就很乐意到这边入赘。"

2. 入赘婚观念

在访谈中发现，有些访谈者不认为自己的婚姻形式属于入赘婚，但绝大多数人承认自身的入赘婚形式，并且熟知他人的入赘。入赘也是在自由恋爱下形成的，而与矿工的婚姻得看缘分。

访谈五：

六苴社区六苴队村民 Y 某，彝族，生于 1955 年，丈夫是从红光过来在矿上工作的正式矿工。她不觉得与丈夫的婚姻属于入赘婚，因为孩子的姓氏也是跟随丈夫，祭祀也得回丈夫家，只是丈夫住在自己家而已。

访谈六：

六苴社区鲁格簸村民 L 某，彝族，生于 1955 年，丈夫上门到她家。两个人属于自由恋爱。现在她也说不上具体看上对方哪方面，糊里糊涂就结婚了。家里面挣钱就主要靠种地。之所以没找矿工结婚是没那个缘分。丈夫爷爷家有四个儿子，儿子太多了房子不够，就上门了。当时结婚丈夫就只是单个人儿过来了，啥也没带。

3. 入赘婚核心内容

（1）居住形式

当地的"入赘婚"与传统的入赘婚在居住形式上都是男方跟随女方，在女方家居住，并且男子入赘后与妻子所居住的房屋，妻子的父母会出百分之八十的力去盖建，男子只需要人来了就行。至于在男子原生家庭那边，是不会留有他与妻子的住所的。在几户案例中，男子之所以选择入赘就是因为原生家庭不能够给新人提供房间，才迫使男性以入赘的方式实现婚姻关系的建立。

（2）户口迁移

在六苴社区矿工与当地彝族女性结合的入赘婚中，男性矿工的户口不会迁到女方家中，因为男性身为矿工，户口是落在矿上的，而户口簿留在矿上会给男性矿工一系列的福利①。虽然户口不迁到女方家中便不能获得土地，但是在矿上的福利比耕种土地更多。虽然产生了入赘婚，但是女方家庭并没有因为男性的加入而在耕地面积上有所增加，不过男性矿工的工作所能带来的效益远比户口迁到女方家中所分得耕地收获的效益更多。

（3）仪式方面

在六苴社区我们访谈的案例中，不管是嫁娶婚还是入赘婚，都没有仪式，只需要领结婚证，婚姻关系就确立了，最近几年才兴起来办婚礼。在田野中我们有幸参与到了一场婚礼的整个过程，由于我的研究点不在嫁娶婚上所以并未作深入探究，但就形式上来看，六苴彝族婚礼汉化明显，整场仪式中没有使用彝语，新人也是着西装婚纱，只有部分参与者穿着民族服装，并且也只在仪式时穿，喜宴时就不再穿着。

访谈七：

六苴社区鲁格簸原书记L某，彝族，生于1949年，从波西过来上门的。他在二十岁时因为公社重组，划分新街公社和六苴公社，过来六苴在矿上当拉风箱的指挥员，妻子当时在矿上捡矿石，两个人就相识了，属于自由恋爱。1971年，两人只花了3角钱领了结婚证就算结婚了，没有办婚礼。

（4）土地资源

在传统的入赘婚中，男子入赘到女方家中，成为女方家的一员，女方家就会在所属村队另分得耕地，所生子女也会分有耕地。但是在六苴社区，前面也提到，矿工男子不会将户口迁到女方家中，所以他们是没有耕地的。所生子女户口是落在女方家中的，但是由于矿区的开发占用耕地，使得六苴社区人均耕地少，如果

---

① 访谈人：Y某，男，生于1969年，彝族，杨柳坡人，矿工。访谈时间：2020-10-08。

子女出生时没有遇到耕地重新划分也是没有耕地的。所以矿工与当地彝族女性的结合产生的婚姻形式，并不能够给女方家庭在耕地上带来富足，仅靠女方家原有的土地是不能满足新加入人口的粮食的，所以需要购买更多的粮食。

图 10　下田劳动　作者 / 摄

（5）姓氏继承

不论是彝族还是汉族，传统入赘婚中子女的姓氏传承，都以女方传宗接代为核心，子女都跟着女方姓，与传统男娶女嫁的嫁娶婚刚好相反。但作为本文的研究对象，当地"入赘婚"所产生的后代中，主要的后代跟随男方姓和女方姓的比例高达 11 ：14，以至于唯一一个男孩都会跟随男方姓。造成这样结果的原因，一方面是因为，入赘男子多是矿工，相较于女性在家庭生活中能够拿出更多的物质用于家庭生活，占了家庭收入的绝大部分；或者是男方入赘过来之后，还给予女方兄弟姐妹经济上极大帮助。所以男子认为，自己付出的多，孩子该和自己姓。女性虽然要承担大部分的农活，但是在当地由于男子是矿工没有土地，所以女性在农活中的精力投入也不算多。另一方面，在六苴彝族人的观念中对于孩子姓氏问题并不像传统北方汉族那样执着，他们认为跟从哪一方的姓氏都一样，而且大多数入赘婚中，女性认为男子的户口在矿上，没有迁到自己家中，就不算是入赘，孩子就得和男方姓。

图 11　社区人打跳　作者/摄

个案一：

六苴社区杨柳坡村民 C 某，彝族，生于 1956 年，丈夫是昭通过来矿上上班的，招亲到自己家中。生有一双儿女都跟随丈夫姓。关于子女姓氏，她说："我们这个地方很不兴招上门的（婚姻中）生的孩子必须要和女方姓。"

个案二：

六苴社区六苴队村民 Y 某，彝族，生于 1955 年，丈夫是从红光过来在矿上工作的正式矿工。她不觉得与丈夫的婚姻属于入赘婚，所以孩子的姓氏也是跟随丈夫的。

（6）家庭地位

关于婚姻中男女两方的家庭地位，值得一提的是在 20 世纪 50 年代以前在六苴社区中，女子要是嫁与男性是要改随男方姓氏的[1]。而且更多的女性没有自己的名字，倘若非要写名字的话，会在其儿子的姓名后面加上一个"媥"[2]，"XX 媥"就是这位女性母亲的名字了。由此可见当时女性家庭地位的高低。六苴社区的入赘婚案例中有 90% 都是女性当家，但有两个例外。

---

① 访谈人：L 某，女，生于 1948 年，彝族，从小仓嫁到鲁格簸，农民。访谈时间：2020-10-08。
② 访谈人：L 某，女，生于 1935 年，彝族，鲁格簸人，以缝制衣服为生。访谈时间：2020-11-11。

访谈八：

六苴社区杨柳坡村民 L 某，彝族，生于 1952 年，是小仓上村上门过来的。妻子属于长女招亲，为了扶持妻子家中其余两个妹妹和两个弟弟。他招亲过来分家后，并未分到妻子家什么财产，反而倒贴给两个兄弟，现在居住房子的一块砖一片瓦，都是他靠自己的本事白手起家挣的。家里的事情也就由他做主，而不是由妻子当家。

个案三：

六苴社区六苴队 Y 某，彝族，生于 1955 年，丈夫是从红光过来在矿上工作的正式矿工，后来两人自由恋爱就在一起了，住在女方家。如果在我们看来的话，这就算得上是入赘婚，但她不这么觉得。她认为两个人虽然都在自己家住，但是丈夫的户口在矿上，并没有迁到自己家中，两个孩子都是跟着丈夫姓的，祭祀祖先也得回丈夫家那边祭祀，属于两头祭祀。所以她并不觉得与丈夫的婚姻属于入赘婚，家里面也是由丈夫当家。

其一是因为，男子入赘到女方家中，并未在女方家继承任何的财产，反而倒贴接济女方家其他兄弟，所以不仅仅是孩子跟着男方姓，也是由男方当家管事情。其二是因为，在这位女性的观念中，自己的丈夫不算是入赘，因为丈夫是矿工，户口在矿上，没有到迁自己家里，所以家里面男方管事。但绝大多数访谈中，招亲家庭都由女性当家。

当前六苴社区彝族仍然是以父系制家庭为核心的，男子招亲到女方家庭时多多少少会有一些风言风语，所以男子要有一定的本事，要勤快有上进心，才能在女方家立住脚。

访谈九：

六苴社区杨柳坡村民 L 某，彝族，生于 1952 年，是小仓上村上门过来的。关于入赘男子是否受到歧视，他说："过来女方家这个男的还得有一定的能力，在女方家站得住脚，要不然也不好过。"

访谈十：

六苴社区六苴队村民 L 某，彝族，生于 1973 年，丈夫是菖蒲塘过来当矿工入赘到自己家的。当问到入赘的男子是否会在女方这边遭到不待见的问题时，她这样回答："这个男的过来，要是有上进心，勤快，怎么会不待见。"

五、六苴矿区彝族入赘婚分析

1. 入赘婚形成的原因

在上文罗列过的传统楚雄彝族入赘婚的形成因素中，男方家主要是由于儿子多或者经济实力不足以操办婚事，才会让儿子上门。女方家招姑爷主要是为了让男子帮助赡养父母，扶持弟妹。根据田野调查所获取的第一手资料，矿工与六苴彝族女性缔结入赘婚的原因主要可以从以下五点进行分析：

（1）六苴彝族文化机制

六苴社区彝族在传统上就有着入赘婚的婚姻形式，为本文研究内容的出现提供了基础。楚雄彝族传统的入赘婚也是女子在家不外嫁，招男子进家为婿的婚姻形式，俗称"招姑爷"。较早时期的上门女婿还需要改女家姓氏，子女也得继承女家姓氏。入赘婚的男方家主要是儿子多或者经济实力不足以操办婚事，才会让儿子上门。女方家招姑爷主要是为了让男子帮助赡养父母，扶持弟妹。一般是长女或者幼女在家招姑爷，长女招姑爷一般为了扶持弟妹，幼女招姑爷则为了赡养父母。并且在幼子继承制的影响下，虽然会把幼子以外的孩子分家出去，但实际上只要家里需要劳动，只要父母需要，分家出去的男孩依然有责任和义务回来帮助劳作，所以并不特别需要劳动力。这种入赘婚的产生，受幼子继承制下老人赡养需要的影响很大。

（2）经济因素

六苴社区由于矿区开发占用耕地导致原有耕地面积大量减少，人均耕地量特别少，所以需要投入在耕地上的劳作并不是很辛苦。相较于周边耕地量很多的地方，六苴社区的女性更偏向于留在家中招亲，毕竟在家这儿地里的活不多，悠闲点儿。伴随着铜矿的开发建设，虽然没有直接惠及周边群众，但是那些基础设施以及配套建设，诸如教育完善（小学、初中、高中）则是间接渗透到六苴社区。大批无地外来人口，带来了多方面的消费需求，促使六苴彝族有了更多的谋生行业：卖蔬菜、粮食、肉类，开商店，去矿上做工等。对于生产生活资料的消费需求，为当地社区群众带来了更多经济收入来源，铜矿的开发建设也给当地带来了便利的交通。

这样一个农活少，交通便利，教育资源丰富，收入来源多，并且熟悉的地方，促使女性更多选择留在家中招亲。六苴社区靠近工作地，好谋生，环境也不差，而自己的原生地偏僻且经济水平不高，基本生活的基础设施差，则促使矿工上门入赘。

（3）社会因素

六苴社区彝族没有严密的阶级内婚与家支，允许更大的通婚圈存在。传统中存在入赘婚，为矿工与六苴彝族女性的入赘婚提供了可能。矿区的发展带来的单身男性，有稳定的工作和经济来源的矿工，越来越成为女性择偶的选择。

（4）家庭因素

女方家庭需要长女留家招亲来扶持弟妹，或者是幼女在家招亲以赡养父母。男方家儿子多，经济情况不好，无多余房产用来娶妻，可以允许儿子入赘女方，不需要传宗。

个案四：

六苴社区杨柳坡村民 L 某，彝族，1965 年生人，从鲁格簸招亲到杨柳坡，是退休矿工。之所以选择招亲，是他的原生家庭有四个兄弟，没有多余的屋子用来娶媳妇，所以他就选择入赘。

（5）情感因素

女方不愿意离开原生家选择招亲，男方太喜欢女方必须入赘。外来的矿工长期工作，孤独，需要建立一个家提升幸福感。

个案五：

六苴社区六苴队村民 L 某，彝族，生于 1973 年，丈夫是从菖埔塘入赘过来的彝族，在矿上工作 30 年，患了硅肺病，已经退休。丈夫之所以想入赘，她说是"因为哪里好在就在哪里"。她家有一个弟弟，按常理，家里边有一个儿子，女儿就可以不留在家里，但因为她不想离开家，所以就招了一个上门女婿。她说看上丈夫，是因为家里实在是缺劳动力，丈夫还是在矿上的，所以就在一起了。

综上所述，六苴社区的"入赘婚"中就女性一方来说主要有以下几点原因：一、六苴地区耕地少农活少，生活比较闲适；二、离矿区近，可以享受到由于矿区开发建设带来的完善基础设施的便利；三、矿区带来的外来工作者是一个庞大的消费群体，能够为当地人提供更多的收入来源；四、幼子继承制导致小女儿必须留在家中招亲入赘解决女方家庭养老问题。

就男性一方来说，之所以选择在当地入赘主要有以下原因：一、距离工作地近，方便工作；二、原生地偏僻，经济水平不高，基本生活的基础设施差；三、原生家庭中兄弟多，无多余房产用来娶妻，并且家里可以允许他入赘不需要传宗；四、矿上长期繁重的工作使其需要有一个家提升幸福感。

在这些情况下，当地女性的想法可以被外来矿工所满足，外来矿工刚好也能够通过入赘来实现自己的想法，两者需求互补，促进了六苴社区彝族与矿工入赘婚婚姻的缔结。

2. 入赘婚产生的影响

六苴社区彝族女性与矿工缔结的入赘婚，具有大体与传统入赘婚一样的功能，但相比之下仍存在不同的社会影响。

（1）提升男女地位

在六苴社区，20 世纪中叶之前，女性嫁入男方家中还会改从男方姓氏，而伴随矿区兴盛发展起来的入赘婚使得女性可以当家，相比嫁娶婚的女性，家庭地位有一定提升。同时，传统的彝族入赘婚中男子需要跟随女方家姓氏，失去原有姓氏，现在则不需要，而且后代也可以跟男方姓。

（2）改善生育观

在调查所获材料中，更多的家庭不仅仅只是留了一个女儿在家，所以女方家不会要求女儿生儿子或生女儿。与传统汉族入赘婚传宗接代的需求不同，彝族入赘婚并不很在意后代性别，有的家庭更会表现出对女孩的偏爱，认为男孩子长大后心思在外面，不会照顾父母。加上入赘婚的普遍，使得不光养儿子可以养老，养女儿招亲也可以帮助养老，所以在生孩子的时候，不会过分在乎性别。

个案六：

六苴社区杨柳坡村民 T 某，苗族，生于 1948 年，从昭通过来矿上工作，招亲到妻子家中。生有一女一儿，都和男方姓，女儿招亲留在家，儿子娶妻在家，女儿独生一儿子，儿子独生一儿子。T 某的妻子觉得孙辈都是男孩子不好，男孩子不会照顾人，需要有女孩子，所以儿媳放下工作，又生了一个女儿。

（3）提升家庭赡养能力

这与传统入赘婚的社会功能是一样的。矿工入赘给六苴彝族女性家庭增加了劳动力，稳定的矿上工作带来的稳定收入给女方父母养老带来稳固的保障。不仅仅养儿子可以养老，养女儿招亲也可以帮助养老。

3. 入赘婚形式面临的挑战

矿工与六苴社区彝族女性结合的入赘婚主要是伴随着矿区的发展而发展起来的，但是矿区自从 20 世纪末开始逐步衰落，矿上不需要更多的外来矿工，而且矿区大量矿工离开六苴，使得六苴丧失了大量的消费力，原本以矿工为主要消费对象的行业收入递减，矿区基础设施也不复繁荣时期的样貌。现状是矿上需要的人少，工作工资低，六苴可谋生方式减少，人均耕地少，单靠耕地并不能够满足家庭生活。一方面是现在六苴社区的彝族女性会选择外出打工、外嫁。另一方面是受到计划生育的影响，八十年代生的孩子都是独生子女，为了兼顾男女双方父母的养老，出现了"不招不嫁"的婚姻形式，两边走，两可居；还有一种是感情因素主导的，父母不愿意女孩子外嫁，哪怕家中有男孩子也会尽可能把女儿留在家里，所以也选择"不招不嫁"。而矿工与六苴社区彝族女性结合的入赘婚的婚姻形式逐步失去了适合的人群，矿工减少，六苴地区的经济状况已经不能满足彝族女性的婚姻生活要求，入赘婚这种形式的婚姻越来越少见。

个案七：

六苴社区鲁格簸村民 Y 某，彝族，生于 1952 年，上门到妻子家，有一儿一女，女儿和妻子姓，儿子和自己姓。女儿也留在家里找了一个女婿，但实际上是"不招不嫁"的形式，女儿夫妻俩的户口各在各的家中，无变动，只是领了结婚证，是夫妻关系。孙女现在都二十岁了，是跟着她父亲姓的，户口是落在自己家这边。

结语

楚雄彝族自治州大姚县六苴镇六苴社区彝族女性与矿工缔结的入赘婚这种形式主要是伴随着 20 世纪五六十年代矿区的开发、建设而逐渐盛行的，在当地把入赘婚称作"招亲"。只要入赘男子勤劳上进，有能力就能够在女方家立住脚，不会受到太多的歧视。这种矿区入赘婚的产生主要是由经济、社会、家庭、情感四方面主导的。报告中针对矿区入赘婚的主要内容也做了分析：在女方家居住；子女姓氏多跟随男方，女方不做计较；男方户口在矿上，不迁入女方家；所生子女户口落在女方家；男方没有土地，所生子女多没有土地；祖先祭祀上男方只祭拜女方家的；婚姻缔结后所住房屋由女方家父母提供；入赘婚没有仪式只领结婚证；等等。最后，分析了矿区入赘婚对于参与者的影响：相较于之前的嫁娶婚，在入赘婚中女性当家，妇女的地位有所提升；选择入赘婚的，女方家庭往往不只留有一个女孩在家，还有其他的子女，所以并不要求入赘婚所产生的后代传宗接代，也就不会强硬要求后代继承女方姓氏；招矿工入赘，矿工有稳定的工作，稳定的收入来源，为女方家庭父母提供了稳健的养老保障。不仅仅生男孩可以用来养老，生女孩长大了招亲也可以养老，所以当地彝族社区中并没有明显的男孩喜好。

矿工与六苴社区彝族女性缔结的入赘婚伴随着矿区的开采而兴盛，但随着矿区在 20 世纪末的逐步衰落，矿上裁员，工资削减，福利减少，矿上的工作逐步被当地人所消化，大批的矿工离开这里。作为主要消费者的人群逐渐丧失，六苴社区的彝族失去了更多的生计来源，这时女性便不再想着招婿入赘，而是想往外走，去读书、去打工、去外嫁。再加上计划生育政策的深远影响，越来越多的家庭都是独生子女，为了分担男女双方父母的赡养，越来越多的家庭选择"不招不嫁"的婚姻形式。

六苴社区彝族女性与矿工缔结的入赘婚这种形式伴随着矿区的兴衰而兴衰，它作为一种在经济水平的变化、观念的变化和政策的影响下产生的文化现象，承载的是六苴社区特殊的发展历史，反映着传统的彝族文化机制对于当地人婚姻形态的深远影响。

致谢

本篇田野报告的完成首先要感谢我的导师黄彩文教授的指导，在论文选题、田野调查以及田野报告撰写过程中，黄老师多次耳提面命，给我提出了详细的意见与建议，指出我存在的问题，让我受益良多。

其次，我要感谢田野调查的两位带队老师李老师和张老师对我们住宿饮食的照顾、调查思路的引导以及后期报告撰写的指导。感谢大姚县六苴镇人民政府为我提供的资料与支持！感谢六苴社区父老乡亲的热情接待，为我的调查提供了很多帮助。

最后衷心地感谢在百忙之中评阅田野报告的各位专家、教授！

别样的"医"

——以 J 社区私人诊所为个案的医患关系研究

山东大学哲学与社会发展学院 2017 级人类学专业　李明晏

指导老师　和文臻

摘要： 医患关系是社会热点问题之一。不同于以往从患者视角出发、以研究公立医院为主的人类学医患关系研究，本文对山东省烟台市 J 社区私人诊所的医患关系进行田野调查，从医院和医生的"医"视角，结合"患"的叙事视角，关注以往被人们忽视的社区私人诊所的医患关系和医患互动。研究发现，该社区私人诊所内的医患关系总体上和谐，这与其中西医结合的治疗方式、医生对患者疾痛的耐心解释以及中间机构的制度和空间格局等原因密不可分。透过对私人诊所医患关系的窥探和对比，我们能看出公立医院紧张的医患关系的部分原因。

关键词： 医学人类学；医患关系；社区私人诊所

不知道为什么，这些年来我生了格外多的病。就我个人而言，每一次生病都是一次绝对的煎熬。身体上的疾痛是我煎熬的一部分，更煎熬的是去医院看病的过程。还记得有一次我犯了牙髓炎，牙痛到神志不清，一大清早就去公立大医院看病。医院里人来人往，人工窗口和自助挂号机前都排了一眼望不到头的队伍，人甚至多得连队尾在哪里都找不到。我好不容易强撑着挂好号，又得知一个噩耗：我要到另外一栋楼里拍片。好不容易要开始治疗了，结果旁边站了一群医学生观摩，我的一口烂牙被和我同龄的学生们仔细端详着，我瞬间无地自容。治疗完成后看到后面还有排队等候着的病人和立即准备接诊下一位病人的医生，我带着心中对牙髓炎的疑问离开了，回家后不断地"百度"问医，但怎么"百度"都觉得不舒坦。

疫情期间因为害怕传染，我不敢去大医院看病，生病了都是去我们社区的私人小诊所就医，每次看完病我都会非常安心，因为诊所内的苗医生总是非常友善又细心地跟我交流病情。J 社区私人诊所是我母亲的朋友苗医生经营的，诊所的面积不大，正好位于我居住的小区旁边。平日里社区里的居民都爱来这里看小病，一方面是因为地理位置便捷，另一方面是能和苗医生详细地交流病情，即使有些人去大医院看了病也依旧会来这里跟苗医生聊病情，仿佛只有跟苗医生确认了自己的诊断结果才能放心治病似的。

私人诊所里的互相依赖的、互相信任的医患关系似乎与我在公立医院中的体验不一样。回想起 2020 年左右出现的爆炸性新闻——陶勇医生遇刺和杨文医生遇害，公立医院的医患冲突和隔阂似乎一直存在于各大新闻媒体报道中，成为备受大众关注的社会问题。那么当我们把视线从公立医院转移到社区私人诊所时，医患关系是否有什么不一样的变化呢？这便是本文想要探究的问题。

一、田野点介绍

笔者将田野调查的地点设定为山东省烟台市 J 社区内的一家私人诊所[①]，并于 2020 年 5 月至 6 月在该社区私人诊所内进行间断性的田野调查。笔者经过社区私人诊所医生的许可，坐在诊所内，观察和倾听医患之间的交流过程，并记录下相关信息。本次田野调查的重点主要聚焦在 J 社区私人诊所内的医患关系上。由于各种社会问题以及医疗互动的复杂性，本文所列的个案无法穷尽所有的情形，只是以个案研究的方式力求对医患关系进行更深入的创新理解。

J 社区私人诊所位于山东省烟台市的某居民区内，其大门口放置着牌子，上面写着治疗服务：雾化、心电图、包扎、输液。一进门左手边便是一个治疗室，

---

① 下文中的"私人诊所"均指该特定的私人诊所，并不泛指其他私人诊所。

里面放着一些医疗器械。这个治疗室的玻璃门是不透明的，如果病人要进行私密部位的肌肉注射或者检查，就可以进入这个治疗室。一进门的右手边是一个木制长椅，供人们休息等候。再往前走是问诊区，这个区域放着两个拼接在一起的桌子，桌子上摆放着两个台式电脑，电脑旁摆着书籍。再往前便是药品区，药物明码标价，整齐地摆放在玻璃柜中。药品区旁边是输液区，一共有三张床铺供输液或者做其他治疗的人们使用。输液室旁边便是配药室，医生通常在里面配置输液所需要的药物。整个诊所面积不到 30 平方米，墙壁上挂着一些有关门诊工作、病历书写、医护岗位职责的规章制度，医师资格证书，个体行医营业执照以及医学挂图（人体医学解剖图和人体经络穴位挂图等）。还有一些诊所主治医生的女儿的绘画，这让整个诊所更加具有生活气息。

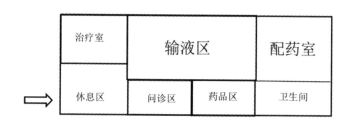

图 1 　J 社区私人诊所空间格局示意图

诊所内共有两名医生，诊所的经营者也是主治医生苗医生是一名 45 岁的女医生，毕业于某大专学校，学习中西医临床专业，办诊所至今已经 20 年了。诊所内的日常工作有换药、拆线、测血压、针灸、肌肉注射、静脉注射、送医上门（出诊）以及其他日常诊疗。问诊主要是由苗医生负责，诸如打针换药等护理任务则由另一位医生负责。两个人分工并不明确，病人多的时候会共同护理和诊疗。

诊所现在以治疗慢性病为主。苗医生解释说，在疫情之前该诊所主要治疗感冒、发烧、腹泻，但是现在因为疫情，人们的防护意识变高，感冒发烧的人少了，所以现在她主治慢性病——皮肤病、妇科病以及胃病等。

二、文献综述

在这部分中，笔者总结和分析了与医患关系相关的书籍及文献，以期为本文的研究提供借鉴和启发。

医患关系作为一种社会关系，是最重要的人际关系之一，从概念上来讲就是医疗服务活动中客观形成的医患双方以及与双方利益有密切关联的社会群体和个体之间的互动关系①。我国医患关系的研究角度非常广泛。接下来，笔者从多学科、多领域的角度对现有文献进行概括、分析和评述。

1. 社会政策和制度领域②

我国学者从社会政策和制度领域对医患关系进行了非常多的研究。袁廷东、毛坤、袁岳沙等人就我国医患关系紧张背后的医疗体制问题进行了全面分析并提出了解决途径。他们认为政府对医院的投入不足导致其收支难以平衡，只能"以药补医"，进而导致"看病贵"的问题；处理医患纠纷的法律制度属性定性不完善，将医疗侵权当作一般民事侵权处理，忽视了医患之间本身就不平等的关系；医院管理制度落后、医疗分担风险机制不健全以及医学人文教育的缺失等都是影响医患不和谐的制度因素。相应的措施是建立健全相关的医疗体制。③

然而，侯怀霞通过对比我国与英国、德国的医患纠纷问题，发现即使在医疗体制完善、医疗技术发展、医院管理先进、注重医患沟通的发达国家，医患纠纷

① 吴昊坦：《地位不对称性与医患不和谐：医学人类学的视角》，《中山大学研究生学刊（人文社会科学版）》，2017 年第 4 期，第 97—106 页。

② 要去理解这些政策和体制问题，我们首先要梳理一下中国医疗服务体系与公共医疗服务政策发展历史。20 世纪 80 年代之前，中国是计划经济体制，医疗制度呈现出城乡二元对立的局面。城市医疗服务体系是福利性质的。在国家和单位包办的这种医疗体系下，城市医疗机构条件和医疗技术水平低。农村则实行合作医疗制度，是在互助共济基础上实行的集体福利性的医疗保健制度。20 世纪 80 年代之后，市场化改革削弱了城市公共医疗服务体系的福利性和公益性，农村的合作医疗体系趋于解体，导致医疗卫生体制商业化、市场化，医患矛盾激烈。2000 年之后，我国不断进行医疗体制改革，主要是确保公立大医院的公益性以及健全全民医保体系。但是时至今日，我国基本医疗保障水平依然偏低，公立大医院的公益性质依旧存在不足。

③ 袁廷东、毛坤、袁岳沙：《我国医患关系紧张背后的医疗体制问题及对策》，《中国医院》2014 年第 9 期，第 60—62 页。

也非常常见，所以她认为把医患纠纷归因于医疗体制，可能有失偏颇。她从我国医疗模式的转变①去解释医患纠纷多发的原因：医患信息不对称，患者的个性被生物医学泯灭。该学者还认为我国医患纠纷激化的原因是医患矛盾的解决途径不畅。②齐晓霞则认为医患冲突源于信任冲突，要解决这种信任冲突需要完善法律。③这两篇文章将视角从宏观的体制落到了微观的医疗模式和解决途径上，并且从医患纠纷的不同程度（"多发"和"激化"）进行推进分析，视角比单一地从宏观视角论证医患纠纷更为丰富。

以上的这些文章虽然出发点不同，但落脚点都是我国法律和医疗制度不完善导致了医患关系紧张。尽管有微观的视角，但文章也仅仅是从数据分析中得出结论，缺乏深度的理论分析以及实际调查。不仅如此，文章仅关注我国公立大医院的医患关系，缺乏对其他医疗机构的研究。笔者认为，在规则和制度规定下，医生和患者能够发挥自己的主观能动性，因而仅仅从制度、政策以及法律角度对医患关系进行分析是不够的。此外，这些文章多从医患冲突这一社会问题出发，而忽视了医患关系的和谐之处。改正政策不足固然重要，但是如何稳固我国原有的医患和谐关系也是我们需要注意的问题。

2. 多学科角度

医患关系属于一种复杂的人际关系，它包含着经济关系、权力关系等。医患矛盾事件也是由多个因素发酵而成的，这种复杂性要求学者进行多学科的探究。

在经济学领域，李茜从我国小农经济到市场经济转变的宏观背景出发，指出我国在社会变革大背景下产生了信任缺失、就医环境混乱以及医患角色固化的问题。她认为，我国的医患关系包含着熟人关系，很多患者就医时愿意"找关系"，因而导致就医秩序的混乱，进而引起医患矛盾。④笔者认为，该作者的关注点在

---

① 指从"床边医疗"模式向"医院医疗"模式的转变。
② 侯怀霞：《医患纠纷"多发"与"激化"的原因二元论》，《苏州大学学报（哲学社会科学版）》，2015 年第 2 期，第 43—49 页。
③ 齐晓霞：《医患纠纷"激化"的成因分析与法律应对——以三起暴力袭医事件为关切》，《求是学刊》2020 年第 1 期，第 12—18 页。
④ 李茜：《我国医患关系再思考——以小农经济与市场经济的转变为视角》，《中国医学人文》2019 年第 10 期，第 15—20 页。

公立大型医院，忽视了在社区私人诊所里，熟人关系恰恰是医患和谐的保障，熟人关系让医患对彼此了解程度更深且形成了天然的约束力。

"信任""社会互动""博弈"以及"嵌入性理论"是社会学领域研究医患关系的关键词。李诗和基于经济社会学，认为我国从熟人社会向陌生人社会的转变是普遍性信任缺失的原因，医患之间的信任与不信任问题是基于人们对信任成本与信任收益的理性考量的结果。① 在研究方法上，杨玲、陈勇等诸多学者采用社会学定量分析的方法对我国公立大医院的医患关系现状以及问题进行了分析。②

除此之外，新闻学也对医患冲突的新闻报道失真的原因进行了研究与反思。王璇从符号学的角度分析医患冲突报道，发现客观自然事件在新闻文本生成后会内含着报道者的价值观。由于大众医学知识与专业医学知识的不对称性，读者在阅读文本时会赋予新闻文本以自己的解释和意义，最终导致读者的解释与客观事件不同，加剧医患之间的误解。因而新闻报道者要报道真实的新闻客体，尽量缩小编码和译码的差距，客观反映医患冲突的事实。③

从跨学科的角度，我们能从各个方面、运用各种研究方法分析医患关系紧张的原因，但大多数文章是从理论和定量研究数据出发，缺少比较翔实的田野调查资料，且多聚焦于公立大医院，缺少对各种医疗机构医患关系的研究。

3. 人类学角度

人类学研究医患关系主要是从医学人类学视角出发，运用访谈和参与式观察的方法进行的调查研究。国内现有文献主要从疾痛叙事、文化解释模式、批判的医学人类学、仪式治疗等方面对医患关系进行了分析。

在疾痛叙事方面，王建新、赵璇采用病患主位的视角，考察新疆医科大学第一附属医院的慢性病患者的疾痛表述及其蕴含的话语策略。该研究发现医患人员关注的是患者的疾病（disease）而不是疾痛（illness）。医方忽视了患者的人格独

---

① 李诗和：《经济社会学视野下医患信任关系问题研究》，《齐齐哈尔大学学报（哲学社会科学版）》2018 年第 7 期，第 80—84 页。

② 杨玲、陈勇：《医患纠纷原因分析及防范对策》，《临床医药文献电子杂志》2016 年第 55 期，第 11054、11056 页。

③ 王璇：《符号学视角下的医患冲突新闻报道研究》，《广西质量监督导报》2020 年第 2 期，第 42—43 页。

立性，进而导致患者展开人格维护，出现对抗情绪。这篇文章批判了身心二元对立的观点，提出维护患者的人格和尊严是医疗过程中需要高度关注的文化心理事项。①

在文化解释模式方面，王路等人从认知人类学的角度对广州儿童医院的医患关系进行了分析。在患儿吴康的个案中，医生认为吴康得的是会造成生命危险的"脑瘫"，但是其家属却认为孩子患的是"猪毛虹"②。医患双方对同一疾病的"解释模式"不同，其根本原因在于双方文化知识体系背景不同，民间经验与专业医学发生了冲突。③刘生琰、张丽萍在对热贡女性生育个案的研究中也发现热贡地区的地方性医学文化与以生物医学为基础的西方医学体系有着矛盾。比如，西方生物医学要求热贡女性在生育时必须"双腿架在镫架"上，热贡女性在自然生育时则是蹲在地上。因而当完玛搓④想要蹲着生育时，便遭到了医生的训斥。⑤刘小幸通过研究彝族的医疗保健，也发现了彝族诺苏地区乡镇医院的现代医疗观念与彝族传统医疗观念的冲突。⑥这些文章展现了医患之间沟通不畅的重要原因是对疾病的文化解释模式不同。疾病是文化建构的产物，不同民族的人们由于社会文化不同而对同一疾病有着不同的认知，全球范围内占据主流地位的西方生物医学也只是平等的民族医学的一部分，因而医生应该注重不同民族、不同地区对疾病的解释模式。

在批判的医学人类学中，学者强调经济体制、政治力量以及社会意识形态对医患关系的影响。刘生琰、张丽萍发现在热贡地区的医生和患者因为专业知识的不对等而产生了权力差异，医生对医疗手段和方案进行了"话语垄断"，造成患

---

① 王建新、赵璇：《疾痛叙事中的话语策略与人格维护——基于病患主位的医学人类学研究》，《西北师大学报（社会科学版）》2016 年第 4 期，第 31—38 页。

② 当地人认为这是一种常见的地方性疾病，且可以通过民间偏方和找"算命先生"的方式治愈。

③ 王路、杨镒宇、李志斌等：《医患关系的认知人类学解读——基于广州市儿童医院的调查事例》，《开放时代》2011 年第 10 期，第 122—136 页。

④ 文章中一个热贡妇女的名字。

⑤ 刘生琰、张丽萍：《医学人类学视阈下疾病认知与医患关系的文化逻辑研究——以热贡女性生育为个案》，《兰州大学学报（社会科学版）》2019 年第 6 期，第 28—34 页。

⑥ 刘小幸：《彝族医疗保健——一个观察巫术与科学的窗口》，云南人民出版社，2007。

者无法参与医疗决策。① 涂炯、亢歌在对国内某最大的肿瘤专科医院进行研究时也发现，由于知识的不对等，医生产生了权力压制话语。由于公立大医院市场化倾向导致患者众多，与患者对优质医疗资源的需求对比，公立大医院的医疗资源和人力均不足，进而导致医生在门诊问话中讲究效率性，加剧了医患之间的权力不对等。②

除此之外，我国医学人类学还关注仪式治疗。刘小幸详细描述了彝族诺苏地区的治疗仪式。在治疗仪式中，病人、家属和客人都能参与到患者的治疗中，这种治疗方式给予了家人和患者巨大的心理安慰。仪式的主持人苏尼既是权威又不是绝对的权威。面对观众的质疑，她会用有足够说服力的理由来解释和支持自己的行为，从而获得进一步的信任和支持。这种治疗方式不同于现代医疗方式——仅仅关注病人身体上的疾病，而不关注病人的心理、社会环境及其家属的心理状况，治疗者不是不能被质疑的权力至上者，而是能够被质疑并需要做出合理解释的存在，这种仪式治疗模式有效地消解了医患矛盾。③ 庄柳则发现凉山彝人将疾病和疗效归结于超自然的"运气之灵"，这使仪式治疗者有效地规避了治疗失败的风险。在等级观念深入人心的彝族社会中，对名声的追求促使医患互动呈现慷慨互惠的特点，使得该地区医患关系良好。④ 对笔者来说，关注所研究的社会和地区的文化观念以及宗教信仰，从文化层面上解释医患关系，是很好的启发。

综上，在我国医患关系的研究中，研究主题和解释理论都是非常多元的。但是大多数文章都将研究的重点放在公立大医院以及少数民族地区，缺乏对社区私人医疗机构医患关系的研究。另外，大多数文献聚焦于患者的叙事，而缺少医生与医院的视角。因此本研究从"医"的视角出发，结合患者的叙事，研究社区私人诊所的医患关系，找出其与公立医院医患关系的不同。

---

① 刘生琰、张丽萍：《医学人类学视阈下疾病认知与医患关系的文化逻辑研究——以热贡女性生育为个案》，《兰州大学学报（社会科学版）》2019 年第 6 期，第 28—34 页。

② 涂炯、亢歌：《医患沟通中的话语反差：基于某医院医患互动的门诊观察》，《思想战线》2018 年第 3 期，第 28—36 页。

③ 刘小幸：《彝族医疗保健——一个观察巫术与科学的窗口》，云南人民出版社，2007，第 129—132 页。

④ 庄柳：《运气与礼物》，硕士学位论文人类学，厦门大学，2017。

三、对社区私人诊所的医患关系的分析

在田野调查期间，苗医生说自己的诊所没有发生过医患冲突，更没有伤医等恶性事件。但是通过调查，笔者发现私人诊所内医患关系呈现和谐与不和谐并存的局面。

1. 医患关系和谐的原因一：中西结合的治疗方式

一天下午笔者去该私人诊所做田野调查时，碰见一位 50 岁左右的阿姨甲在做针灸治疗。她一边做着治疗，一边跟苗医生聊天：

去了好几趟大医院啊，就拍了个片，大夫也没说出来什么。医生让我从这个科转到那个科，从那个科再转到另外一个科，最后说如果（病情）重了的话就等着做手术吧。我又拿着片子去 Y 医院①了，Y 医院大夫看了以后也没"嗯嗯"②出什么来，说也不是重病，就是疝气，让我忍不了了（病情）厉害了就做手术，其他的什么也没说。花 25 块钱挂了个号，连两分钟都看不上，我看后面还有那么多病号，我就不好意思问了。

甲一边在私人诊所做针灸，一边对大医院有怨言，这让笔者看到了研究不同维度医疗机构的可能性。因此我抓住机会问她具体情况。原来，甲前几天发现自己手麻，去了市里的公立大医院，挂号看西医。检查结果是甲得了疝气，但是医生说现在没有办法治疗，因为她现在的化验结果没有达到做手术的指标，因而甲只能回家等待，直到病情严重到符合手术指标才能做手术治疗。甲并不满意这个结果，手麻症状还在继续。她又去了几家大医院看西医，但是都没有好的解决方案。后来她就想到苗医生了：

---

① Y 医院是私人诊所所在城市内最大的公立大医院，这里做了匿名处理。
② 老百姓使用的方言，指说话。在这里指的是公立大医院的医生没有给阿姨甲说出具体的治疗方案。

我之前就在 J 社区住,现在跟着女儿住。以前经常来苗大夫这里看病,给我治得挺好的。她既能看西医,又能看中医。我寻思着如果西医治疗必须做手术的话,就不如来试试中医调理调理。不管中医还是西医,只要能治好病就行。再说了,做手术伤元气,对身体不好,我不想轻易做手术。

甲由于对西医的治疗方案不满,便向既会中医又会西医的苗医生寻求帮助。这种治疗顺序其实是很多中国人,尤其是城镇居民的治疗顺序。住在 J 社区的乙表示:

我生病的时候的第一反应是先到大医院去看西医,西医的疗效快且科学。如果没啥大毛病,那我再去看看中医,去调理调理。

社区居民对疾病的解释模式有两种:西医学解释和中医学解释。这两种解释模式的选择是有先后顺序的。大多数人会先去看西医,如果西医没有好的办法再去看中医,这在一定程度上反映了在人们心中西方生物医学相对于中医的文化权威地位。

公立医院也会设置中西医结合的科室,但是大多数患者会在第一时间选择西医疗法,因为"西医的疗效快且科学"。近代以来,"医学变成了 19 世纪末 20 世纪初民族主义寻求自卫和发展的一种工具……西方医学进入中国之后曾经促使中国社会重新界定身体、疾病、卫生观念的行为"[1],近代殖民者用"医务传道"的方法成功将西方医学传入中国,不断改变着中国人的医学观念;五四运动使得唯科学主义几乎成为一种变相的宗教信仰[2];20 世纪二三十年代,利用现代临床医学所进行的定县卫生实验等西方医学实践使得西方医学进一步树立起了文化权威地位,我国的传统医学受到排斥。在田野调查中,笔者发现这些历史痕迹一直深刻地影响着人们的就医选择。

不过,中医作为伟大中华文明的一部分,在经历了近代和现代生物医学的洗

① 杨念群:《再造"病人"——中西医冲突下的空间政治》,中国人民大学出版社,2006,第 5 页。
② 景军:《公民健康与社会理论》,社会科学文献出版社,2018,第 173 页。

礼和排斥之后，也逐渐受到医院的重视：不少医院开设了中西医结合的科室，力求通过中医与西医相结合的疗法，为患者提供更多的治疗选择和更好的治疗效果。但是一些医院还未设置这类科室，或者即使有中西医结合科室也对其宣传力度比较小，再加上患者们固有的治疗顺序，导致患者们去公立医院也多是专门看西医，中医科室并没有与西医科室并驾齐驱。

我们再看回甲的案例，甲为什么不选择西医疗法而选择中医疗法呢？事实上，疝气在西医上是可以治愈的，但是要等到病情严重后再实施手术，只要做了手术疝气就会消失不见。然而，这种治疗方式在短时间内无法消除患者的不适感（illness）。在生物医学诊疗过程中，医生将患者及其家人抱怨的疾痛问题，通过量化指标和特定症状，转化为疾病（disease）问题。在这个案例中，西医的治疗方案显然没有在短时间内缓解患者的疾痛（illness），因而从根本上导致了患者的不满意情绪。中医通过针灸等方式能对患者的不适感有所缓解，因而从治疗方案看，中医更胜一筹。也就是说，人们选择哪种医疗方式，不仅看重治疗效果，还看重哪种治疗过程能减轻自己的疾痛体验。

私人诊所提供的中西医结合治疗方法让患者在治疗方式上有更多的选择，但这不能完全解释诊所内医患关系和谐的原因，毕竟公立医院也可以提供中西医结合的治疗。所以，私人诊所与公立医院不同的医患互动和医疗服务也值得我们注意。

2. 医患关系和谐的原因二："基层工作者的责任心、爱心和水平"

在田野调查中笔者发现，患者甲在针灸的过程中不断地询问苗医生问题，比如，疝气究竟是什么呢？得了疝气会不会穿破胃呢？以后会影响正常生活吗？苗医生站在她身边，不厌其烦地给她进行解答：

疝气在西医中其实没有好办法，只能告诉你说回家坚持吧，不好的话就做手术。疝气是什么呢？疝气就好像你的衣服很薄，里面有棉花堆出来了，这个地方不够有韧性，棉花通过这个表①出来了。西医就是把这个棉花怼出去然后一缝就好了，很简单。中医就是调理你自己的身体，让这个棉花自己消失，一样的效果。

---

① 指衣服表面，在这里比喻得了疝气的器官的表面。

在访谈中苗医生也解释道：

有些人，像那个阿姨（甲）一样，性格比较谨慎，她会担心自己的胃会不会因为疝气给鼓爆了。在大医院医生就会说你没大毛病，不算事，但是患者的痛苦和担心是依旧存在的，背负了很沉重的思想压力。咱们就会疏导疏导，说，哎姐，你这个东西没关系，不会鼓爆胃，不舒服的话我给你看看。我认为疏导有两个方面，一个是用药疏导病人的身体，二是疏导病人的思想和心理压力。病人听了你的话就会觉得心里有定心丸吃了：苗大夫都说没事，那一定不会鼓爆胃的。我也告诉她不会影响她的正常生活。基层工作者就是要有责任心、爱心和水平，不断地学习。老百姓在得病的时候没有足够的安全感，每个病人都要在医生这里找到安全感，我把他们当作是我的家人，不厌其烦地给他们解释，他们就会信任我、有安全感。

患者由于医学知识的不足，得知病情的时候很难有客观的认知，因而会对自己所得的疾病产生疑惑。甲每次去诊疗，都会对苗医生提出新的不一样的问题，苗医生也会耐心解答。

医学是一门专业性很强的学科，医生使用的是具有科学性、精确性和标准性特征的专业术语。患者在第一次听到专业的医学术语时，难免会无法理解，继而会对自己病情产生疑惑，也会产生对患病后的生活的担忧以及焦虑、无助的消极情绪。在苗医生的私人诊所里，她非常熟练地处理着这些疑惑和情绪，她将其称为"基层工作者的责任心、爱心和水平"。她用生动形象的话语来解释一个医学术语，通俗易懂地把疝气比作棉花推衣服的过程。患者来到诊所的不断提问，表明他不仅仅想要治愈疾病，更想确定疾病是否会对自己的生活和工作造成影响。当患者向医生确认了这些问题的答案后，患者才会产生"安全感"。

克莱曼（Kleinmen）在《疾痛的故事》中提到，医生在诊疗过程中要注意医学心理疗法。为了做到这一点，医生必须与患者建立设身处地的共鸣关系，真诚地为患者的利益着想，即患者和家人相信有实际帮助和象征意义的关系。[①] 在该

① ［美］阿瑟·克莱曼：《疾痛的故事》，方筱丽译，上海译文出版社，2010，第295页。

私人诊所中，苗医生给病人提供的医疗服务不仅仅包括治疗好病人的疾病，还包括疏导病人的思想和心理压力。这种治疗方法让医学知识不对等的两个群体能够在同一知识水平进行沟通，达成和谐的医患关系。

不仅如此，由于这是一家位于社区内的私人诊所，苗医生也居住在这个社区中，所以她了解很多患者的家庭情况和生活近况。也就是说，在该社区私人诊所内，医患之间不仅仅是医生和患者这种治疗和被治疗的关系，还包含着熟人关系。费孝通先生认为中国的乡土社会存在着差序格局，在差序格局中，社会关系是逐渐从一个一个人推出去的，是私人联系的增加，社会范围是一根根私人联系所构成的网络。[①]

由于苗医生与社区内的居民生活在同一区域内，因而苗医生和患者可以通过差序格局成为"一家人"。这种熟人关系让苗医生在做诊疗时会考虑病人的实际情况——性格、家庭背景、经济条件，从而做出相应的疾病和心理治疗。而公立大医院汇集了来自全市各个地方的患者，是由陌生人组成的环境，医生对患者的生活情况了解不够，因而无法像社区私人诊所中的医生一样对患者的疾痛（illness）进行全面的考量。熟人关系同时也对医生和患者形成了约束力，医生会顾及熟人关系而规范自己的治疗行为，患者也会因为熟人关系而遵守就医秩序，不会轻易"滋生惹事"，因而诊所内医患关系呈现和谐局面。

然而，正如甲抱怨她去大医院看病只用了两分钟那样，大医院无法关注患者的疾痛经验，不仅仅是由陌生人社会所导致的，还是由中间机构——医院和医疗体制决定的。

3. 医患关系和谐原因三：患者的低期待值与简单的空间格局

在一次对 Y 医院某外科王医生的采访中，我问他是否会关注到患者的家庭、心理状态及其所处的社会文化环境，他这样回答我：

如果有可能的话，我们会听的，但是一般情况是我们引导患者讲我们想听的内容，而不是泛泛地听，他说什么我听什么。因为就诊的时间是有限的。一上午，我一上午从 8：00 到 11：30 坐诊，一共三个半小时，有 60 个病人。这些还是初

---

① 费孝通：《乡土中国》，天地出版社，2019，第 30 页。

诊病人，就是挂号的病人，还不算复诊和会诊的病人，把这些病人算上的话，一个病人给不了多少分钟，顶多三分钟。

问诊时间过短是我国公立大医院面临的问题。我国从 20 世纪 80 年代开始实行医疗行业市场化，目的是通过增强我国医疗行业的竞争力来提高医疗水平。医疗行业市场化再加上我国的医疗等级制度导致我国社会医疗资源分配不均。在医疗市场竞争下，人们更倾向于去公立大医院而不是去社区基层医疗服务中心看病，更不用提去私人诊所看病了。由于公立大医院"人满为患"，所以医生很难花过多时间询问患者除了疾病（disease）之外的信息，更不用说给病患进行心理疏导了。J 社区内的一位奶奶说：

看病还是得到大医院看，现在有医保了，人们生活水平也高了，为啥不去大医院？大医院设备好，医生水平也高，我们去了放心。我上次听说苗大夫是大专学历，怎么说治疗水平也比不上大医院的大夫，我去她那里就是开药或者打吊瓶，也不期待她能给我治好病，就是试试看。

苗医生也提道：

我们基层医护人员，没有国家扶持，设备不先进，说话可能也没有大医院的大夫那么有分量，但是我们最大的优势是知识面宽。不一定是像医院专家那么"专"，但一定要宽。咱们基层没有医院的仪器来辅助我们就诊看病，只能用眼睛、手和脑子去看，去分析，通过一些东西来获取病人的病情。这个就要求我们基层医护人员知识面要宽，临床经验要丰富。

新医改后，我国为了解决"看病难，看病贵"的问题，加大了对公立医院的扶持政策，确保公立医院的公益性。不仅如此，为了缓解公立大医院患者人数过多的问题，国家也推行分级诊疗制度，鼓励患者先去基层医院首诊，然后再去公立大医院就医。但是由于公立大型医院的医疗设施完善、医护人员技术水平高，因而它依旧是患者的首选。

因为苗医生并没有申请成为社区基层医疗机构，所以分级诊疗制度的福利并没有惠及至该社区私人诊所。虽然私人诊所的医生积累了多年的临床经验，但是由于医疗设施不足且医生的学历不高，不能取得患者的普遍信任。但这并未对私人诊所的医患关系造成太大的影响，因为相比去公立大医院时抱有的高期待值，患者来私人诊所诊疗往往是抱着"试试看"的心态，因而即使疾痛没有治疗好，人们也不会把过错归咎于私人诊所的医生身上。

公立大型医院和私人诊所的医疗制度和空间格局也是影响医患关系的重要因素。在一次访谈中，J 社区内的一位爷爷说：

> 我去医院必须要早起。我不会用手机，没办法预约……去了医院找地方要找好长时间，转来转去的，一会儿缴费一会儿回去的，实在太麻烦，我觉得医院得改革这块。

患者对大医院的预约制度和空间格局表达了不满。当今互联网普及，预约制度其实是帮助公立大医院实现有序就医的一个途径。但是对于老年人来说，线上的预约方式无疑是困难的，他们被逼无奈必须要早起去医院，以防看不上病。医院的空间格局和诊疗流程过于复杂，其本身是为了提高医护人员的工作效率，但是对于患者来说是不便捷的。反观该社区私人诊所，其空间格局简单①，治疗也无须预约，随去随治，因而能简化患者来医院的办事流程，减少患者的时间成本。

不过，也有患者丙提出了对私人诊所的不信任：

> 不管怎么说，苗大夫的诊所要以营利为目的，她没有国家政策扶持，肯定要赚钱的。她有次卖药给我，一盒药就几百块。咱也不懂医学知识，也不知道到底用不用吃这个药，总觉得她就是为了赚钱才卖这个药给我的。

---

① 在这里笔者必须承认，由于公立大医院的诊疗范围更广，其空间格局必定会比私人诊所复杂。但是如何尽量简化空间格局是需要思考的问题。

按照医疗机构药品明码标价与价格公示制度，药店及诊所应当明码标识药品价格，该社区私人诊所确实做到了。患者不是对私人诊所内药品本身的价格产生怀疑，而是对医生主观性的病情判断产生的医药费产生怀疑，这种不信任源于医患之间存在着固有的权力不平等。

4. 医患不和谐的原因：医患之间固有的权力不平等

医患之间存在固有的权力不平等，这点在批判的医学人类学理论中得到了强调。批判的医学人类学将健康放在更广泛的社会文化情境中去分析，强调正是各群体社会地位、权力、阶级、性别、种族，以及分配、贫穷程度、受到歧视等相关因素最终阻碍了社会健康的达成。[①] 在医患关系中，批判的医学人类学认为医生和病人之间的互动关系是构成霸权主义关系的一个方面，对这些相互作用的研究表明他们普遍在更大的社会中强化了不平等的等级制度。[②] 比如，强调病人服从一个"社会强势者"或者专家的判断和需要。

在田野调查过程中，笔者经常能听到苗医生对提出疑惑的患者说：

你是学医的吗？既然不是，那就听我的。我是医生，你越听话病好得就越快。

她在访谈中解释道：

有很多病人不听话，我就"训斥"他，让他知道治疗的重要性和正确性。有些药物是要看疗程吃的，如果疗程吃不够病就不能完全好。有的病人觉得我开药太多了，觉得我就是要赚钱。我倒真不是为了钱，我只是觉得吃这个药能够彻底治好病人的病。如果有的患者真的觉得开药太多了，想要少拿几天的药，我也会同意，毕竟我不能强迫患者，我要尊重他们的意愿，但是我要把道理给他们讲，（让他们）懂了。

---

① 刘生琰、张丽萍：《医学人类学视阈下疾病认知与医患关系的文化逻辑研究——以热贡女性生育为个案》，《兰州大学学报（社会科学版）》2019年第6期，第28—34页。

② 莫瑞·辛格、林敏霞：《批判医学人类学的历史与理论框架》，《广西民族学院学报（哲学社会科学版）》2006年第3期，第2—8页。

吴昊坦认为，患者由于时间被动、经济被动和地位被动，而在医患关系中处于较低的地位。由于患者对医学知识的缺乏，他们无法自主决定医疗的方式和进程，因而在诊疗流程和治疗方案上都需要跟着医生的指导和建议走。[①] 患者丙对私人诊所牟利的顾虑由此而生。受过多年的医学教育以及积累临床经验，医生在医学知识上的储备要远远超过患者，进而自然而然地成了能够控制患者的"社会强势者"。这种结构性的权力不对等导致医生掌握"话语霸权"，使患者在治疗过程中的决定权减少，因而容易对医生产生怀疑和不满。

在访谈中笔者还发现中国人特有的道德观念也会巩固这种不对等的权力：

中国人的文化层次差得比较大，医学知识知道得不多。有些人虽然也没什么医学知识，但是三观比较正，格局在那里。有一个老者来我这里看病，她特别尊重我，我叫她干啥她就干啥。她说了一句话给我的感触很深。她说，出去去别人家的地方，就要听别人的话，不然就别去。我去大医院的时候也不会说自己是医生，我从来不指挥（别人）。你到了人家那里就得听他的，如果他看得不好你走便是了。

老者口中所说的"别人家"划分了"他者"和"我者"。当患者到医生那里看病，就好像是进入了"他者"的领域。在这个"他者"的领域里，就会产生尊重他人的道德观念。这种道德观念让病人"自我阉割"了在医患关系中的主动权，加剧了医患关系的权力不对等性。

但是，用结构性权力不对等来解释医患矛盾，在一定程度上忽视了患者和医生的主观能动性。就像苗医生所说的，她会尊重患者的选择，但是也要对自己的行为做出解释，以避免医患矛盾的发生。也就是说，医学知识和资源不对等下的权力压制并不是绝对的，而是可以协商的，是可以被人们的主观意愿所影响和塑造的。

---

① 吴昊坦：《地位不对称性与医患不和谐：医学人类学的视角》，《中山大学研究生学刊（人文社会科学版）》2017 年第 4 期，第 97—106 页。

四、结论与发现

综上，J社区私人诊所的医患关系呈现出和谐与不和谐并存的局面。通过甲的案例我们可以发现，单一的西方生物医学治疗方式并不能满足患者快速缓解疾痛的需求，因此，中西医结合的治疗方式会给患者更多的选择。由于医疗服务市场化和分级诊疗制度，公立大医院医疗资源紧张，而社区私人诊所接诊的患者少，因而医生有时间为患者进行话语解释并疏导患者的心理。私人诊所的设备不足、医生学历低等劣势并没有产生医患矛盾，反而让患者对私人诊所治疗效果的期待值降低，减少了医患矛盾。但是，医患之间固有的医学知识不对等导致了医患的权力不对等，这种不对等关系既反映在医患沟通互动中，也反映在患者对私人诊所牟利的怀疑中。

透过对私人诊所的医患关系研究，我们可以窥探更大范围内的医患关系问题。一个充满人情味的医疗机构，不能只是"头疼医头，脚疼医脚"。不应该仅仅治人的病，而应该治病的人。医生在提高医疗技术水平的同时也要注重医学人文素养的提升，用耐心和责任感消解医患之间固有的权力不平等。但是我们也不能苛求医生，因为在现行的医疗制度和体系下，医生，尤其是公立医院的医生很难做到既关注病人的疾病，又呵护到病人的疾痛。在一轮轮新医改的浪潮下，医疗体制改革不应该让医患受体制的束缚，而应该让体制服务于医患，让医院更有人情味，让看病的过程不再痛苦。

另外，医疗关乎生死，是一个概率问题。医学包含着各种内容的交织：痛苦的肉体、受折磨的心灵以及人性的善与恶等。医患关系不仅仅包括医生与患者之间简单的治疗与被治疗的关系，还包含着医院营利的经济关系、共同战胜病魔后医患之间类似于战友的关系、互相约束的法律关系等。说到底，医患关系是人际关系的一种，是庞大的、复杂的。我们在去考量具体的医患关系事例时，要考虑到方方面面，包括但不限于体制、法律政策、患者自身情况以及医生水平。只有这样，复杂的医患关系才能向和谐之巅发展。

公共空间理论下乡村茶馆的社会功能研究

广西民族大学民族学与社会学学院 2017 级民族学专业　张　婷

指导老师　雷　韵

摘要：饮茶文化是中国文化的一个重要组成部分，而茶馆是茶文化的不可或缺的部分。乡村公共空间指村民可以自由进入、自由交往的场所。四川地区有着悠久的饮茶传统，巴蜀大地茶馆遍布，茶馆作为四川地区乡村公共空间的典型代表，一直以来发挥着独特的社会功能，影响着乡村社会治理和社会整合。疫情期间这些茶馆受到不同程度的影响，在新的历史条件下，要发挥茶馆在地方社会整合与社会治理中的作用，保持茶馆的生机与活力，则需要政府加以积极引导。

关键词：茶馆；社会功能；乡村公共空间；乡村建设

顾炎武在《日知录》中写道："自秦人取蜀以后，始有茗饮之事"，四川饮茶的传统可追溯到秦朝以前。在悠久的饮茶传统的基础上，大大小小的茶馆星罗棋布般的散落于巴蜀大地，用一句俗语来说就是"天上晴天少，地上茶馆多"。四川茶馆的主要特征是闲适，茶馆中闲适的氛围是巴蜀文化的一个重要体现。四川地区的茶馆不仅仅是一个喝茶、聊天、谈生意的场所，更多地表现为一种休闲娱乐空间，相当于是茶馆与棋牌室的结合。广泛分布的茶馆在地方社会治理中发挥的独特功能，影响着这个地区的经济、政治、文化的方方面面。正确地利用茶馆的社会功能，引导茶馆建设，将带动乡村社会整合从而创新乡村治理模式。

一、关于四川茶馆社会功能的研究

有关茶馆社会功能的研究，有以下几个方面。一是从社会记忆理论出发，研究茶馆这一特殊的文化符号在城市公共文化空间中的作用；二是研究茶馆作为地方社会公共空间的具体表现；三是研究茶馆在地方社会中的整合功能。

1. 社会记忆研究

社会记忆理论，最早由法国社会心理学家莫里斯·哈布瓦赫提出，在他看来，社会记忆是一种集体记忆，是社会文化建构的过程；德国艺术史学家阿拜·瓦尔堡则认为文化符号体现社会记忆；在美国学者保罗·康纳顿看来，社会记忆是一种习惯，正是由于社会记忆的存在，社会才能够保持稳定与发展；德国阿斯曼夫妇将记忆分为交流记忆和文化记忆，交流记忆容易消失而文化记忆在促进社会认同的过程中得以保留。[①]综上所述，社会记忆建构社会文化，并通过文化符号表现出来，能够促进社会认同，保持社会的稳定与发展。

黄书霞、李菲在对拉萨甜茶馆田野调查的基础上得出结论，"甜茶馆作为城市公共文化空间，承载着拉萨城市、人群与地方的文化记忆"[②]。甜茶馆已经成为拉萨特有的城市文化符号，承载着城市的文化记忆。四川地区的茶馆也是如此，在影响人们社会生活的同时逐渐成为四川地区特有的文化符号。

阮浩耕认为四川地区的茶馆的主要特色就是悠闲。"川人喝茶讲究的是那份悠然，闲散，漫不经心和优哉游哉，在茶馆里喜欢东拉西扯的摆龙门阵。"[③]实际上，不只是茶馆，整个四川的文化处处透露出悠闲的氛围，茶馆只是这种悠闲文化的一个部分。安逸闲适是巴蜀文化的一大特色，常言"少不入蜀，老不出川"，表明四川物产丰饶，文化上天然带有一种闲适的氛围，容易让人耽于享乐，不思进取。而茶馆文化正是这种闲适文化的集中体现，成为当地特有的文化符号。

① 李宁：《"社会记忆"理论的发展概述》，《新闻研究导刊》2019年第10期，第73—74页。

② 黄书霞、李菲：《藏地城市公共文化空间的历史记忆与社会变迁——基于拉萨甜茶馆的日常生活考察》，《徐州工程学院学报（社会科学版）》2020年第35期，第3页。

③ 阮浩耕：《茶馆风景》，浙江摄影出版社，2003，第5页。

茶馆作为巴蜀文化符号之一，成为一代人的社会历史记忆。王笛在《茶馆，成都的公共生活和微观世界，1900—1950》中从微观历史研究的角度，运用"公共领域"的理论，认为茶馆是近代成都社会变迁的一个缩影，体现了成都的社会历史记忆。

2.公共空间研究

在有关茶馆公共空间的论文中，宋靖野在《"公共空间"的社会诗学——茶馆与川南的乡村生活》中通过对四川乐山罗城街上的茶馆的田野调查，认为在这条街上的茶馆至少有三个功能，分别是社交、休闲与议事。通过"喊茶钱"建立茶客间的互惠关系，这种建立互惠关系的模式有点类似于特罗布里恩群岛居民之间的库拉交易：茶馆中顾客招呼路过的熟人喝茶，一般来说路人都会婉言谢绝，也就是说这种招呼行为并不是实际意义上的喝茶行为，它起着超越行为本身的意义，"使得茶馆社交的范畴进一步延伸到茶馆空间以外的广阔人群之中"[①]。茶馆休闲和社交主要作用体现在茶馆对社会关系的维持上，茶馆议事的主要作用是对社会秩序的维持。茶馆议事是民间纠纷解决的主要方式之一，除了解决民间纠纷之外，在茶馆中还会达成一些实质意义上的商业交易。罗城茶馆的纠纷调解机制是一个社区本能地反抗外部世界的体现，也就是斯科特所言的另外一种"弱者的武器"，从这一方面来看，茶馆表现出来的特征是诗性而不是政治性。

而有关茶馆公共空间民族学，人类学方面的研究主要有中央民族大学的两篇学位论文。熊尚全在其硕士学位论文《川渝茶馆：公共空间和文化再生产基地》中从文化生态学的角度叙述川渝地区茶馆兴起的过程，关注茶客的年龄、性别和职业，研究的重点在于茶馆对当地居民的社会认同和文化再生产。[②]另外一篇学位论文是吕卓红的博士论文《川西茶馆：作为公共空间的生成和变迁》，作者在对成都大慈寺茶馆及周边清溪镇田野调查的基础上，用人类学社会整合的视角来分析茶馆作为公共空间在社会生活中的积极意义。

---

① 宋靖野：《"公共空间"的社会诗学——茶馆与川南的乡村生活》，《社会学研究》2019年第3期。

② 熊尚全：《川渝茶馆：公共空间和文化再生产基地》，硕士论文，中央民族大学民族学系，2013。

关于茶馆公共空间研究的其他角度主要是关注茶馆公共空间的变迁与转型。上海大学朱瑞东在《茶馆公共空间功能转型的背景以及成因——以成都鹤鸣茶馆为例》中认为茶馆是平民的公共空间，不像西方咖啡馆那样存在着明显的阶级区别，因此哈贝马斯的公共领域的理论并不能完全地适用于茶馆研究，茶馆作为公共的话语空间可以创新出新的社会治理方向，可以利用茶馆的这一特色创新纠纷调解机制，缓解司法资源紧张的困境。作者认为，在现代社会，茶馆的"政治性"功能在降低，"生活性"功能在提高。①

戴利朝在《茶馆观察：农村公共空间的复兴与基层社会整合》中将乡村茶馆的兴衰与社会结构的运行相连接，茶馆作为乡村社会中一个重要的公共空间，离不开既有社会结构的制约。这篇文章同时也将茶馆与乡村文化建设相连接，这也是这篇文章的突出优势。在1949年之后，祠堂、宗庙等乡村传统的公共空间遭到一定程度的打击，在这种条件下茶馆承担着乡村公共空间的任务，茶馆作为乡村公共空间，在未来的乡村建设与乡村社会整合的过程中将发挥出更大的功能。

3. 社会功能研究

有关茶馆的社会功能研究方面的论文较为完善。马建堂在《民国时期四川的茶馆文化及其社会功能》中认为民国时期四川的茶馆是社会调控的重要组成部分，能够在一定程度上弥补国家层面调控的缺失。与前一篇论文相似，刘克萍在《传统城市公共文化空间的社会功能与治理重构——以成都茶馆为例》中认为，在新时期，茶馆还起着社会重构的作用。

4. 小结

综上所述，关于茶馆的社会功能方面的论文较为丰富，但有关社会记忆的研究较少，关于茶馆公共空间的研究认为茶馆作为乡村社会公共空间的典型代表，能够稳定社会秩序，促进社会认同，创新社会纠纷解决机制。

从学科领域来看，以人类学、社会学视角研究茶馆功能的论文数量较少。

这些对茶馆的研究，地域范围多集中于成都、重庆等都市，较少涉及乡村。另外，这些研究大多停在观察记叙的阶段，只停留在了表面，没有进行人类学意

---

① 朱瑞东：《茶馆公共空间功能转型的背景以及成因——以成都鹤鸣茶馆为例》，《美与时代》2020年第4期，第121—122页。

义上的"深描"。

本文所研究的对象主要是四川地区乡村社会中的农户自己经营的小茶馆。从社会学、人类学的视角出发，运用公共空间理论研究茶馆的社会功能，分析其对于地方社会整合的作用，探讨茶馆在乡村文化建设中的意义。

二、茶馆的空间释义

公共空间最早由德国哲学家、社会学家哈贝马斯提出，他认为公共空间是市民可以自由讨论公共事务而不受干扰的空间；福柯把空间视为权力的运作场，是任何权力运作的基础，权力机构通过对各种空间的建构从而达到控制和规训民众的目的；德国形式社会学家齐美尔认为公共空间是两个要素相互作用的场所；列斐伏尔则认为公共空间是社会关系生产和再生产本身。[①] 总之，公共空间与市民社会相关，是一个具有社会属性的场所。

乡村公共空间在传统意义上来看，一般指村中广场或者祠堂等村民集体议事、交流的场所，以社会属性和交流属性为主要特征。中国社会是一个乡土社会，梁漱溟认为中国传统社会的特征，不是靠法律维持社会，而是靠教化、礼俗和自立。这是由社会的伦理本位结构所决定的。中国乡村的发展有很强的时空延续性。当现代文化席卷城市并逐步向乡镇蔓延时，大部分的中国乡村凭借自给自足的农业生产和稳固的家族基础还在受着传统文化的影响。直到近几年，这道防线才随着人流、信息流和国家乡村振兴政策逐渐被打开。但是，乡村传统文化作为乡村的根基，在历史上对维护乡村社会结构稳定起着重要作用，在今天的乡村建设中也必须是有条件地守持和利用的重要因素。

本文所说的茶馆是四川乡镇地区有别于祠堂、广场等传统空间的一个公共空间。首先，它是四川人生活中非常熟悉的场景；其次，这一空间开放、自由，茶客可在其中休闲放松、高谈阔论；第三，它是乡村社会城镇化过程中的一个重要窗口。尽管这是一个消费场所，但市场经济意义中的交换在这一空间中并不仅仅

---

① 戈温德林·莱特、保罗·雷比诺：《权力的空间化》，载包亚明主编《后现代性与地理学的政治》，上海教育出版社，2001。

是物质上的满足，还关乎茶客通过消费达到心灵、人际关系等人生重要环节的全方位满足。因此本文将茶馆视为一个村民能够自由进入、自由交谈，同时被国家权力所影响又能够以自身的力量影响乡村社会基层治理与整合的乡村公共空间。

三、田野点介绍

1. 地理概况

根据马文·哈里斯的文化唯物论，一个地区的饮食习俗同当地的自然地理环境有着密切的关系。四川茶馆兴盛的一个重要原因就是四川地区的地下水含碱量高，且有较多无机盐溶解其中，在净水器还没有普及的年代，一般人家都会将水烧开之后饮用以提升饮水的品质。再加上四川位于茶马古道之上，中国古代王朝对茶马互市的重视使得四川发展出较为完备的茶叶种植与制作产业，并有一些名茶出现，比如峨眉竹叶青、巴山雀舌、蒙山甘露等，这些名茶的出现进一步促进了四川茶馆的兴盛。

本次调查的田野点位于四川盆地中部成都平原以东的某个小村（下文称为"A村"）。该地区尽管有河流流经，降水也较为丰富，但由于降水季节分布不均，河流水位与降水变化一致，夏季为丰水期，冬季为枯水期。因此当地居民的生活用水主要以地下水为主，而大部分的井水水质不佳，将水烧开后饮用一方面可以让水中溶解的物质沉降，另一方面可以用冲泡茶叶以中和口感。同时该区域有着种植茶树的传统，当地茶厂生产茶馆经营所需要的茉莉花茶，价格便宜，为茶馆的开设提供了便利。前文提到，川水含碱度高，民众有将水烧开后饮用的习惯，再加上四川茶产业的兴盛，共同促进了四川茶馆文化的繁荣。于A村而言同样如此，以地下水为主的用水习惯和茶叶的简便易得，成就了村落附近众多的茶馆。

A村以种植业为主。早期当地主要在水田中种植水稻，然后在山地丘陵地带种植油菜和玉米。一般而言，只有在农闲时节人们才有空去茶馆，但近年来随着国家实行土地流转政策，村中年轻人多数外出务工，村子里的水田和山上的土地统一承包出去种植"不知火"，只有少数没有承包出去的土地还延续着这一种植循环。土地流转在激活村中闲置土地的同时，也让村民的闲暇时间更多了，去茶馆也不仅仅是闲暇时期的一种消遣。

2.茶馆概况

本文所言茶馆，是一个位于乡村社会中的、由农户自建房所改造而成的公共场所。一般都是农户将自家两层或者是三层自建房的第一层和院子开辟为茶馆。这种公共空间并不是完全开放的，而是一种半封闭的场所。一方面，农家小院的院门只有在茶馆营业的时候才开放，在茶馆不开放的时候就完全是一种私人空间；另一方面，茶馆中，只有少数房间是对外开放的，其余场所是茶馆主人的私人场所，茶客们也不会随意进入。

A村及其附近一共有甲、乙、丙、丁、戊五家茶馆。其中甲、乙、丙三家茶馆均沿县道分布，丁位于村子的主体区域，新开的戊茶馆则位于村子的中心。

人类学民族学的田野调查多强调参与式观察，于是笔者以旁观者的身份观察记录了一个小茶馆（甲茶馆）在夏季里一天的经营状况。

案例1 茶馆日常经营模式

该茶馆主要位于A村县道旁边，2017年开始营业。2020年8月20日上午十点左右，茶馆中几乎没有什么茶客，老板娘正在用一个很大的电炊壶烧水，摆放桌椅，打扫卫生，进行消毒工作，为下午的营业做准备。

下午两点左右，茶馆中开始陆续迎来一些茶客，这些茶客是中年/老年男性，多为独自来茶馆的。这时候茶馆中只有五六人，在凑成一桌四人麻将之后，剩下的茶客只好一起聊天，等待其他茶客的到来。下午三点左右，另一批茶客开始来到茶馆，这些茶客大部分都是带着小孩的。有人开始打牌（麻将），有人开始聊天。聊天内容主要围绕着村子里的家长里短，比如今年的收成，疫情什么时候会过去，自己对疫情的看法等问题。孩子们则开始在茶馆里自由活动。茶馆变得热闹起来。

傍晚到了，茶客们陆续离开。茶馆的收费方式主要是按人头来算，主要分为两个档位。第一档为打牌的茶客，老板按照牌局的底注收费，例如底注为五元，则茶馆老板在四位茶客上可以获得二十元的收入。第二档为只是喝茶聊天的茶客，这类茶客收取每人两元的茶水费。同时，茶馆中的茶水享有无限次续杯服务，茶客一般喝茶时只喝一半，剩下的一半为"茶母子"，是续杯时用的。茶客在离开茶馆之前会将茶钱放置在茶桌上。虽说通常是按人头收费，但是在打牌的茶客之间有这样一条不成文的规定，那就是赢家需要支付那一桌所有的茶钱，这样才比较公平。在茶客离开之后，老板娘便开始收拾茶杯，清理桌椅，打扫卫生，对茶杯进行高温消毒，茶馆一天的营业就结束了。

这是夏季的情况，人们早早地归家。到了过年那段时间，茶馆还会在夜间营业，人们在吃完晚饭后慢慢地去到茶馆中，茶馆一直营业到天明。

从以上案例可以发现，茶馆一般下午营业，这主要是因为八月正是当地玉米收获的时候。早上天气较为凉爽，村民大部分在地里劳作。而下午两点到傍晚正是一天中较热的时间段，所以村民来茶馆消遣。同时由于疫情的影响，茶馆增加了消毒这一步骤。

空间理论认为，空间不仅仅是指内部装饰空间还指外部文化空间。茶馆的内部装饰空间具有较大的一致性，大多为几张自动化麻将桌、藤条编织的椅子。而外部文化空间则各有各的特色，有的茶馆注重纠纷解决，有的茶馆注重信息交流。

本文所言茶馆是散落于乡村社会中的，由乡村社会自身发展而来的营利性的公共文化空间。这种公共文化空间有着丰富的人流量，是村民日常聚集的场所。村民根据自己的需求和喜好选择茶馆，去茶馆中休闲娱乐，放松身心；茶馆老板通过开设茶馆盈利，维持生活。而茶馆自身则发挥着整合乡村社会结构、创新乡村治理模式、引导乡村文化建设的功能。

三、休闲交流功能

1. 休闲娱乐

问及茶客去茶馆的原因，大部分茶客的回答是"好耍"。茶馆的休闲娱乐功能使得茶馆能够保持其对村民最基本的吸引力，使得茶馆这一乡村公共空间不至于被人们遗忘，不至于走向衰败，也使得茶馆的其他文化功能能够得以维持。

在改革开放初期，当村民开始有了喝茶聊天需求时，茶馆成为他们的唯一选择。现在国家日益重视乡村文化建设，农家书屋、文化广场等休闲娱乐场所逐渐增多，但是村民更喜欢去自己熟悉的茶馆。茶馆作为乡村公共空间所提供的休闲娱乐功能，并不是主流价值观提倡的健康的、以阅读和锻炼为主体的休闲方式。"实现传统公共空间存续，关键是要编织出传统公共空间的存续正当性价值。"① 村民熟悉茶馆，去茶馆已经成为一种习惯，但是村民去茶馆的主要活动是打牌，这类活动与赌博的分界并不是很清晰，使茶馆有被取缔的风险。

就村民而言，茶馆是他们日常生活中习惯的、约定俗成的休闲空间。而政府修建的农家书屋，村中文化礼堂等公共文化空间对村民来说还是一个比较陌生的存在。造成这种现象的主要原因有以下两个方面：一是大部分上了年纪的村民可能不太会识字，但是却很少不会打牌；二是农家书屋、文化广场这类公共性的文化空间对于村民来说是一个陌生的事物，也不够有趣。因此茶馆存续的正当性价值在于将茶馆的休闲娱乐功能与国家所倡导的休闲方式相适应。

2. 信息交流

笔者在调查中发现茶馆大多位于村中主干道边，这些交通要道同时也是信息传播的中心。茶馆中的人员较为集中，他们通常都是来自 A 村的村民，这些村民大部分是留守村中的农民。人们在茶馆中喝茶打牌的同时也会聊天，在这些聊天中达到一种交流信息的作用。在茶馆中传递的信息又通过茶客传递给自己的邻居，从而形成一个由茶馆辐射到附近居民的信息网络。茶客们在茶馆中交流工作信息，乡土新闻也通过茶馆得以传播。

案例 2 在茶馆中交流信息

访谈对象老颜，今年 68 岁，早年间一直以拆除旧房为业。"茶馆里头，做我这个活路的人多，我可以晓得哪个老板好说话，哪个老板抠门之类的，好找下个工地。"颜大爷在建筑工地上的工作有很强的流动性特征，通常是在各个建筑工地之间流转。在颜大爷看来，年轻的时候他去茶馆带有一种目的性，主要目的就是打探工作情况，借助茶馆这一个信息交流的场所来获取最新的工作信息。

① 靳永广、项继权：《权力表征、符号策略与传统公共空间存续》，《华中农业大学学报》2020 年第 3 期，第 119—128、174—175 页。

对于访谈对象张大爷来说，他去茶馆的主要目的是为自己物色儿媳妇。"我儿子今年快三十了，没读过多少书，又不会说（漂亮）话，靠他个人（自己）哪能找得到（老婆），所以我来茶馆看看有哪家人家里有姑娘，也省得找人介绍。"

费孝通先生认为中国乡村的社会结构是一种以个人为中心的差序格局，个人是一个中心。个人对社会的影响力如石块入水带起的涟漪一般，由血缘和地缘向外扩散。茶馆中人来人往，可以视为无数小石子同时投向同一片水域，形成一个信息集散的中心。"乡村公共空间，决定并形塑着乡村公共空间的生产生活及交往秩序。"[①] 茶馆作为乡村公共空间的典型代表，在信息交流和传播的过程中影响着乡村社会的交往秩序。

四、社会整合功能

社会整合指社会通过文化、制度、习惯等方式对人们进行控制，以保持社会内部的稳定及为个人自我发展提供平台。乡村公共空间是村民自由活动的场所，这一场所往往具备多样性的功能，对乡村社会治理发挥着重要的作用。而茶馆作为乡村公共空间的典型代表，其互惠互助功能以及作为村民的社会记忆，引导着乡村社会舆论的走向，促进着乡村社会的整合。

1. 互惠互助

互惠，是一个经典的人类学概念，一般通过礼物的互赠而实现。功能学派的代表马林诺夫斯基在认为特罗布里恩得群岛上的"库拉圈"内的礼物互换，形成了一种互助关系。而礼物互换并不是形成互惠关系的唯一方式。阎云翔先生认为："人情伦理体系有三个结构性维度：理性计算、道德义务和情感联系。"[②] 在此基础上来看，茶馆中的互惠关系则更为简单。

---

① 张洋阳、叶继红：《新型城镇化进程中乡村公共空间的流变与形塑》，《学习与实践》2018年第12期，第82—90页。

② 阎云翔：《礼物的流动：一个中国村庄中的互惠原则与社会网络》，李放春、刘瑜译，上海人民出版社，2017。

茶馆中的互惠主要表现为茶客互相照顾小孩以及茶客之间相互帮忙做农活。由于村中的大部分年轻人都外出打工了，一些留守在家的老茶客们之间就会形成一种互助机制：以玉米为例，因为选用的玉米品种以及播种时间问题，每户人家的玉米成熟的时间都不一致，然后在玉米成熟的时候，牌友们会集中在一户人家中帮忙收割，由一户人家再到下一户人家。这就形成了除了血缘亲属关系和金钱雇佣关系之外的第三种关系——互助关系。茶馆成为维持这种互助关系的纽带。

A 村共有 100 来户村民，以张姓人口为最多，约占据总人口的百分之八十。这些张姓人口来自同一个家族。据家族族谱记载，族中先辈原居江西吉安府太和县，后任湖广宝庆府邵阳县知县，上任后举家迁至宝庆府小东路横塘冲。直到康熙壬辰年（1712 年）奉旨迁至四川 A 村定居。张家在本地可以说是望族，在新中国成立后划分阶级成分的时候被划定为地主阶级，家产被分配给了无地或者少地的人家，其支系便搬到了现在居住的村子。因为家庭成分的原因，接下来的一代人都在小心翼翼地低调做人，所以就没有发展起宗族组织之类的。以茶馆作为地方公共空间，起到了一种类似于宗族组织的作用。这种作用主要表现为结伴外出务工：在 20 世纪 80 年代的时候，国家实行改革开放政策，南下广州、深圳、珠海打工成为一股潮流。这些二十几岁的青年男性大多从事同一行业——泥水匠，而女性则进入制衣厂或者是串珠厂。由于当时的社会治安比较差，外出务工的青年大多以血缘和地缘关系为纽带形成互助组织。

平时茶客家有些什么事，牌友们也会积极帮忙，而维系这种互惠机制的主要纽带就是茶馆。由此，茶馆替代了礼物流动，成为村庄互惠机制的主要维系纽带。再加上村中并没有形成完备的宗族组织，一般人家若是有什么需要大量人力帮忙的事，就会选择去茶馆中找人帮忙，婚丧嫁娶请客也会去茶馆中散发请帖，以至于形成了一种"找人帮忙就去茶馆"的共识。茶馆代替宗族成了村中互惠互助行为的中转站。

2. 社会记忆

茶馆，承载着村民的集体记忆。新中国成立前，茶馆一般是家庭经济较好的人家开设的，同时主要茶客也是村中经济条件较好的人家，去茶馆喝茶成为身份地位的象征。

茶馆消失了一段时间，直到实行家庭联产承包责任制之后，方才渐渐出现。当时村民认为去茶馆中喝茶是自己能力强，关系强，能和各种人打交道的体现。因此对于村中上了年纪的村民而言，茶馆是他们的集体记忆，是村落文化的载体，承载着他们的乡愁。

这种集体记忆也是一种身份认同，一种文化自觉式的建构。德国人扬·阿斯曼的文化记忆理论认为："任何形式的身份认同都是借助程度不同的他者形象得以形成和维系的。"① 就村中茶馆的分布而言，一个茶馆中的茶客来源一般都是固定的。茶客会选择去自己常去的茶馆，一起打牌的人都是互相熟悉的。一个村民在这个茶馆中是常客，在另外一个茶馆中就成了他者，跨地域范围的茶客是不存在的，茶馆中的外来人员也很难融入茶馆的氛围。梁漱溟先生认为，中国近代乡村遭受破坏的主要原因是文化上的"破而未立"，因此复兴乡村的关键在于建设乡村文化。在乡村文化建设的过程中，茶馆的复兴是核心。

上文中提到，茶馆是乡村文化的载体，承载着村民的集体记忆。这种集体记忆既包括 1949 年前去茶馆喝茶可以体现身份地位，也包括改革开放后去茶馆象征着自己能力强。"乡村振兴的过程就是乡村公共文化空间重构的过程。"② 一方面，农家书屋、文化广场之类的公共文化空间对村民而言缺乏吸引力；另一方面，茶馆中的休闲文化需要国家的积极引导。所以在乡村公共文化空间重构的过程中，应当重点关注茶馆在文化建设中的作用。

梁漱溟先生在《中国文化要义》中写道："中国是一个'职业分途''伦理本位'的社会，缺乏'阶级的分野'。"礼俗为中国社会最强的约束力，在乡村社会中同样如此，礼俗是法制的补充甚至成为乡村法制的主导，这与现代法制社会的要求相背离。礼俗也引导着乡村社会的文化秩序。村民在茶馆中接收乡村礼俗文化的载体，也在茶馆中建构着自己的文化身份，形成文化认同，孕育独具特色的乡土文化，并促进社会认同，保持社会的稳定与发展。

---

① 金寿福：《扬·阿斯曼的文化记忆理论》，《外国语文》2017 年第 33 期，第 36—40 页。

② 刘玉堂、高睿霞：《乡村振兴战略背景下乡村公共文化空间重构研究》，《江汉论坛》2020 年第 8 期，第 139—144 页。

3.特殊时期的社会整合功能

茶馆的社会整合作用在疫情期间尤为明显。在疫情发展初期，茶馆的社会整合作用并不明显，这一阶段主要是依靠国家基层治理来维持乡村社会的基本运转，但在之后，茶馆的社会整合作用逐渐凸显，在保持乡村社会基本稳定，进行疫情防控方面发挥着积极的作用。

案例3 茶馆在疫情期间的作用

在疫情比较严重的时候，茶馆都关闭了。县道旁边的三个茶馆都成了疫情防控的第一线。

即使是在疫情不那么严重的时候，茶馆也成了防疫宣传的前线。茶馆老板日常提醒茶客出门要戴口罩，出行乘车应该申请健康码之类的。笔者在调查中了解到，今年（2020年）茶馆的开放情况还比较良好。茶馆都遵守相关防疫规定，在大门口贴有专门的场所码，茶客需要先扫码之后才能够进入茶馆。村干部在茶馆中放置各类疫情防控宣传手册供茶客自取，茶馆老板每天宣传相关政策，积极帮助老年茶客申领健康码，并且茶馆中有一定数量的免费口罩供忘记戴口罩出门的茶客使用。

突如其来的新冠疫情，对茶馆这一传统乡村社会公共空间带来巨大的冲击，不过茶馆以其自身的适应性适应着社会的发展，并在疫情防控中发挥着积极作用，稳定乡村社会秩序。

五、社会治理功能

乡村社会是一个典型的熟人社会，村民们往往更为看重人情往来和宗族血缘关系。因此，以村两委为代表的乡村基层治理并不能够构成乡村社会治理的全部，茶馆的纠纷解决和精神慰藉功能就是对乡村基层治理一个良好的补充。

1.纠纷解决

乡村公共空间是村民能够随意出入、在其中自由讨论的场所，对于基层社会治理和乡村微观控制具有积极的作用。乡村公共空间的微观控制和整合机制是国家控制和乡村基层治理的社会基础。事实上，有关中国乡村公共空间的研究是在国家提出乡村振兴战略之后才逐渐增加的，这也从侧面反映出乡村公共空间在乡村社会治理中的地位。茶馆，作为乡村公共空间的典型代表，成为乡村社会治理的关键。

一方面，村两委自觉地利用茶馆宣传国家政策。在村民大会之后，村干部会去茶馆中反复向茶客宣讲会议内容。另一方面，茶馆起着一定的纠纷解决作用。传统乡村是一个"非讼"社会，民间诉讼的发案率低，村民之间的纠纷很少选择走诉讼程序，一般都是在茶馆中解决。家庭之中"分家"等重要事项会在茶馆中邀请茶客见证，邻里之间小的纠纷亦会选择去茶馆中让茶客们一起评理。

在茶馆中，村民之间小的纠纷得以解决，无疑减轻了国家基层治理的负担。在乡村社会治理中，在国家基层治理之外，作为乡村公共空间的茶馆发挥着社会治理功能。

2. 精神慰藉

笔者在调查中发现另外一种现象，即留守村中的老年男性数量比以前更多。原因之一是老伴去世，更主要的原因还是老伴随子女进城，照顾孙辈生活。这就导致村中常住人口的数量再次下降。对于留守村中的这部分村民而言，去茶馆与人喝茶聊天，是一天的主要活动。

案例 4　茶馆对老年人的精神慰藉

老李今年 75 岁，膝下有三子一女，子女都在城市定居。妻子去二儿子家照顾孙女，自己则留守村中。"我家老大说接我去城里，我不想去，农村里头天天坐茶馆，热闹些，我在城里不习惯，还是喜欢在村里。"持这种看法的老人还不在少数，在茶馆的这些老人中，大部分的儿女都在城里定居了，但是他们大多数都选择在农村中自己家或者是随留在村里的儿女居住，平时去茶馆中和老朋友打牌聊天，也能够自得其乐。

对于留守村中的老人而言，子女一年到头回来的次数不多，平时家里也没有什么人能够说话聊天，去茶馆也就成为让他们乐意的选择。茶馆作为乡村公共空间，给予村中留守人口精神慰藉的同时，也有利于村中社会秩序的稳定。在乡村基层治理中，一般很少关注老年人的心理健康状况，茶馆的存在则是一个很好的补充。

六、结语

综上可知，茶馆作为 A 村乡村社会中的公共空间，在村民的生活中发挥着提供休闲娱乐、信息交流场所、整合乡村社会结构、创新乡村治理模式的功能。在疫情期间，茶馆曾关闭过一段时间，后来逐渐复兴，并积极配合疫情防控的需要，成为疫情防控的主要力量。对于乡村建设而言，茶馆能够对乡村社会进行调节和控制，引导乡村文化建设，为乡村基层社会治理提供了新的角度。社会主义乡村精神文明的建设需要更多地依靠乡村公共空间，加强对茶馆的引导，实现茶馆复兴很有必要。

宁夏南部地区城乡过渡地带"打醋坛"传统习俗发展变迁的个案考察

北方民族大学民族学学院 2020 级民族学专业　卢晓雨

指导老师　杜　丹

摘要："打醋坛"是宁夏固原市原州区东街城乡过渡地带的一种民间传统祭祀习俗。本文采用参与观察法和访谈法等研究方法，以象征人类学理论为研究视角，详细梳理了"打醋坛"传统习俗的由来、仪式过程的变迁和其在不同历史时期发挥的作用，并与现代社会简化后的仪式过程进行了对比。当地"打醋坛"的仪式，受地域变化、教育水平提升、经济政策支持等因素影响，已经从传统复杂的约定俗成仪式过程转向灵活简约的仪式象征，该仪式在传统文化与现代文化碰撞下，具有增强民族文化认同、促进民族文化交流的文化功能。

关键词：城乡过渡地带；"打醋坛"习俗；仪式过程；文化功能

在我国，广大乡土社会长期以来普遍存在着传统的民间信仰，人们通过向神灵祈祷去寻求心灵的慰藉。原始的神灵崇拜、悠远的神话传说和古朴的仪式过程等都体现着"信神""愉神"的鲜明特质，同时也构成了独特而深厚的地域文化，对广大民众日常生活和乡村社会秩序建构产生了深远影响。"打醋坛"传统习俗是以家庭为单位的驱邪纳福仪式。当地人相信这一系列的仪式过程可以沟通神灵、驱邪纳福、保家庭和顺。

一、田野点概况

笔者于 2020 年寒假期间，在固原市原州区东街的城乡过渡地带开展了累计近一个月的田野调查，在东街以及附近片区的其他乡镇进行了为期一个多月的田野调查。文中未标明出处的引用材料，均出自此次田野调查，文中田野点、受访者均为化名。

图 1　1950 年前后固原市城市发展模式简图　　作者 / 绘

笔者之所以选择固原市原州区东街城乡过渡地带作为此次田野调查的地点，主要是由于其处于传统与现代文化融合的特殊地带。20 世纪 50 年代，固原市的城区发展大致为同心圆发展模式（如图 1 所示）。圆心是市中心原州区，里环居中的圆形区域是整个城市政治、经济、文化和市民生活的中心，其核心区域集中了政府办公机构、商铺、学校及各类附属设施。外环是条件艰苦偏僻的乡野，多分布着山峁，村子里往往只有几户人家散落分布在山峁沟畔，交通不便，信息闭塞，以"鸟都不来的地方"被人们所熟知。灰色的圆环区域夹杂在城市和乡村之间，是城乡交融地带，也是城乡过渡地带。原州区的人口流动模式为乡村至城镇，而人口在向城镇流动的过程中短暂停留在城乡过渡地带。1950 年前后，城乡过渡地带大部分属于乡村，人口不固定，约占乡村总人口的三分之一。截至 2017 年，原州区户籍总户数为 15.61 万户。据 2019 年人口变动抽样调查数据显示，年末全区常住总户数为 13.41 万户，常住总人口 43.31 万人，其中城镇人口 23.04 万人，

乡村人口 20.27 万人，城镇化率为 53.2%。^①

在笔者进行调研时，城乡过渡地带区域经由乡村向城市的不断扩展，囊括了城市边缘的大片区域，人口数量也已扩张到乡村总人口数量的四分之三。城乡过渡地带不仅是城乡人口融合的区域，同时也给予了城乡文化过渡和发展的空间，生活在这里的人们不仅有城市中"文化人"的影子，也有乡野"接地气"的色彩。一方面，随着城乡人口流动，传统习俗的生存空间不断扩大；另一方面，传统文化的表现形式和内核也不断受到来自现代文化的冲击。

二、关于"打醋坛"传统习俗变迁问题的提出

自古以来中国人就比较注重对屋舍的清扫，根据清扫对象的不同一般分为两种类型。

一种类型是对有形灰尘脏污的清扫。古有朱子治家规范中的"黎明即起，洒扫庭除，要内外整洁"，更有北宋王安石题刻的"茅檐长扫净无苔，花木成畦手自栽"，即便是在 20 世纪的艰苦年代，人们也有"穷干净"的说法，清贫的生活并不能完全阻碍人们对环境卫生的追求。时间轴来到现在，"讲卫生"已经成为一种被普遍认同的社会风尚以及对个人道德的基本要求。不论是针对个体的讲文明、爱劳动教育，还是针对群体的创建卫生城市、卫生学校、卫生单位等活动，都体现出古代"清洁"观念的延续和突出的现实意义。

与对有形之物进行清洁相对的另一种类型便是对无形"邪祟""灾厄"等的清扫。中国人的鬼神观念由来已久，古代生产力的极端低下制约了古人的认知水平，在社会、心理等多元因素的影响下逐渐催生出对神、鬼、妖、魔等一系列无形之物的想象。古人将一些自身无法掌控的自然现象及事物的发展变化归因于无形之物，并力求通过仪式起到驱邪纳福的效果。在科学技术飞速发展的今天，即便人类对世界的认知不断深化，诸如春节放鞭炮、贴春联等驱邪纳福的仪式依然在人们的生活中留存并继续传承。

---

① 《关于印发固原市教育事业发展"十三五"规划的通知》，固原市人民政府，www.nxgy.gov.cn/zwgk/zcwj/qtwj/jgzn_35170/201711/t20171122_590398.html，2017-10-20。

宁夏固原市原州区的"打醋坛"习俗兼具了对有形之物和无形之物的清扫，时至今日在农村地区依然保留着一套较为完成的仪式过程。但不容忽视的是，随着时代的发展和外部客观环境的变化，"打醋坛"习俗的形式、内涵乃至民众心中对其的合理性解读都在不断变化。笔者将此次田野调查选在固原市原州区的城乡过渡地带，是因为此地区既保留着传统的习俗和文化，同时又不断地吸纳着城市文明发展的新成果，"打醋坛"习俗也在文化发展融合中不断适应新的文化场域。笔者试图在传统与现代的文化碰撞地带调研"打醋坛"习俗的传统过程及其发展变迁。

三、"打醋坛"习俗的源起和仪式过程

美国人类学家莱斯利·怀特在象征与意义的视角下揭示了文化的符号性。他认为，所有的人类行为都源自符号的使用，如艺术、文化习俗和货币都使用了大量的符号。文化最重要的符号特性是语言。文化以符号为基础，借助语言符号一代又一代地传承下去。在生活中，很多习俗的行为都衍生出了与之相关的神话、故事和传说，而由具体行为向语言性描述的过渡是一个较为漫长的过程。但不可否认的是，在实际传承的过程中，饶有趣味的语言性的神话、故事和传说往往比习俗行为本身更具有生命力。本次田野调查中了解到仪式时间较早为 1950 年前后（最年长的受访者出生时间），但若要问起"打醋坛"习俗的源起，无论年长者抑或中年人，都会不约而同地提起"醋坛神"的神话传说，甚至是年轻人们也会提起与之相关的话语。

1. "打醋坛"习俗的源起

在田野搜集众多受访者的讲述的基础上，笔者大致还原了固原市原州区一直流传着的"醋坛神"传说。相传，"醋坛神"是《封神演义》中辅佐周武王打下天下的姜子牙。在打败殷纣王后，姜子牙登上封神台大封诸神，但由于受封的神众多，等轮到封自己时，才发现所有的神位都被封完了。姜子牙无奈之下只得给自己封了一个"醋坛神"。姜子牙功高盖世，"醋坛神"的神位比玉帝和阎王还大，统管天地三界一切鬼神。因其威名远扬，所有凶神恶鬼，一闻到醋坛味，便都退

避三舍，敬而远之。此传说一经流传，民间就开始流行"打醋坛"除妖驱邪的做法，久而久之，便成了一种习俗。除了驱邪，"打醋坛"在当地还有祈福的传说，这主要与仪式中的祭灶神联系在一起。一种说法是"醋坛神"姜子牙为诸神封神位，所以在诸神中威望极高，"打醋坛"迎来了姜子牙，他就会让他亲封的灶神保佑一家安康；另一种说法则认为"醋坛神"姜子牙同时也是灶王爷。①

"打醋坛"源于何时已无从考究，但在当地人们的心目中是一个极为神秘而又庄严肃穆的"年前仪式"。白发苍苍的张老先生说：

> 我小时候正碰上社会较混杂的年代，那时候秦腔旧戏不唱了，宗庙改学堂了，好多家的族谱都烧了……但过年那会儿，大家还是要"打醋坛"，每年都打。小时候不知道为啥打这个，后来大了才知道"醋坛神"就是《封神演义》中的姜太公——姜子牙。大人都说"姜太公在此，百无禁忌"，就是说能把那些不好的东西都赶出去。我还记得小时候，通红通红的鹅卵石在醋里一会儿亮了一会儿暗，还有老陈醋烧起来"嘶啦嘶啦"的，那个味道我还能记住。②

2. "打醋坛"的仪式过程

"仪式通常被界定为象征性的、表演性的、由文化传统所规定的一整套行为方式"③。它"可以是特殊场合情境下庄严神圣的典礼，也可以是世俗功利性礼仪、做法，或者亦可将其理解为弥补传统所规约的一套约定俗成的生存技术或由国家意识形态所运用的一套权利技术"④。信仰与仪式往往存在着密切的联系，"这两者中，显然信仰在先，因为必须相信神的存在才会想要取悦于神"⑤。

1950年出生的一位和蔼可亲的陈老先生为受访者之一，他跟笔者讲道：

> 小时候最喜欢跟在爷爷奶奶后面"打醋坛"，尤其是在除夕夜的晚上，爷孙

---

① 曲志榕：《姜子牙与醋坛神》，《民间传奇故事（A卷）》2016年第3期。
② 受访者：张爷爷，1960年生。访谈时间：2020年12月28日。电话访谈。
③ 郭于华：《仪式与社会变迁》，社会科学文献出版社，2000，第1页。
④ 郭于华：《仪式与社会变迁》，社会科学文献出版社，2000，第4页。
⑤ [英]弗雷泽（James George Frazer）：《金枝》，徐育新译，大众文艺出版社，1998，第47页。

几代人欢聚一堂，一家子人齐上阵"打醋坛"。我闻着空气中弥漫的老陈醋散发出来的醇香，心里就会感到一种安定踏实。①

按照 20 世纪流传的说法，"打醋坛"这个习俗是为了祈祷来年粮食大丰收以及全家人身体健康、平安顺利。玛丽·道格拉斯在《洁净与危险》中指出："在社会系统明确承认权威地位的地方，那些把持这样地位的就具有明确的精神力量，这个力量是有控制的、有意识的、外部的和被认可的祝福或诅咒的力量。"② 因当时生产力发展水平较低和男权社会遗留的传统观念的影响，男性被认为是家庭劳动力的代表和生活水平的保障，在社会和家庭中普遍享有较高地位，因而"打醋坛"的三位主持者必须是一家之长及家中其他成年男子。如果家中没有长者或成年男子，则须在村子中去请几位男性长者来主持。妇女和小孩只能参与"打醋坛"前期的屋舍清扫工作，不能参与"打醋坛"仪式的具体环节，只能站在旁边观看或者尾随在人群后面凑凑热闹。

传统的"打醋坛"习俗主要有以下仪式过程：

（1）清扫

"打醋坛"仪式从对屋舍的清扫开始，由女主人把屋中仔细地清扫几遍。清扫要先从长辈居住的主房开始，以示对长辈的尊重。除房屋内部，"打醋坛"的清扫范围还包括主要屋舍之外的杂物间、牲畜棚和院落外围。对于院落外围的清扫也需要格外注意，主人家会把撒落在墙根附近的柴火——收集摆放成整齐的一摞，将小路上的土块碎石、瓦渣等清理干净。路上堆积的尘土也要尽可能地打扫干净，以显示主家的虔诚。院子周围被屋主人清扫得越干净，就越表明这家对习俗的看重和对信仰的虔诚。清扫过后就开始生火"打醋坛"。

（2）生火

这里的生火指将原本燃烧取暖的炉火烧得更旺，生火时间一般在贴春联前后。一方面，炉火可用来烧"打醋坛"的鹅卵石。要选择大块、光滑的鹅卵石，不仅因为石头可以积攒更多的热量，蓄热性能好，也是看重石头的散热保暖作用；另

---

① 受访者：陈爷爷，1950 年生。访谈时间：2021 年 1 月 15 日。访谈地点：东街某户村民家中。

② ［英］玛丽·道格拉斯：《洁净与危险》，黄剑波等译，民族出版社，2008，第 125 页。

一方面，炉火旺预示着来年家庭的兴旺。陈老先生对笔者说："火烧财门开，肯定要把火生得越旺越好。"①待火烧旺了，火苗上下蹦跶着，一家人就把几天前就拣好的、鸡蛋大小的鹅卵石放进炉火中。当石头被烧得通红通红的时候，三位主持者中最年长的、家庭地位最高的长者在灶王爷香案上先点香敬奉，以敬告"醋坛神"祭祀活动的开始。

（3）撒醋转屋、祷念"打醋坛"歌

主持者用火钳（农村烧火时用来添加柴火或者煤炭的一种工具）从炉火中夹出"红石头"，放在大铁勺里，然后将小醋坛中盛满的酽醋一点一点地倒在"红石头"上，接着迅速端起铁勺，一边有节奏地摇动一边迅速在每一间屋子转转，不得落下一间。转的同时，主持者还要念祷"打醋坛神"歌：

一不打天，二不打地，三不打门臣户尉，四不打家神灶君，五不打吉耀财神，六不打福禄寿星，七不打三代祖考，八不打过路贵人，九不打平民百姓，十单打的是泼神乱鬼。②

另一位辈分次之的主持者则手端一升（一种民间称量或盛装粮食的工具，上大下小的正方台形）满满的五谷粮食：粳米、小豆、麦、大豆、黄黍，紧随其后撒出去——醋是往哪儿倒的，五谷粮食便要撒在哪儿。主持者左手端升子，右手抓撒出去粮食，用右手是对这个习俗的一种尊重，也是对"醋坛神"的一种敬畏。陈老先生对笔者解释道："五谷粮食象征着五谷丰登，庄稼有个好收成，希望年年有余、粮食丰收。"③第三位主持者则是手捧一舀（盛水的工具）清水，跟在他们二人后面泼洒。第三位主持者同端升子的主持者一样，也是左手持舀子，右手拿高粱制的扫帚蘸上水，将清水悬洒在地面的粮食上，以此祈求风调雨顺、五谷丰登、六畜兴旺、社稷安宁。

---

① 受访者：陈爷爷，1950 年生。访谈时间：2021 年 1 月 15 日。访谈地点：东街某户村民家中。

② 曲志榕：《姜子牙与醋坛神》，《民间传奇故事（A 卷）》2016 年第 3 期。

③ 受访者：陈爷爷，1950 年生。访谈时间：2021 年 1 月 15 日。访谈地点：东街某户村民家中。

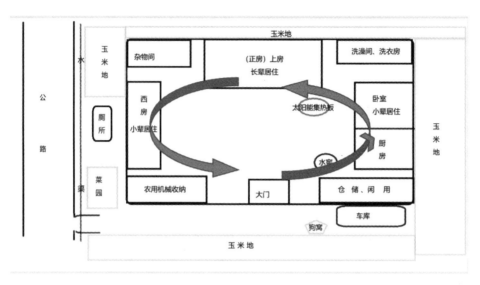

图 2 "打醋坛"仪式平面打扫顺序图　　作者 / 绘

打醋坛时更要注意转房屋清扫的方向顺序（如图 2）。仪式一般从院落的东南角开始。因灶神信仰，当地人大多将厨房安置在院落东边较居中的位置，"打醋坛"仪式从东南角先开始是对灶王爷的敬重，向灶王爷祈求生活平稳，万事顺意。

陈老先生笑着向笔者讲道：

你可别小看了灶王爷哩，"一个锅里抢马勺（一种盛水的用具，也称瓢、舀子）呢，没有不碰锅沿的。大家都在一起生活，总有磕磕碰碰"，一家子人可以坐在一块儿吃个顺气饭，锅碗瓢盆不打架，不摔筷子不砸碗，可全靠他老人家嘞！①

三位主持者顺着逆时针的角度朝北走来到上房（也就是来到与大门正对位置的坐北朝南的正房——家庭中长辈居住的房间）开始打醋坛，后经过偏房、粮食房、放杂物的房间以及牲畜棚，在院落里绕一圈，最后去到大门处。

（4）驱邪送神

三位主持者在院子里绕一圈后，就疾步走出大门，把失去火光的鹅卵石用力

① 受访者：陈爷爷，1950 年生。访谈时间：2021 年 1 月 15 日。访谈地点：东街某户村民家中。

抛在大路边上，这就算把家里的瘟魔疫疬、病毒瘴气、所有的不顺利打出了大门。之后，主持者把已经空了的醋坛倒立在大门的西面——当地人们认为日落归西，西边是"醋坛神"回家的方向，摆在这个方向上，可以使"醋坛神"感应到这家主人的真心实意。陈老先生抬头望了望天空，沉思片刻后开口说：

> 其实吧，重要的是你自个儿（自己）心里头要有对这个过程的虔诚哩。人在做，天在看。我们这一辈子都要靠天活呐。①

打过醋坛后，在满屋子弥漫的醋香中，一家人开始进行除夕夜的献祭祀、上香祭天、放炮接神等活动。赶在第二天太阳出来前，家里的女主人要将昨晚撒在地上的粮食用干净的簸箕和笤帚打扫收拾起来，用作家里饲养牲畜的饲料。昨晚倒立在大门西面的醋坛在早上也要早早地拿回来继续使用。

四、"打醋坛"仪式的文化功能阐释

人们通过世代的习得行为完成文化的传递，从而形成了文化的传承性。然而，文化的传承是有选择性的，如同生物遗传一样。文化传承并非原样复制，其选择性构成了文化的变迁属性。文化变迁源于自然与社会条件的变化和人们需求的改变，为了适应变迁，文化通过选择而改变。文化的传承与变迁既保持了文化的特色，也保证了文化的活力，同时，还保持了对人们不断变化需求的满足。②

拉德克利夫·布朗认为原始社会的每一种习俗和信仰在社区的生活中都起到特定的作用，就像活体的每一个器官，在这个有机体的整体生活中都起着某种作用一样。③仪式作为一种大众化的活动，在其狂欢的背后，往往存在着具体的功能，这些功能又无时无刻在影响着人们的行为。仪式过程中，人们除获得情感释放外，还实现了一系列的社会功能的互动。传统的"打醋坛"仪式一般是

---

① 受访者：陈爷爷，1950 年生。访谈时间：2021 年 1 月 15 日。访谈地点：东街某户村民家中。
② 周大鸣：《人类学概论》，高等教育出版社，2019，第 110 页。
③ ［英］拉德克利夫·布朗：《安达曼岛人》，梁粤译，广西师范大学出版社，2005，第 173 页。

以家庭为单位的驱邪纳福仪式，隐匿在其中的是人们对社会、自然及族群权利结构的认知。

1. 驱邪除晦功能

打醋坛仪式兼具对屋舍的清扫和对邪祟灾厄的清扫两方面的内容，当地人试图通过仪式借助神灵的力量让不干净的东西快快从家里离开，不顺利也快快消失，时常导致人们不顺心、吵架斗气的东西也快快消除，保佑家里人远离灾祸疾病。

2. 祈吉功能

长期以来，由于对自然的敬畏，祈福禳灾成了人们挥之不去的情结。当地人借助"打醋坛"仪式向"醋坛神"姜子牙以及灶神（姜子牙下属或其本人）祈福。祈福对象一般为家人和家财。一方面，祈祷家人平安健康，事事顺利，老人安享晚年，孩子平安长大，青年人的事业蒸蒸日上，工作顺利。另一方面，祈祷来年丰收，积累家庭财物。

3. 团结功能

在一种仪式活动中，仪式活动参与者总是表现出一定的主体意识，正因为参与者的这种主体意识，便产生了凝聚功能。人们通过"打醋坛"将有形与无形的阴晦从心中驱散，聚在一起解决困难，也聚在一起参与仪式，祈求好运。就像一个无形的纽带，将人们的关系拉得更加紧密、亲近，人们也更为对方着想，尽量避免不去给家人徒增烦恼，使人们和谐交融在社会生活之中。

4. 增强民族文化认同

自觉地继承、传承中华优秀文化，更有利于传统文化得到连续性的发展。文化的传承性将人们的生产生活联系起来，人们通过寻根的方式找回祖先留下的智慧，在各种民间祭祀仪式中将继承的中华民族优秀传统文化发扬得淋漓尽致。在"打醋坛"特定场域中，人们仍然敬奉着老祖宗的智慧，只有认同中华文化，才能更好地保护和传承好中华文化，才能在增强民族文化认同、促进民族文化交流中形成统一的多元一体的中华文化。

当地人主要通过"打醋坛"仪式谋求精神安慰和继续生活发展的动力。"打醋坛"仪式所驱逐的对象主要为人们受制于生产力发展水平和认知水平所无法凭借自身能力改变和理解的、个人认知中的负面因素。这些因素可以是具体的人、物、自然环境，也可以是抽象的想象，甚至事物的发生发展规律等。负面因素的存在不可避免，在社会动荡时期会表现得尤为突出，而人们对"福"的向往亦具有强大的稳定性，因而即便在社会混杂的时期，当地人依然保留、传承着"打醋坛"的习俗。

五、"打醋坛"习俗变迁、简化的原因

文化变迁源于自然与社会条件的变化和人们需求的改变，为了适应变迁，文化通过选择而改变，人们通过世代的习得行为完成文化的传递。文化的传承与变迁既保持了文化的特色，也保证了文化的活力，同时，还保持了对人们不断变化需求的满足。

1．"打醋坛"习俗变迁、简化的原因

（1）城区发展的不断扩张

伯吉斯在 1923 年针对城市土地利用的功能分区，提出同心圆学说，意在说明城市的发展是一种环绕市中心呈同心圆向外扩展的模式，圆心为中心商业区，集商业、文化和其他主要社会功能于一体，中心商业区的边缘为过渡带，农村打工人初进城时，为了能尽快地找到一份合适的工作，便选择居住在中心商业区附近，也就是伯吉斯所称的过渡带。这种城市结构学说深刻影响着城市的规划和发展，与同心圆城市建设理论模式一致。目前在固原市原州区中，城市地域也是由内而外发展的同心圆式结构体系，主城区仍然位于里环位置。城市中心是政治、经济、文化汇聚的繁华之地，农民初进城时，租住在中心商业区附近，后来当零售业和服务业为主的商业中心区向外膨胀时，人们也向外迁移。环绕商业中心的外围是早期建造的旧房子，其中一部分为零售商业的营业房，一部分为老旧小区、小型工厂、批发商业及一些货仓的过渡地带，这一带也是新搬迁来的农民的居住地区。

城乡过渡地带并没有如城乡一般明确的地域划分，但其依托城区发展，扩张尤为迅速。与城郊相比，城区具有众多优势条件：城区更容易拉到开发商投资、资金来源较城郊多；城区环境建设较城郊投入多并且覆盖范围大，同时提供给一

部分打工人灵活就业的机会；城区产生的集聚效应也较城郊多，更有利于发展现代服务业，更便于服务设施配套的完善；城区交通便利，出行往来都较为方便；城区更有利于发展教育事业，教育优势条件多，更有利于提高人口素质。在城区众多优势条件的吸引下，农村富余劳动力不断向城市转移。值得一提的是，该田野点不仅有农村向城市的人口流动，同时也有城市向农村的不稳定型人口逆流动。2000 年前后，由于该地区城乡区位距离较近，而城市定居对经济条件要求较高，为了更接近个体生活中重要的工作和教育区域，部分农村人只是学习和工作地点在市区，住家地仍然没有改变。同时，市区也有部分人被调去农村支援当地工作，造成工作在农村、居住在市区的现象。在这样的双向流动中，该田野点成为人们共同构建出的一个不断扩张的城乡过渡地带，在城区向乡村、乡村向城区的双向扩展中囊括了城区边缘的大片区域。

目前该田野点的人口以去城区近距离打工（工作不稳定）的人、去城区上学的孩子及其陪读的父母、去城区做生意的人（个体经营者）、去城区工作（工作稳定）的农村人为主，他们在城市化的发展过程中充当着桥梁的角色。一方面，城乡过渡地带的流动居民源源不断地吸收着城市的新知识、新思想；另一方面，他们紧密地沟通着乡村，并传递给村里人城市的新观念、新思想。值得注意的是，乡村的生活节奏更多地遵循"规律"，日出而作，日落而息，按照节气时令从事农业生产活动；而城区的生活节奏却更多地追求"效率"，人们要在有限的时间内求得个人利益的更大化满足。张老先生感叹：

> 唉，也不怪现在这些娃娃子（年轻人），他们多的（多数）没念下（成）书，去到城里给人打工找活干，都得（要去）想法子（办法），要挣钱呐。①

当农村人进入城乡过渡地带，他们思考的问题已经从怎样吃饱，变成了怎样让子代接受到更好的教育、怎样才能搬到城里生活、做怎样的小买卖才能挣钱、要去学一门手艺活让自己受用等。传统的"打醋坛"仪式虽然在一定程度上实现了覆盖地域的扩大，但更多的是由于习俗的实用性价值降低导致仪式过程被简化，

① 受访者：张爷爷，1964 年生。访谈时间：2021 年 1 月 18 日。访谈地点：东街某户村民家中。

变为只活在人们口头上的传统习俗。

（2）教育普及化程度提高及教育普及对象增加

随着人们文化水平的提高和知识面的扩展，生活习俗也从封闭走向了开放，人们对于传统的习俗、仪式也有了自己的理解和思考。"打醋坛"仪式在发展变迁的过程中同样经历了"旧歌新唱"，村民们不再只拘泥于仪式的模式化传承，他们用新时代的科学知识对传统习俗做出了新的解读。

在调研过程中，很多青年人甚至中年人虽然知道传统的"打醋坛"是一种仪式，清除家里的"不干净"，祈求家庭事事顺利、成员平安健康、家里能有一个好收成，但是很多人没有选择继续遵循这一传统。另有部分继续遵循这一传统的人指出自己并不完全相信"打醋坛"会有驱邪祈福的作用（大部分人仅相信烧醋有杀菌功能），他们或将"打醋坛"仅视为对传统文化的致敬，或寻求"打醋坛"仪式与科学知识的相通之处。问起什么是"打醋坛"，他们中的大多数便会说，所谓"打醋坛"，就是把铁勺烧红，把冷醋浇在上面，拿到房间的各个角落，用来杀菌消毒，只有小部分人坚持"打醋坛"有驱邪的意味。负责农业种植的技术员跟笔者讲道：

我们现在的"打醋坛"，就是在厨房里把老陈醋煮熟，让香醇的醋酸气味扩散在各个房间里的这种简单做法，用以消毒、杀菌、防霉。根本没人会去做那些约定俗成的"规矩"。①

另有一位40多岁的种植户跟笔者聊起"打醋坛"，他笑着说：

我们现在都不注重"打醋坛"习俗了，只是把它挂在嘴上，说得好听就是存在于口头形式上。现在家里的娃娃们都开始上学了，也不能白接受教育啊。娃娃们一放学回来就跟我讲，那是醋在高温下有消毒杀菌的作用。和我年龄差不多的都忙着赚钱呢，谁还去耗人力又耗物力的，认真地来一遍烦琐的过程啊。大家都

---

① 受访者：王先生，种植合作社技术员，1990年生。访谈时间：2021年1月20日。访谈地点：东街某种植合作社。

是在用醋的消毒杀菌（功能）。①

仅有极少部分人家还保留着完整的传统"打醋坛"流程，这样的家庭中无一例外都有年级较大的男性家庭成员，并由他们担当仪式最重要的主持者。

（3）政府对田野点发展的相关经济政策支持

该田野点处于城乡过渡地带的特殊位置，拥有比农村着更多的发展前景和机会。市政府也在积极支持着村里人推进新型城镇化的步伐：一是结合脱贫攻坚，依托独特区位条件，探索全域旅游、通过建设旅游环线来带动沿线贫困地区脱贫致富，以此带动和促进农业人口就地转移；二是进一步强化绿色生态产业建设，落实好"三农"政策，保障农户精准脱贫，推进新型城镇化的全面发展；三是在配套政策上应做好和精准脱贫、乡村振兴战略的结合，有序、整体推进城镇化发展，因地制宜发展城镇化建设；同时，考虑到区域自身的基础和财力，避免选择与目前经济社会发展阶段不相符的建设发展方式；五是应充分借鉴、消化吸收其他地区的成功发展经验，坚持绿色发展，根据经济发展阶段、自身基础条件探索有特色、可持续的城镇化发展方式。

通过中央深入宣讲、干部下基层和义务教育的普及，人们不再是只眼巴巴地盯着手中的土地，他们懂得了合理有效地利用土地资源。他们中的有些加入了农业合作社，将空闲的土地流转起来。拥有土地承包经营权的农户将土地经营权转让给其他农户或经济组织，即保留承包权，转让使用权。他们可以通过转包、转让、入股、合作、租赁、互换等方式出让经营权，政府也鼓励农民把经营权、承包权交给村委会，将承包地向专业大户、合作社等流转，发展农业规模经营。

人们获取生存资料的方式和渠道变得多样化，对美好生活的愿景有了切实可行的实现方法，农业在家庭经济中的主导地位不断受到冲击和消解。受制于生产力发展水平和认知水平的、无法凭借自身能力改变和理解的、个人认知中的负面因素，尤其是经济方面的负面因素有了除求神之外的排解渠道。就如当地一位政府工作人员对笔者所说：

---

① 受访者：郑阿姨，1979 年生。访谈时间：2021 年 1 月 18 日。访谈地点：东街某户村民家中。

农户加入专业合作社最大的好处是国家有扶持政策，比如针对合作社的"农超对接"项目，农户只管放心种植，根本不用去愁果蔬销路问题。我们的各个社区都设有乡村扶贫超市，专门来解决农户的销售问题。换作是你，你是愿意通过劳动来改变自己的生活呢，还是想通过所谓的求神拜佛让自己的日子过得更好呢？①

负责农业种植的技术员也表示，村里的宣传画也经常展示幸福生活是要靠奋斗出来的。现在政府创建的农业合作社一方面增加了农民的谈判力量和话语权，另一方面可以统一种植养殖的规格和质量，有利于开拓市场，促进销售。合作社也能够更加方便地获得信息和技术服务，提高市场反应能力，以及农产品科技含量和品质。他们还经常与邻近的合作社一起学习交流，去提高种植技术。

打铁还需自身硬啊，别听什么有的没的，经济最能说明问题。②

也正是因为有了国家政府的人才、经济、技术的大力支持，这里人们的温饱问题得以充分改善，经济空间有了很大的发展前景，人们纷纷都把生活的重心转移到物质生活中来，转移到实际行动上来。传统文化中所认为的"打醋坛"仪式增加家财和丰产的作用被不断消解，脱离了对经济基础的"庇佑"功能，"打醋坛"仪式在当地人心中的重要性也遭到了一定的冲击，一定程度上导致了仪式过程的简化。

（4）"打醋坛"仪式客观条件的缺失

计划生育政策和现代家庭模式、结构造成了"打醋坛"仪式过程传承人的缺失。自1978年计划生育政策成为中国的一项基本国策，全国独生子女人数占比逐渐增加。在笔者进行调研的时候，村户家里已经没有过去那么多的兄弟姐妹了，即便在偏远的原州区，也少有过去整个家族居住在一起、同吃大锅饭的状况。城

---

① 受访者：黄女士，1989年生。访谈时间：2021年1月20日。访谈地点：东街某村委会。

② 受访者：王先生，种植合作社技术员，1990年生。访谈时间：2021年1月20日。访谈地点：东街某种植合作社。

乡过渡地带的大部分人家人口有所减少，家庭结构也以直系血亲的家庭成员为主，旁系血亲间的关系日渐疏远，居所间的距离也不断扩大。同时，人们与左邻右舍的关系也变得淡漠起来，只听其人未见其面，请邻居到家中做客这样较为亲密的邻里互动极少发生。这些客观因素都对"打醋坛"习俗的主持者传统发起了挑战。其一，现代家庭关系中传统男性一家之主的地位被不断消解；其二，在一个家庭中很难同时有三位懂得仪式流程的成年男性主持仪式；其三，现代亲属和邻里关系的淡漠，以及仪式流程传承的困难，使进行仪式的家庭很难像过去那样找到能顶替的主持者。因此，仪式主持者由三位成年男子简化至今天的一位。

现代屋舍结构及装修造成仪式环节的缺失。近几年，在固原市原州区"新农村建设""危房改造""新家园工程""老旧小区改造"等各项福祉惠民生政策不断落地。人们搬进了新家，新的环境，新的屋舍。干净的水泥大院替代了过去的土筑大院，雪白的墙面令整个新家焕发生机，纸糊的窗户摇身一变成了透明的高质量的钢化玻璃窗户，亮晃晃的大理石地砖铺在过去的土地面上。新的房屋结构不仅使"转屋子"时的顺序发生了变化，连接着灶神崇拜的厨房也不再占据仪式的重要地位。一位40来岁的王先生对此直言：

> 我们不再像过去那时候了。过去面朝黄土背朝天，那是说不完的苦日子，想要好生活只能求神拜佛。现在不一样了，发展机会多了，只要你够勤快，肯吃苦，就不愁改变不了生活，试问你有多余钱花的时候还会去想怎么填饱肚子吗？①

除此之外，人们也不会向崭新透亮的大理石地砖上泼洒热醋和五谷粮食。

科技发展和生活条件的改善造成"打醋坛"仪式器具的缺失。煤气灶如今已经在原州区东街实现普及，而过去象征兴旺的生火炉子早已不知被尘封在哪个角落，新农村建设下的新住宅，生火炉子也有了很大的变化，如现在的不锈钢烤炉、壁挂式暖气、环保灶等新式取暖设备。过去纯铁打造的生火炉子，恐怕只有老一辈们会记得它。相应的，过去需要在炉中烤热、在仪式最后象征邪祟灾厄被清除出门的鹅卵石也已在仪式中消失。由于祭祀行为的减少，过去家家必备的香火和

---

① 受访者：王先生，1979 年生。访谈时间：2021 年 1 月 20 日。访谈地点：东街某户村民家中。

香炉已经在大部分家庭中消失，香烟代替了其在仪式中的位置。"打醋坛"仪式中处于核心地位的器具——醋坛，也基本消失在了居民的日常生活中，只有依然严格遵照传统仪式过程的家庭会保留专门用于仪式的醋坛。

2."打醋坛"习俗变迁后的仪式简化现状

现在的"打醋坛"仪式简化了很多烦琐的过程，也没有了那么多繁文缛节的约定俗成，只需要家中的长者或是成年男性（一位主持者即可），端着一锅烧得滚烫的还冒着热气的老陈醋，顺着墙根按照逆时针方向沿着"厨房—客厅—卧室"的顺序走一圈，边走边撒，最后来到大门玄关处，将剩余的醋泼洒出去。由于参与人的年龄有了很大的变动，懂"打醋坛神"歌的主持者少之又少，所以现在的"打醋坛"习俗不需要念"打醋坛神"歌，也没有了后两位主持者撒五谷粮食、悬清水的仪式。

香火是一种人神沟通中必不可少的媒介，"打醋坛"仪式要求在整个"打醋坛"的流程中香火不能熄灭。现在上香敬告神灵仪式开始的流程也被简化，现代仪式中有部分仪式主持者用口含香烟取代了过去的香火。因香烟燃烧时间较短，要在香烟燃烧结束前完成仪式就必然需要缩短仪式的时间，这也在一定程度上导致了其他流程的简化。

六、结语

基于宁夏固原市原州区的实地调查，本研究立足"打醋坛"习俗的过去与现在两个时空维度，深入探讨"打醋坛"习俗的文化变迁。过去由于经济的发展水平、接受教育的年限和程度制约着人们的生产、生活状况和认知水平，人们通过向神灵祈祷去寻求心灵的慰藉。随着固原市原州区社会经济的迅速发展与文化转型的不断深入，"打醋坛"习俗也处在不断的发展变化调试中。通过对传统社区地域范围的变化、教育水平的提升、经济政策的大力支持等内容进行深层功能结构的讨论，笔者深刻认识到"打醋坛"习俗的仪式过程在不断简化，由传统复杂的约定俗成方式转向了灵活简约的仪式象征，也出现了从家家重视的传统习俗过程向自主选择过程的发展变化趋势。目前，田野调查点的传统"打醋坛"习俗不仅在现实生活层面呈现出消退的迹象，仪式过程也不断进行着重构与再整合，在人们的观念上也被不断地忽视。这实际反映了以田野点作为传承与变革主体的人们，面对当前社会转型的需要，主动发展出了一套兼顾传统与现代的社会文化适应模式。人们作为传统文化的传承者，仍然对本民族传统文化保有一定程度的文化认同。对"打醋坛"习俗的当代变迁的深层次阐释和解读，是传统文化认同与现代社会碰撞、交融、适应的生动体现，在今天急剧变化的社会发展语境中具有一定的现实参考价值和重要的启示意义。

三峡库区农村汉族生育文化和习俗的民族志记述

——以万州区柱山乡为例

重庆三峡学院公共管理学院 2017 级民族学专业　蓝艳婷

指导老师　陈永碧

摘要： 生命的孕育是人生命的开端，也是人类延续的唯一路径。从结婚到怀孕，从婴儿出生到婴儿满周岁，人们会举行各种各样的仪式来庆祝新生命的到来，它们充分体现了家庭、家族、亲族乃至社会对新生命的关怀，也折射出传统文化某些方面的特点。生育文化和习俗历来是受到社会关注的，因为它包括历史、地域和民族色彩，是重要的地方性知识。

关键词： 祈子习俗；孕产习俗；新生习俗；社会功能

田野调查是民族学学科区别于其他学科的重要标志，民族学专业的学生也无一例外地会在学习中会接受田野调查的洗礼。田野调查实践不仅能让作为学生的我们对专业有更深的理解和认识，更是一次难得的领略田野魅力的机会。走出学校，进入田野，体验不一样的文化与习俗，并在这一过程中突破自我，这就是个人最大的收获。很多学生也因为爱上田野，而爱上专业，之后逐渐走上民族学研究的道路。可见，第一次田野调查对于民族学本科生而言有多么重要，本文正是笔者第一次田野调查的成果。

一、田野概况

1. 田野调查缘起：民族学专业田野调查实践课

在大二下学期，我们有一门民族学专业田野调查实践课程。在 2019 年 6 月底，我们分为三个小组由老师带队分别前往万州区所辖的柱山乡、燕山乡和响水镇。笔者分在了柱山乡调查小组，我们小组一行 13 人（带队老师 1 人，研究生 2 人，本科生 10 人），从 6 月 21 日到 7 月 5 日，进行了 15 日的集中调查，完成了相关课程的调查报告。

虽然课程调查报告完成了，但是为了下一步的学年论文、毕业论文，以及可能会出版的乡镇历史文化发掘著作的需要，从 2019 年 9 月开始，我们组的带队老师又利用周末，分专题、分小组进行过 10 多次的补充调查，本文正是在进行三次补充调查后最终完成的。

2. 田野调查点：万州区柱山乡

万州区地处三峡腹地，柱山乡位于万州西南部，距离万州主城 25 千米，是典型的近郊乡镇。东连九池、高峰，南邻甘宁，北接李河、高粱，因海拔 918 米的柱头山和地标性建筑柱山寨而得名。辖区面积 53.9 平方千米，下辖九村（山田、葵花、草盘、何庙、金牛、青高、戈厂、三木、云安）一社区，常住人口 1.7 万人（2017 年）。全乡境内海拔 415 米到 918 米，属于典型的高山丘陵地形地貌，森林覆盖率为 72%，年平均气温 14℃，年降水量 1200 毫米，无霜期 270 天左右。柱山乡境内有甘宁水库、登封水库、东口水库、千口水库、张家湾水库、青高水库，被誉为"万州第一饮水源乡"。

渝万高速路穿柱头山脚而过，远远望去，沿着柱头山山梁修建的柱山场镇犹如"天街"高挂在隧道上。柱山乡历史上曾是万州往来于梁平、忠县（可直达重庆、成都）、开州、开江、云阳等地的必经关隘，可谓"古来雄关，今当要道"。在明清时期，吸引了很多"湖广填四川"的大家族到此置业安家，柱山现存的古建、墓葬、寨堡、驿道等很多古遗迹都与移民相关。柱山乡历史文化遗迹比较丰富，2012 年第三次全国文物普查有区级文物点 15 处，2019 年又新增区级文物点

7 处，其他待认定的文物点也有十多处。2017 年，柱山乡入选重庆市历史文化名城名镇。

3. 田野调查选题及主要内容：生育文化习俗

繁衍是人类生存和发展的前提。生育不仅仅是一种生物行为，更是一种文化，它包括因此而形成的思想观念和风俗习惯。它一方面深受历史经验、民族文化、地理环境的影响；另一方面又是民俗传承的载体，衔接着人类的古往今来。生育文化将礼仪、习惯、心理、信仰、医药、技术等多方面串联起来，是诸多民俗活动与民众心理高度凝聚的集合体。

自古以来，生育对人类既神圣又神秘，从而演化和派生出了种种习俗[①]，柱山也不例外。它曾经是古道关隘，商贸发达，家族众多，但是随着长江航运的兴起，陆运逐渐荒废，柱山也随之没落。而且因其地势险峻，外来文化对其影响微乎其微，所以很多"湖广填四川"移民的文化在这里被比较好地保存了下来。生育文化和习俗作为传统文化的一部分，自然也被比较好地保存了下来，对其进行深入的调查和研究，对于理解柱山乃至整个川东地区民间本色的生命价值和教育观念有着重要的现实意义。

本文从柱山传统生育的禁俗、礼俗、育俗三个层面，按照生育实践的时间顺序，以祈子、孕产、新生仪礼、育儿等方面为主要内容展开调查。

4. 田野调查方法：访谈

因为生育文化和习俗涉及个人隐私，且现在生育从技术层面上讲，主要依靠现代医学，无法实现参与观察，所以笔者主要是采用访谈这一田野调查方法。

在调查中，访谈报告人的选择至关重要，笔者是从年龄、性别、从业经历等方面综合考虑来进行选择的。年龄主要选择 50 岁到 80 岁左右的，在生育实践方面以女性为主；在生育习俗和禁忌方面也调查对民俗文化颇为了解的男性；同时，考虑到专业技术的问题，原计划访谈民间接生婆（或接生公），但他们基本上都已经去世了，只访谈到了他们的后人，即便如此，收获也十分丰硕。

---

① 徐桂兰：《中国生育习俗的民族学解读》，《民俗研究》1998 年第 2 期。

二、生育文化和习俗的民族志记述

在婚礼、婚后及婴儿降生等方面，可以看出柱山人对生育孩子的重视，以前形成了一些独具特色的祈子、孕产、新生、育儿习俗。

（一）祈子习俗

1. 婚礼中的祈子习俗与禁忌

以前，在结婚的前一天，男方家须提前将婚房布置妥当，在安置婚床时更是特别讲究。在布置婚床时，男方家通常会安排让已婚并且生育有男孩的妇女铺置床单床套等。该妇女铺置床单床套时要说吉利话，意即希望新郎和新娘能够早日生个大胖小子。在床单床套铺置好后，会在上面放一些枣子、花生、龙眼。床铺安置好后，会让两三个小男孩爬上新床嬉戏打闹，以此寓意新娘结婚后可早生贵子。

经田野调查向当地人了解到，柱山乡结婚时，男方赠送给女方的聘礼中也会包含有花生、红枣、龙眼、莲子等物品，即以此祈求新人可以"连生贵子，百子千孙"。在婚宴的桌上会摆上花生、糖等物品，也是希望新人能早生贵子。[①]

在举办婚礼的仪式过程中，有一些特殊的人是不能去婚房的，比如孕妇。当地人不允许孕妇去婚房，甚至手或身体都不能触摸婚房的东西，否则新人怀孕后会容易流产。如果，对方不知道自己怀孕而触犯了禁忌，当地人会请毛姑娘[②]，让她把准备好的鞋垫垫在婚床的四个脚下面，这样就可以了。

2. 婚后的祈子仪式

以前，如果夫妻结婚多年而未生育，又或是只生女孩而不生男孩，那么当事人则会想尽一切办法来达到生男孩的目的，由此衍生出了一些祈子习俗。在柱山乡，祭拜送子观音菩萨是最主要的求子仪式，当地人通过到当地的送子观音菩萨庙祭拜送子观音菩萨来完成自己想要生子的迫切愿望。

以前除了祈求神明的保佑，通过民间偏方吃药来提高受孕概率也是柱山乡民

---

① 受访者：YJY。地点：柱山乡戈厂村。
② 毛姑娘：指未婚女子。

常用的方法。

（二）孕产习俗

柱山人的生育观念很浓，自古以来十分重视生育。有学者指出："禁忌是一种神圣化了的民族法，它被赋予了超自然的神秘力量，具有不可抗性。"[1] 柱山人关于生育的种种禁忌，在长期社会生产生活实践中形成了各种生养风俗习惯，以至早年间柱山妇女在怀孕前后、生产前后，在饮食、言行、社交等方面多有讲究。

1. 怀孕期间孕妇的禁忌

（1）食物禁忌。旧时柱山乡的生活条件相对较差，孕妇怀孕以及坐月子期间在饮食方面都很难有特别注意和讲究的方面，大多是依家庭条件而定，没有固定的禁忌。随着改革开放后生活水平的逐渐提高，经济条件也相应地得到了改善，食物的种类和数量也日益增多。柱山乡人在怀孕时慢慢也开始遵守一些饮食禁忌。一般孕妇的饮食主要以清淡温补为主，柱山人认为，妇女怀孕应忌吃辛辣食物，比如带有辣椒、胡椒、花椒等的食物应不吃或者尽量少吃，避免小孩生下来时长疮。他们认为，孕妇应该尽量少吃或不吃凉性食物，如苦瓜、萝卜、芥菜、绿豆等，以免导致腹泻。忌吃田螺、螃蟹类的海鲜食物，以免伤到胎儿，甚至造成流产。母猪肉、羊肉、兔肉被柱山乡人列为需要特别注意忌口的肉类食物，柱山乡人认为如果怀孕期间食用了母猪肉或者是羊肉会导致胎儿患上癫痫病，如果吃了兔子肉则可能会导致婴儿兔唇。另外，柱山乡人不会让孕妇吃非正常死亡的动物，认为孕妇吃了非正常死亡的动物会给胎儿带来不吉利。

随着健康观念的深入，柱山乡的孕妇逐渐开始注重饮食上的改变，如以前不吃的凉性食物，现在却出现在了孕妇的食谱中。以前绿豆被认为是孕妇要忌口的凉性食物，现在认为绿豆加水煮沸之后当水饮用，可以让生下的小孩皮肤白皙；又如以前特别忌讳吃羊肉，但现在随着柱山乡人知识文化水平的提高，了解到孕妇食用羊肉对胎儿是没有不良影响的，反而有益。现在的年轻妈妈不会只听从老人的一些建议，还会遵从医生的建议，按照医生的嘱咐注意饮食的搭配和营养的补充，以促进腹中胎儿各方面的发育。

---

[1] 古文风：《云南苗族传统生育文化论》，《贵州民族研究》1998 年第 4 期。

（2）行为禁忌。据访谈了解到，以前在柱山乡，人们认为妇女怀孕之后，不能随意搬动家里的家具，特别是孕妇房间里的物品；孕妇怀孕期间不可以在家里定钉子、敲打，在此期间家中也不能装修房屋等；在农村素有"喜不冲喜，丧不冲丧，喜不冲丧"一说，妇女怀孕之后，被认为是喜事，所以孕妇就要避免去参加喜事或丧事，否则将会导致"喜冲喜"或者"凶冲喜"，对胎儿和孕妇不利。①

2. 流产及安胎

据调查得知，流产在民间一般被视为是不吉利的事情。以前，在前三个月中，如果孕妇感到某些不适或者家里有其他异样，家里人和孕妇就会采取一些必要的手段来保护腹中的胎儿，其主要的方法便是找人画平安符。

随着科学地发展，时代的进步，柱山乡的年轻父母多已不再相信老一辈的做法，认为其不仅保不了孩子，而且有可能伤害到孕妇。通常在孕妇出现不舒适的情况下，大多数年轻人会选择向有经验的人请教或是去医院或者乡里的卫生所向医生咨询，实在有必要的情况下，医生会为其开安胎药或者是让其找中医进行调理。

3. 分娩的前后

一个孩子的出生对于一个家庭来说是一件重大的喜事。但在以前，由于医疗条件有限，妇女分娩则成为一件生死攸关的大事，因此在分娩前就必须做好充分的准备以迎接新生命的到来。

20世纪五六十年代，柱山乡的妇女大多在家分娩，由当地的接生婆为其接生。接生婆大多是以前从事过医学方面工作或者略懂一些生育知识的妇人，所以对于孕妇生小孩有着比较丰富的经验。临产时，产房除接生婆和一两个帮忙的妇女，外人都不得入内，包括孩子的父亲也不得进入。一是避免人将细菌带入产房内造成产妇和新生儿的感染；二是为了避免犯冲，危及产妇和胎儿的生命。生产前，柱山人会在产房内放置黄荆②条，意为驱邪。在孕妇分娩前，会提前准备好剪刀、毛巾、开水、酒精、水盆等物品，同时还会为婴儿准备一套衣服。剪刀在使用前会用酒精或者开水消毒，等婴儿出生后，用消过毒的剪刀将脐带剪断打结，并用酒精为脐带进行消毒，几天之后，脐带就会自行从婴儿身上脱落。除了请接生婆

---

① 2019年6月23日访谈资料。受访者：YJY。地点：戈厂村。
② 黄荆：一种灌木。

帮助生产，还有部分人是自己在家生产的。

个案 1

访谈对象：YJY，女，78 岁　访谈时间：2020 年 9 月 29 日　访谈地点：戈厂

YJY 老人一共生过五个孩子，其中两个小孩不幸夭折，现今另外三个孩子都已经成家。据老人回忆，她是自己在家生的。准备好剪刀、毛巾、开水、水盆等基础工具后，产妇坐在一张椅子上待产，坐姿很讲究……那个时候，除了在卧室生产，也有人会选择在猪圈生孩子，当地人认为在猪圈生出来的小孩不容易得"母猪疯"①。当地人还认为，小孩出生后将胎盘埋进麻地，小孩以后长得白净，且胎盘口要朝上，胎盘口朝下的话小孩以后会吐奶。

新中国成立之后，国家将接生员培训迅速开展到大部分农村地区，来降低产妇和新生儿的死亡率，每个村每个大队都要求有一位获得"家庭接生员资格证书"的接生员，这些接生员都是去凉峰医院和计生站集中学习接生理论，然后回到各自大队各司其职工作。20 世纪 60—80 年代，接生婆的工作由接生员来代替。

以前柱山人一般都是用布鞋、香皂、毛巾和红包作为接生的谢礼。红包的份额也随着人民生活水平的提高从 10 元增加到了 200 元。

现在，随着医学技术的迅速发展以及医疗条件的不断改善，柱山乡人一般会选择到万州区级医院或者是重庆市级医院生产。一方面是因为在医院生产能够确保大人和小孩的安全，另一方面是因为孩子的户口问题，在医院生产的小孩，可以让医院开具出生证明，方便以后落实孩子的户口。

新生儿的出世便是他生命的开端，有顺利的，自然也有不顺的，啼哭便是他降世的第一道门槛。

个案 2：

访谈对象：YJY，女，78 岁　访谈时间：2020 年 9 月 29 日　访谈地点：戈厂

YJY 老人回忆道："我的大女儿生娃儿的时候，这个娃儿生下来就不说话，就

---

① 母猪疯，当地对癫痫病的俗称，是一种常见的神经症状。

是把这个娃儿提着脚倒立过来拍他，使劲地拍，他就哭出来了。以前还有别的说法，小娃儿不哭，就用力摔碎一个坛子，小娃儿被声音吓到了，就哭出来了，等娃儿哭了之后要用淘米水来洗嘴巴。"

4. 报喜

以前，在产妇生完孩子后的第三天，男方就要向女方父母报喜。报喜时，通常是由孩子的父亲提一只事先准备好的鸡去女方家。通常不需要男方向女方父母开口说，女方家会根据鸡的公母来判定自己女儿生的是男孩或者女孩。如果生的是男孩，男方会提一只公鸡去女方家，女方家收下公鸡后会回礼一只母鸡；如果生的为女孩，则会提一只母鸡过去，女方家就回礼一只公鸡。公鸡与母鸡的配对，有象征今后儿女双全的意思。如果生的是双胞胎，那么女方的父母则是高兴至极，此时相应的回礼就是一对公鸡和母鸡。在回礼的物品中，除了与之配对的公鸡或母鸡，女方家人通常还会赠送一些汤包①、猪油等食物。

5. 新生儿的护理

以前婴儿出生后，柱山乡人认为要特别注意婴儿的保暖和清洁，在婴儿出生后的短时间内必须将其清洗干净：用干净柔软的毛巾蘸取温开水擦拭婴儿身体的各个部位，擦拭干净后就必须马上为其穿上保暖的衣服。衣服也通常是其他婴儿所穿过的旧衣服，且那名婴儿健康好养。一般不会让新生婴儿穿新衣服，一是因为旧衣服比较柔软，不会伤到婴儿的皮肤，另一个原因就是柱山乡人认为自己的孩子因为穿着的是别人孩子的衣服，所以自己的孩子也会像别人家孩子那样健康好养。且他们认为新生儿的衣服不能是麻布的。

6. 坐月子的禁忌

以前在柱山乡，一般会要求产妇一个月内不能出门，只能在卧室内吃、睡、坐、卧等，由此俗称"坐月子"。在坐月子这一个月内，产妇要精心调养身体。柱山乡人认为，如果产妇能够坐好月子，则产妇之前所患的疾病可以不治而愈，如果月子坐得不好，那么在月子里落下的病根以后将很难治愈。

（1）行为禁忌。以前产妇在坐月子时有很多的行为禁忌，比如不能受凉，房

---

① 汤包：汤圆。

间的窗户也不能随意打开。为了防止以后出现偏头痛的症状，产妇在这一个月内会一直戴着帽子。帽子的厚度由季节而定，冬天戴的帽子一般为毛线制成的，厚度较厚，比较保暖，其他季节戴的帽子则相对会薄很多，一般为全棉的布料制成，透气性较好。在这一个月内，产妇一般不会出门走动，如若有事必须出门，则需戴帽打伞，头部不能被风吹，身体也不能被雨水打湿。坐月子期间，产妇应多卧床休息静养，尽量少下地，避免接触湿气，更不能触碰冷水，尽量躺着或坐着喂奶，以保护产妇的坐骨神经。在月子期间，更不能下地干活，以免以后落下"劳累病"，更不能做穿针引线的细活，避免出月子后眼睛视力下降。

随着医疗条件的改善以及人们健康观念的提升，现在在产妇坐月子期间，产妇一般会遵从医生的嘱咐，不再会像以前那样一直卧在床上不动且基本不下床走动。虽然还是主要以休息为主，但卧床休息时需要经常变动体位，不能一直持续地仰卧，否则易造成产妇子宫后倾。产妇在生完孩子的 24 小时后，每天都需增加起床活动的时间，不能站立过久，尽量少做蹲位姿势，更不能做手提重物等体力活，避免造成子宫脱垂。医生还建议产妇要适当做些运动，比如一些较为柔和的产后操。个人还必须得注意自己的卫生，在产后的 3—5 天之内可用温开水进行淋浴，及时更换内衣裤，经常梳头和修剪指甲。也有的一些产妇会采取另外一种方式，将毛巾用热水沾湿然后擦拭身体，她们认为这样做既遵从了老人说的不能洗澡，也能将身体擦拭干净。她们也会洗头，只是洗的次数较少，洗头的时间一般会比平常时间短，且洗完之后需要马上用吹风机将头发吹干，这样就能避免头疼或感冒。

在农村，过去大多数人认为产房是不干净的地方，由此产妇也是不洁净的。因此产妇一般不会出入祭拜的地方，也不能到别人家串门，以免触人家的霉头。昔时，柱山乡妇女坐月子期间，除了丈夫外的男性一般都不得进入产妇的房间，但到了现在，大多数年轻人已经不再遵守这些禁忌，坐月子期间可以走家串户，除了丈夫以外的男性长辈或男性亲戚朋友都可进入产妇的房间，探望产妇和婴儿。

（2）饮食习俗。产妇在分娩之后，身体过度消耗气血，会变得十分的虚弱，这时就会容易受到疾病的侵袭，落下病根，因此，产妇就需要进食一些可以调理补养身体的食物。在柱山乡，也特别重视产妇的饮食。据访谈了解到，旧时的柱山妇女坐月子时，家庭条件好一点，有米的就可以吃干饭，米不够吃就只能吃稀饭，吃鸡蛋是很稀罕的事。生产后三天之内都不能吃油，这样有助于下奶，也能预防伤口感染。坐月子期间还会用锅灰加红糖煮水喝，这样可以止血、补气血。①

到如今，人们生活水平提高了，产妇的饮食质量也不同以往。在产后的前几天，产妇一般会吃一些较为温补的食物，比如一些清淡的鸡汤、蒸蛋等，此时不会进补大鱼大肉，当地人认为产妇身体此时还比较虚弱，突然地进补，身体会一下子接受不过来。在柱山乡，产妇的饮食会遵循一日多餐的原则，当地人早上会为产妇煮三到四个开水蛋，即将水烧开后，直接将蛋打破放入锅里，让其煮熟，开水蛋煮熟后通常还会加入白糖或者红糖以及醪糟等。等到九十点钟时会让产妇再吃一次开水蛋。午饭时，产妇一般会吃高蛋白、高热量、高纤维的食物及一些催乳的汤类食物，比如鸡汤、排骨汤、猪脚汤等，并且在汤里通常还会放一些补气生血的药材，如红枣、枸杞、桂圆、党参等。在下午三四点时，产妇又再加一次餐，此时的加餐也多为鸡蛋之类的食物。到了晚上，产妇的食物主要还是一些汤类，有可能是和中午一样的，也有可能是另外一种汤类。晚饭之后，会视其产妇个人的身体情况选择是否再进食一次。

在整个坐月子的期间，产妇会一直不断地补充营养，一是为了调理补养自己的身体，以免以后落下病根，二是为了保证给孩子提供充足的奶水。除了吃一些进补食物之外，在饮食方面，以前产妇还有较多禁忌，比如不能吃辛辣食物，不能吃凉性食物，也不能吃过咸的东西。当时人们认为小孩子哭闹多半与母亲的饮食有关，产妇在哺乳期间应该多吃清淡的食物，少吃热量高的食物，否则火气旺盛会通过母乳传递给小孩子。

随着生活水平提高，柱山乡人健康意识不断增强，妇女越来越注重坐月子，在饮食方面也变得更加科学、有规律。比如以前产妇坐月子时会被要求不能吃水果、蔬菜，不然会伤害脾胃，并且会减少奶水，现如今产妇增加了新鲜蔬菜、水果的摄入，以便更好地恢复。医学证明产后身体的恢复以及乳汁的分泌都需要更多的维生素，尤其是维生素 C 具有止血和促进伤口愈合的作用，而蔬菜和水果中都含有大量的维生素，并且它们还含有较多的食物纤维，可以促进肠胃的蠕动，

---

① 受访者：ZYB。地点：柱山乡戈厂村。

有利于排便。

7. 哺乳期的禁忌

柱山人认为奶水是最有营养的，大部分女性都选择自然断奶，没有必要强制断奶，只要产妇还有奶，小孩都能吃。而且当地人认为，断奶晚一点，小孩子的力气也大一些，所以当地有不少孩子直到两岁都还在吃奶。

（三）新生仪式和习俗

柱山乡新生婴儿的礼仪主要包括取名、"打十朝"、周岁等。在这些仪礼中，柱山乡人会为其办席庆祝，并且宴席的大小通常由家庭的经济条件决定。

1. 取名

孩子生下后，替孩子取名是一件大事。柱山乡人认为孩子的名字会和以后的命运、性格等紧密相关。昔时柱山乡人一般会为孩子取两个名字，一个乳名和一个正名。乳名一般是由孩子出生后的长相或者家里的排行来决定的，也有的家庭是为了叫得顺口或者是为了将来孩子能够好养。俗语有讲，小孩的名字取得越贱则小孩就会越好养，所以小孩的乳名一般就是易于上口或者特别俗化的，如"狗弟""丫丫"等。小孩的正名是孩子一生的标签，一般由家中辈分、威望较高的长辈或者拥有渊博知识的人来取，但近年来随着文化程度的普遍提高，越来越多的家庭改由父母替自己的孩子取名。替孩子取名主要有以下几种方法：

（1）世序命名。世序取名的原则主要是根据家族中世代序名，按一定的字句顺序替出生的孩子取名。如果家族中孩子姓名中间的字相同，如"文兴""文强"中的"文"字，"中红""中亮"中的"中"字等，便表示他们是属于同一辈分的人。昔时柱山乡人往往以名字来评判辈分的大小，一般小孩所取的名字要尽量避免和家族中的长辈相同或者有同音字等，否则就是对长辈的不尊敬。

（2）五行命名。五行说在中国有着广泛而持久的影响，是传统文化的重要内容之一，在小孩的取名方面影响也十分深远。以前，柱山乡人在婴儿出生后，为了使其平安健康成长，就会让当地的"算命先生"根据婴儿的出生日期及时间，算一张八字。"算命先生"根据八字来推演孩子的五行，如果发现孩子的五行有缺陷的话，那么就会根据缺少的某一行来替孩子取名，如孩子五行缺水，便会起名"森""泽"等，如孩子五行缺金，那么则会取名"金""鑫"等。当地人希望通过取名的方式来弥补孩子命理中的不足，从而使孩子将来的命运顺风顺水。

（3）贱名。这种取名的方式较为简单，一般取的多为孩子的乳名。有些家长根据孩子的形貌特征或者性格来替孩子取一个小名，比如生下来后皮肤较为黝黑，则取名为"小黑"，身体比较壮实的取名为"壮娃"或者"胖娃"等。有时候家里人也会根据小孩的出生顺序来替他取小名，如同辈中排行第二的女孩，称之为"二妹"，最小的一个孩子则称为"幺妹"或"小弟"。乳名一般是长辈或者同辈的年长者对晚辈或者年幼者的称呼，晚辈不能直呼长辈的乳名，否则会被视为对长辈的不尊敬，并且显得自己没有教养。

（4）寄寓希望命名。这种方式一般是以父母的某种意愿或者愿望来替孩子取名的。比如家里想要一个男孩，那么出生的女孩则会取名为"招娣""来娣"等，希望她能招来弟弟。20世纪50年代，柱山乡人替自己的孩子取名一般都为"建国""卫国""建华"等，这些带有一定时代色彩的名字表达了当地人对祖国的热爱，希望自己的孩子长大后能够报效国家，有所作为。还有的小孩取名一般都带有"龙"字或"凤"字，表达了父母"望子成龙"或"望女成凤"的愿望。

（5）现代命名。近年来，在孩子取名上，逐渐变得更加贴合潮流的发展。如一些年轻人会给自己的孩子取一个既好听又有丰富文化韵味且重名较少的名字，比如"诗涵"："诗"本义为诗歌，引申为多才贤能，品德高尚，如诗如画，美好人生；"涵"本义为水泽众多，引申为涵养、修养、内涵、包容。又如"俞文"，"俞"本义为允许，引申为安定、愉快。现代化的命名方式大多为20世纪80年代或90年代出生的人所采取，他们不仅想让自己孩子的名字洋气，而且还要带有文化气息。

2．"打十朝"

柱山乡婴儿出生第十天或者十天之后，会替孩子举行"打十朝"的仪式。"打十朝"是当地人的一生当中第一件较为重大的礼仪活动，它向周围世界的人宣告了一个新的生命被认可来到世上的形式。在"打十朝"这天，娘家人会替产妇和小孩准备很多东西送到男方家里。以前，给产妇的礼物一般是娘家人在女儿怀孕之后就开始准备的，比如饲养较多的鸡，送给产妇的物品主要就是鸡、鸡蛋等一些营养价值较高的补品。给小孩的礼物通常是一些由娘家人亲手缝制的衣服鞋袜以及小孩的背篓等。随着经济条件的改善，现在送小孩的衣物一般都是从商店直接买来的，很少再有手工缝制的了，一是因为手工缝制物品需要花大量时间和人力，二是因为手工缝制的物品大多没有工业生产的漂亮，因此，手工物品就渐渐地被当地人淘汰了。除了产妇的补品和小孩的衣物之外，娘家人还会送一些其他的物品，比如米面、汤包、猪油等食物。

以前，在"打十朝"这一天，女方家的亲戚会来到男方家吃宴席，男方家也会邀请自己家的亲戚来家里祝贺。在宴席上，每个桌上的客人都会有一个红蛋，红蛋是事先用红墨水或者用食品红染红的。红蛋意味着小孩以后能够圆圆满满、红红火火，像太阳一样。宴席结束后，男方家也通常会在娘家人返回时，回礼米面、汤包等食品，并且来参加宴席的每家客人也会得到作为主人回礼的一些汤包。在这一天，主人家还会准备好一个猪肚，将猪肚煮熟后，先让周围的大人吃一点，用最后剩下的猪肚在小孩的嘴巴上抹一下，然后将猪肚丢进潲水桶里，寓意让小孩子吃食不挑嘴。

昔时，柱山乡人"打十朝"主要有两个目的，一是告知所有的亲朋好友自己家里添了一个新丁，二是娘家人送来的东西可以解决产妇分娩后营养的补给问题。到了现在，随着经济水平的提高，家家户户基本上不用担心食物短缺的问题了，"打十朝"也慢慢地被"满月酒"所取代。而"满月酒"也变得越来越简单，主要就是男方家邀请女方家的亲戚和自己家的亲朋好友前来吃一顿宴席，热闹一番，宴席之后，各位亲戚朋友在男方家逗留玩耍一会儿就各自忙各自的事情了。

3. 周岁

新生儿是每个家庭的挚爱。从母亲怀孕到婴儿的出生再到孩子长大，每一个过程家里人都倾注了无数的心血，而对于孩子的第一个生日全家人更是十分重视。以前，家人要用糯米粉制作汤包分发给所有前来参加宴席的客人，感谢大家给孩子带来好运。孩子的外婆会给小孩准备一套新衣服，如果家庭条件较好的话，还会送一对银手镯或者一条银制的平安锁，他们认为银饰可以驱邪避恶，从而避免小孩受不祥之物的困扰。这一天还要给孩子剪胎发，通常是在脑后留一撮头发。吃过宴席后，家里人便会让小孩"抓周"。

"抓周"主要是用来预测小孩长大后所从事的职业和前途。进行"抓周"前，家里人会将事先准备好的物品摆放到桌上，有钢笔、书本、钱、算盘、印章、食物、玩具等，之后家里人就抱着小孩来到桌旁，在不进行指导干预的情况下让小孩自行选择自己喜欢的东西。他们认为，如果小孩抓了印章，便意味着孩子长大后会从事行政职业；抓了算盘，意味着孩子以后会从事会计之类的理财工作；抓了书本，意味着孩子以后在学业上发展前途较好。相反，如果孩子拿了玩具或者食物，在场的人也不能说他以后就会"贪玩""好吃"，为了吉利也要说"孩子长大后有口福""以后的生活会过得很轻松舒适"之类的好话。

（四）育儿习俗

孩子在养育过程中，也有诸多的文化和习俗。

1."拜干亲"

"拜干亲"普遍存在于中国社会各民族之中，因其地理、社会、文化、民族的差异，具有不同的特征。[①]"拜干亲"的直接原因就是为了保护孩子健康成长。以前，当地人认为孩子幼时体弱，容易受到鬼魂邪神的干扰，从而导致久病不愈甚至夭折的严重后果，如果小孩认了干亲，就可以借别人的福气来保佑他平安长大。有学者认为，根据对象的不同，"拜干亲"可以分为以人为对象的"拜干亲"和以物为对象的"拜干亲"。以人为对象的"拜干亲"通过特定的仪式与人建立干亲关系，根据对象的不同可分为"亲上加亲"型和拟亲属关系型。两者形成后天的"父母子女"关系，并履行彼此间的权利和义务。以物为对象的"拜干亲"是通过特定的宗教仪式与自然界中的物建立拟亲属关系。[②]

以前在柱山乡，主要以人为对象的"拜干亲"（拜干爹干妈）：有的是在孩子生日的当天，到三岔路口遇到的第一个人即可认其为干爹或干妈；有的是自己随便找，可以是亲戚，可以是好友，大家彼此喜欢，就可以"打干亲家"；有的是找"巫婆"或"神棍"占卜，或者是属相合，或者是方位合，大体都是按照孩童

---

① 潘用学：《盘瑶认契习俗研究——以广西贺州市千金屯为例》，硕士学位论文，广西民族大学，2013。

② 李丽平：《德宏欠允村景颇族"拜干亲"习俗的民族学研究》，硕士学位论文，云南大学，2017。

的生辰八字进行测算的结果；有的为了感谢接生婆，或者认为接生婆有神灵照管，孩子出生后会认接生婆为干妈；此外，很多人喜欢认守孀之人（丈夫去世的人）为干妈，特别是女孩子。

以前，拜干亲在柱山乡是一件大事，需要准备汤包、面条、玉米、稻谷等作为礼物送到干亲家中，干亲则会赠送碗筷给孩子，有些人会将自己的裤腰带送给小孩，意为让孩子传好运，预防生病。

以物为对象的"拜干亲"主要是指与桥、大树、石头等物形成干亲关系。人类祖先在很长一个历史时期内对客观世界缺乏了解，因此对大自然极为敬服。他们认为动物、植物都是有灵的，尤其是在人类生产、生活中有较大价值，关系密切的自然物对人间祸福更是至关重要。[①] 于是，生活中最常见的动物、植物都能成为孩子的保护神。

2."受惊"与"鬼邪"

旧时人们并不太懂得科学道理，也因此衍生出一些迷信风俗来为孩子们祈福，但出发点同样是希望孩子们健健康康地成长。[②] 以前，柱山人为了保护婴儿健康成长，在抚育的过程中也要遵守许多习俗和禁忌。在当地人的鬼神观念中，除了菩萨土地神等神灵及祖先之外，还存在着一种邪恶力量即"鬼"，鬼是没有受到正常供奉的灵魂，会干扰活着的人，小孩子由于阳气弱更容易受到干扰，因此会给孩子戴上辟邪之物来保护孩子免受惊吓，或者给小儿穿八宝衣，即五颜六色的衣服。

3.婴幼儿疾病的应对

人食五谷，孩子在成长过程中难免生病。柱山人在经年累月的实践中总结了不少应对小孩生病的方法。

个案3：

访谈对象：ZYB，男，80岁　访谈时间：2020年9月29日　访谈地点：三木

---

① 《民间认干爹干妈的习俗》，炎黄风俗网，http://www.m.fengsuwang.com，2014-07-15。
② 周锦：《老南京的育儿习俗》，《江苏地方志》2009年第3期，第56页。

ZYB 老人是三木村的一位"神棍"，据他说，自己十六岁时跟着师父（询问其师傅，他不愿意回答）学习道术和医术，由于命格的原因直到六十岁才开始使用学到的能力来帮助附近的人。ZYB 介绍了几种当地常用的偏方，用于缓解婴儿哭闹不止、小孩肚子疼，帮助小孩退烧，治疗牙疼和中暑，帮助小孩驱虫等。

如今在孩子生病时，年轻父母多选择将孩子送去医院，或者从卫生院购买药物对孩子进行治疗。他们普遍认为医生能对孩子的病情进行准确判断，这样不会耽误孩子病情，吃药、输液等方式见效快，家长也比较省心。

三、田野反思

作为本科生，这次生育文化和习俗的田野调查显得十分稚嫩。反思整个调查过程，查阅田野调查日志，觉得不足之处甚多，但收获也不少。在田野调查之前，笔者也查阅和学习了很多与生育文化和习惯有关的文献，也大体了解了其所包含的具体内容，但这些认识仅停留在文字表面。田野调查之后，对生育文化与习俗有了更深地认识。

（一）生育文化作为地方性知识，理应受到关注

阐释学派大师格尔茨把那些与西方原有知识体系之外的本土文化知识称之为"地方性知识"，这些知识与普遍性知识有鲜明的区别。"地方性知识"突出的就是"本土"。在笔者看来，这种"本土"既是一个空间概念，又是一个"时间"概念。许多带有"本土"色彩的地方性知识，作为文化的一部分，同样会"变迁"会"衰亡"。生育文化，包括生育观念、生育意愿、生产技术与医药、相关习俗和禁忌。客观地说，从意识层面的观念到物质层面的技术（医药），都具有鲜明的地域和民族特点，里面渗透着诸多历史和文化信息。

柱山乡历史上地处川东地区，是"湖广填四川"重要的输入地，其文化自然带有湖广特色。比如这里有名的文氏族人，在族谱中就记载了族中有名的儿童医生 WRG，他外出时总是身背药箱，为途中所遇的患病孩童免费医治，文中还记

载了几个经典的个案。虽然没有记载具体的治疗方法和用药，但是作为移民的代表，其儿科医术一定带有湖广特点。同时，我们在调查中还收集到一本上海鸿宝斋书局在民国五年印制的《精校本草纲目》，在当地的医生 ZXZ 和 LDC 家里也收集到很多医术和笔记，其中就有很多与生育和儿科有关。可是，由于专业和时间限制等原因，笔者没有能够梳理出来。对于相关习俗，笔者也"只知其然，不知其所以然"。比如，在生产时为什么要用渔网网在蚊帐上？整个柱山均以传统农耕稻作为主，可是在诸多仪式和辟邪用品的选择上，为什么又很少体现出稻作文化的特点。

虽然未能将这些纳入本文的讨论范围，主要原因在于笔者的专业能力和水平有限。但纵观生育文化和习俗研究的诸多文献，大多数也都未做深入地研究和解析。事实上，生育文化作为地方性知识所包含的内容是十分丰富的，既有空灵的信仰世界，也有科学的民间医药，是一方人们智慧的结晶。

（二）生育意愿的时空关联

生育文化中，涉及生育意愿的不多，很多文献认为它与社会控制有关。之所以很少论及，可能主要是生育意愿很难调查，既有客观条件的限制，也有主观层面的因素，还有文化传统的影响。就是说，很难从某一视角单独切入，即使面面俱到，也很难分析出主因。但对生育文化而言，生育意愿极其重要。就如现在，我国二孩政策已经开放，但并没有达到人口增长的预期，这就是生育意愿的问题。

在调查中，很多在 1949 年前后出生的老人讲，他们自己的兄弟姐妹都很多，大多数都在八九个，虽然因为种种原因最后并不一定能全部成年。虽然没有具体数据的比对，但从笔者自己家乡来看，爷爷那辈的兄弟姐妹大多在两三个，四个以上的都不多见，这与柱山乡形成了鲜明对比。

笔者认为，当地以前生育意愿如此高很可能跟一些因素有关。历史上，四川有过三次移民高潮，移民人数最多的就是大家熟悉的明清时期的"湖广填四川"。经过几次大的劫难，川人几乎被屠杀殆尽，湖广填四川的移民面对广阔的土地，作为农耕民族，有十分强烈的圈地意识，而圈地与人口又息息相关。另外，地处三峡腹地的万州，整体而言，土地资源十分有限，生产技术又很落后，在人力占主导的岁月，自然希望多生。

彻底回答这些问题，依然需要深入地研究。

（三）经验与医学的不同选择：孰是孰非

在调查中，笔者遇到一个当地十分有名的民间医生的后人，他现在在村里的医务室工作，是最基层的服务者。大家都说，他的父亲远近闻名，尤其在接生这个问题上，可以说是无人能及。可惜，老人已经去世，我们无法访谈到更多的信息。很多人说，从 20 世纪 80 年代开始，大多数人生产都会选择去医院，但是有时候这些人还是会偷偷地来找这个民间医生。尤其是胎位不正，很多人到乡卫生医院去，会被要求剖宫产，但是据说好几个孕产妇找到这位民间医生，他通过奇特的手法不仅正了胎位，还让生产过程十分快速，减轻了很多孕产妇的痛苦。这位民间医生的后人说，他父亲"医术高明"，"生意"很好。

这也让笔者不禁考虑一个很现实的问题，基于经验的民间医术和基于科学的现代医学，哪个更受本地人的喜欢？答案是显而易见的。这也正是地方性知识的重要之所在。一方水土养一方人，民间医药有其自身的传承方法，所谓"土方""单方"也应受到重视！

（四）生育习俗的教育功能

生育是自然界的普遍现象，而人类的生育既是自然现象，也是文化作用的结果[1]。对于文化的理解影响人们对于生育文化的定义。在人类学界，人们普遍认同泰勒对"文化"定义，即文化是"一复合整体，包括知识、信仰、艺术、道德、法律、习俗以及作为一个社会成员的人所习得的其他一切能力和习惯"[2]。柱山人的生育习俗不仅体现其中蕴含的柱山人民的生命价值和教育理念，也体现出柱山人民传统文化的独特性，同时也承载了许多社会功能。诸多社会功能中，教育功能也是生育文化的主要功能。

---

① 郑观蕾：《广西平地瑶的生育文化研究——基于富川瑶族自治县的田野调查》，《湖北民族学院学报》2017 年 4 月。

② 夏建中：《文化人类学理论学派》，中国人民大学出版社，1997，第 20 页。

1. 科学的孕产饮食观念

以前，在柱山人民的观念里，对于生育前后的饮食都有许多的讲究。如孕妇应该尽量少吃或不吃凉性食物，如苦瓜、萝卜、芥菜等，以免导致腹泻。忌吃田螺、螃蟹类的海鲜食物，以免伤到胎儿，甚至造成流产。在坐月子的整个期间，产妇会一直不断地补充营养，一是为了调理补养自己的身体，避免以后落下病根，二是为了保证孩子生下来之后能够有充足的奶水。这些习俗都是人们长期的实践中总结而来的经验，有一定的科学依据，在世代的观念传承中，生育习俗也在潜移默化中起到了一定的建立饮食观念的教育作用。

2. 孝道观念的传承

孝与感恩是中华民族传统美德的基本元素，是中国人品德形成的基础。我国孝道文化包括敬养父母、生育后代、推恩及人、忠孝两全、缅怀先祖等，是一个由个体到整体、修身、齐家、治国、平天下的延展攀高的多元文化体系。从给新生儿取名这一习俗的调查访问中，我们可以看出柱山人民对于孝道观念的传承。调查了解到，旧时小孩的正名一般由家中辈分、威望较高的长辈或者拥有渊博知识的人来取。名字是一个人一辈子的标签，给小孩的取名往往蕴含着一定的寓意和祝福，长辈给新生儿取名，不仅是老人对小孩的关爱，也有晚辈对老人的尊敬。昔时柱山乡人往往还以名字来评判辈分的大小，名字中间的字一般都是家族中辈分排序，也让人能从辈分看出这个家族的延续发展状况。给小孩所取的名字也要尽量避免和家族中的长辈相同或者有同音字，不然就表示出了对长辈的不尊敬。

在柱山，旧时产妇生完孩子后的第三天，男方就要向女方父母报喜。报喜给女方父母时要带提前准备好的鸡上门，这不仅是对妻子的生产结果的告知，还是通过送礼来传达对老人的孝敬之情，也是对老人知情权的尊重。

3. 行为的规范

民俗起源于人类社会群体生活的需要，在特定的民族、时代和地域中不断形成、扩布和演变，为民众的日常生活服务。民俗一旦形成，就成为规范人们的行为、语言和心理的一种基本力量，同时也是民众习得、传承和积累文化创造成果的一种重要方式。[1]

---

[1] 钟敬文：《民俗学概论》，上海文艺出版社，2003，第1页。

前文描述的诸多习俗中是对社会行为的一种规范，如对孕妇生产前后的饮食规范，从一定程度上可保证产妇和幼儿的健康，避免因口腹之欲而造成不可挽回的伤害。从历史实践来看，规范人的行为，除了依靠法律，更多的是依靠道德观念和传统观念的约束。

结语

对柱山人而言，有关生育的一切，他们都比较重视，因为这不仅是孕妇与死神的对抗，体现了母爱的伟大，更是一个新生儿人生的起点。旧时这些口耳传承并发展的生育习俗虽然没有多少科学道理，但却有着浓厚的民俗趣味。如今，随着社会的进步，有些育儿习俗还在继续流传下去，而有些却已消失不见。对于这些生动有趣的生育习俗，我们应该以科学的态度来对其进行研究和保护，其中有利于孩子健康成长的好习俗可以继续保持下去，不利的部分也可以作为研究神秘巫术和传统文化的宝贵历史资料记录下来。生育习俗作为民间人生礼仪的一个重要组成部分，值得得到人们更多的关注。

大遗址保护中的搬迁农民生活适应性研究

——以鄂西咸丰唐崖土司城"皇城水岸"安置小区为例

中南民族大学民族学与社会学学院 2017 级民族学专业　向定全

指导老师　李　然

摘要： 2015 年，唐崖土司城址成功申遗。为更好维护遗址区整体风貌，当地政府将与土司城共生一地的唐崖司村村民全员迁出安置在与集镇毗邻的皇城水岸安置小区。环境的转变急需搬迁农民进行生产生活的调适与重构。调查发现，当地农民仍存在认同归属难、调适压力大等困境。因此，政府层面统筹优化遗产保护与农民安置、增创农民市民交往交流交融平台，市民层面提高包容接纳度、营造和谐社会氛围，农民层面积极转变思想观念、主动提升综合能力，多方协调，从血缘、地缘、业缘、趣缘等多角度着手，构建共生互补的、稳定和谐的乡镇社会共同体显得尤为必要。

关键词： 大遗址保护；唐崖土司城遗址；搬迁安置；共生互补

大遗址保护是历史文化遗产保护中的新领域，颇受各国政府重视。而遗址保护中的失地农民搬迁安置措施，即农民经过土地流转，易地安置后转变为城镇人口，其对新生活的适应与融入，已成为备受关注的社会热点现象。2015 年，鄂西咸丰唐崖土司城址成功申遗，当地政府为更好地维护遗址区的整体风貌，而采取了"以农为非，移民搬迁"的措施，即将遗址内原住农民迁出，集体安置在与乡镇区毗邻的"皇城水岸"安置小区内。在具有明显城市化意味的设计语境下衍生出的空间形态，搬迁户的生活方式变化巨大，在安置区内需要进行生活的重新适应。文章以唐崖土司城"皇城水岸"安置小区为例，通过田野调查所得一手资料，分析搬迁农民新生活调适与新角色转换的实现途径与转变现状，探析其对新环境的调适性及融入困境，并进一步通过原因剖析，寻求大遗址保护与搬迁农民安置实现双赢的有效途径。分析得知，将大遗址保护中及因其而生的搬迁农民安置作为一个整体来思考，构筑"保护＋适应＋发展＋共生"的共同体模式，不失为遗址地更优保护与搬迁户更好发展的一剂良策。

一、唐崖土司城址申遗保护与遗址地农民搬迁安置：迁徙与碰撞

1. 田野点概况

唐崖镇原名尖山乡，因镇区老街处原有一寺庙"尖山寺"而得名。元代初期，中央政府在今咸丰县境内实行土司分治，设置唐崖司管辖地方，并建有唐崖土司城首府。清代实行改土归流。唐崖镇现辖1个社区，37个村委会，且有一自然村——唐崖司村，与世界文化遗产——唐崖土司城共生一地。唐崖土司城位于唐崖镇区东南两千米处的玄武山麓、唐崖河畔，共历16代、18位土司，拥有3街18巷36院，被学者亲切地称为"小故宫"。[①]历经百余年风风雨雨，至今，唐崖土司城址部分建筑尚保存完好，街道墙垣仍清晰可辨，是武陵山区现存的土家族保存最完整的土司城遗址。

---

① 湖北省咸丰县唐崖镇志编纂委员会编《唐崖镇志》，方志出版社，2019。

图 1　唐崖土司城址复原图　作者 / 摄

2. 唐崖土司城址申遗保护

经过多年的发掘与探索，唐崖土司城址最终申遗成功。1986 年，唐崖土司城被确定为恩施州重点文物保护单位；1992 年，被确定为湖北省重点文物保护单位；2006 年，被国务院公布为全国重点文物保护单位；2011 年，湖北省考古研究所对唐崖土司城遗址进行考古发掘；2012 年，唐崖土司城被列入《中国文化遗产预备名单》；2015 年，唐崖土司城址与湖南永顺老司城、贵州遵义海龙屯一起被列入世界文化遗产名录。从 2011 年考古发掘开始至 2015 年申遗成功，唐崖用短短三年多的时间证明了唐崖速度。为确保土司城的整体风貌，维护文化遗产的真实性、完整性，当地政府采取了"限制型"的保护措施，将核心区的土地进行了征用规划，对核心区的农户进行了搬迁安置，以整治恢复土司遗址的历史风貌。自2011 年 11 月开始，当地政府投资修建咸丰民族博物馆，用以收藏、展示土司文物；投资打造土司文化、遗址地内外景观；投资分批搬迁土司城遗址核心区内 98户、外 200 户，共计 298 户居民。

3. 遗址地农民搬迁安置

据统计，与土司城址共生一地的 1 个自然村落——唐崖司村地处遗址核心区，长期以来与土司城遗址呈嵌入式的状态存延。为维护唐塔土司城址的整体历史风貌，唐崖政府在集镇毗邻区的唐崖河畔划拨土地 20 亩用于建设搬迁安置小区，并用短短一年多的时间完成了遗址区土地的征用和 98 户农户、358 人的搬迁工

作。截至目前，遗址核心区 98 户搬迁户已全部搬迁安置，遗址核心区外 200 户
农户的搬迁安置工作也正在进行中。从此，土司城遗址与村落住户分离。遗址地
居民搬迁后，当地政府充分利用原有民居，修茸改造成民族博物馆、展示厅、衙
署、大寺堂等，以配合保护土司城遗址的完整性。遗址地农民离开传统的劳动土
地，在具有明显城市化意味的空间形态中，进行生产方式的重构与社会生活的重
新适应。

图 2　遗址地农户楼　作者 / 摄

4. 皇城水岸安置区概况

当地政府将唐崖河畔专为搬迁户所建造的安置小区命名为"皇城水岸"安置
小区。安置小区紧挨唐崖镇区，并依托一条宽敞的沥青路与一弯清澈的唐崖河连
通土司城遗址。道路一边的 3 栋 6 层安置高楼，建房 120 套近 2 万平方米，为典
型的城市化公寓套房。道路另一侧，各样的娱乐设施、运动设施沿河排列，为小
区居民创造了锻炼与赏景的美好环境。虽说安置小区与土司遗址相距不远，但依
旧是从农村到镇区的改变，城市化的生活场景扑面而来。在这里，你已窥探不到
传统乡村那般满山遍野的庄稼菜园，也已不见炊烟四起、鸡鸣狗吠的农家小舍。

图3 皇城水岸安置小区 作者/摄

二、遗址地搬迁农民的生计生活变迁：调适与融合

唐崖司村村民长久以来深居山林，以传统的农业种植为生，辅以家禽家畜养殖，过着独家独户、自给自足的农忙生活。搬迁安置到皇城水岸小区，离开传统的劳动土地，他们的生产、生活都发生了翻天覆地的变化。为了融入乡镇社会共同体，在政府的指导与失地农民的身份转变下，他们在血缘、地缘、业缘、趣缘等相对关系上都做出了相应调整。

1. 业缘：生计方式由农转非，渐趋多元

搬迁安置让遗址地居民离开了传统的劳动土地与生活环境，其生计方式渐趋多元化，由农业向工业、商业等领域转变，业缘关系也不仅限于农业上的互帮互助。远离传统的生产生活空间，搬迁户再无劳动土地耕种，也无屋棚瓦舍养殖。

因此，他们需要快速进行生计方式的转变，凭借自身的技能、体力、智力条件与外在的政策、培训、机遇，转而从事务工、商贸等新行业，以适应城市化、多样化的就业形势。就业时，尤以月嫂、厨师、司机、环卫工人、非遗讲述人等技能工作为主，也有利用市场、政策机遇，自主创业从事商贸的。

针对搬迁农村家庭，当地政府组织过多次培训，包括了申遗知识、讲解员培训班等文化类的职业培训，以及上岗就业的其他职业技能培训，如月嫂、厨师、司机等，使搬迁农民了解更多的家乡文化和遗产常识，从而成为唐崖土司城址内对外接待游客的服务型讲解人员、门卫或清洁工等，实现就地务工。此外，当地政府与浙江、上海等地的企业建立合作，将当地符合条件的搬迁户以劳动力的形式推荐上岗。政府还积极鼓励有才能的人自主创业，滚雪球式地带动更多人就业致富。其中 2015 年，搬迁户罗远红在政府鼓励下带头成立"民益劳务服务公司"，该公司优先从搬迁家庭中雇佣劳动力，提供了 57 个固定岗位、30 个临时雇佣岗位，扭转了大批搬迁户的生计方式。

2. 地缘：居住环境告别瓦舍，直立集约

从农村到镇区，搬迁户的居住环境也由传统的田舍相融形式的生产生活一体化空间，变为田舍分离的立体式套房，生活环境向城市化、现代化方向转变。在居住环境上，农户离开了传统农村一家一户的土家瓦房，住上了每人 20 平方米、宽敞明亮的套间。从瓦房、木房到楼房，变成了水电气全通，邻居上下楼或门对门的居住结构；从农村到镇区，拥有了干净平整的中央广场、形式多样的运动设施、应有尽有的店铺超市以及宽阔笔直的交通大道，居住环境大为改观，地缘关系也由村落变成了社区。当地政府工作人员介绍道："唐崖土司城址自 2012 年启动申遗工作开始，便积极谋划实施'皇城水岸'易地搬迁项目。通过多次调研论证，决定实行以集中为主的安置模式，整合搬迁资金，完善配套设施。在离唐崖土司城址核心区不到 2 千米的唐崖集镇上，建设现代化居住小区。唐崖土司城址的易地搬迁工作为每户搬迁户建立纸质档案，对照'一份确认登记表、一份搬迁协议、一份基本信息资料'的标准，细化到户，做到一户一档。"

3. 亲缘：打破传统家庭格局

在居住模式与生计方式的改变下，搬迁农民家庭的常住人口模式也发生了变

化，青壮年出门务工，留守儿童与留守老人增多，"隔代亲"变得流行起来，农村传统的家庭格局被打破。

实地走访中，搬迁农民叙述道："搬迁前一家人住在遗址内以农为业。平时种田主要种的有水稻、洋芋、苞谷、蔬菜瓜果，栽的有茶树，喂养的有牛、羊、猪、狗，这些都可以满足平时的口食，生活平淡。政府组织搬迁之后，在安置区，我们一家五口分得了三室一厅一厨一卫的大套房，还得到了政府给的土地补贴。不仅如此，家中有条件的人也通过培训被外包到外地工厂上班。自己的儿女依然长期在外务工。身边其他人经培训后被相继介绍成了镇区的环卫工人、遗址区的历史文化讲述人，也有培训后到外地当月嫂、厨师的，比以前的门路多了。但是不符合条件的老年人一般都在镇上带孩子、带孙子，没有农民身份了。平时吃一把菜都得去买，还是不习惯。"

4. 趣缘：休闲娱乐需求现代化，迈向新时代

农民搬迁安置到"皇城水岸"后，当地政府积极倡导与组织，打通了安置区与镇区、遗址公园与安置小区之间的康庄大道，修建了各种娱乐设施、运动设施，扩建了唐崖广场、文化展演广场等活动场地，为当地群众营造了良好的生产生活、交流交融的外部条件。搬迁农民来到安置区，也形成了新的社区结构，其相应的社会交际与娱乐方式亦随生活环境的变化而渐趋现代化、都市化。原来依托地缘关系建起来的小村落已被现在的社区组织打破，原有的村落邻里也为当下的楼上楼下、隔壁对门所取代，原有的农业互帮互助也变成了时下的广场舞伴儿、象棋棋友或者带娃宝妈团；原有的村委会也转变成了现在的社区居委会。搬迁农民开始集中性地参与到社区活动中，融入跑步锻炼、跳舞刺绣、下棋喝茶的城镇化娱乐活动中。

访谈中，一名搬迁农妇讲述道："我家里有三口人，女儿还在镇区上高中，丈夫在外打工，维持家庭收支。搬迁前，我在遗址内有一栋两层楼的吊脚楼，种着少量的农田，平时屋子基本闲置。因要照顾女儿，在镇上租了两室一厅带女儿上学，只有女儿周末放假才和女儿回家忙活几天。现在搬迁了，安置区离女儿的学校近了许多。闲余时间，我还可以和楼上楼下的姐妹一起绣绣花、跳跳广场舞。在安置区，清早起来就可以看到对面路上有人跑步锻炼；中午太阳正大的时候也

能在广场看到晒粮食的熟人、在树下围坐下棋的大爷；吃过晚饭，音乐一响就是广场舞的天下咯。现在越来越觉得自己过着'城里人'的生活了。"

三、"皇城水岸"安置小区搬迁户新生活调适构建困境

从民族学角度来看民族共同体，可知民族作为人们在历史上形成的有共同语言、共同地域、共同经济生活以及表现于共同的民族文化特点上的共同心理素质的稳定的共同体[①]，是众多共同体中的典型代表之一。可见，共同体既可以是一个包含文化、地域、生计、心理等在内的大共同体，又可以是细分为亲缘、业缘、地缘与趣缘的小共同体。虽然，在政府与搬迁农民的共同努力下，"皇城水岸"安置小区乡镇社会共同体在亲缘、业缘、地缘与趣缘方面的转变已趋向于社区模式，但囿于唐崖土司城保护与搬迁安置工作的特殊性及搬迁安置与共同体构建本身的复杂性，"新市民群体"的共同体构建尚存在一些困境，亟待突破与解决。

1. 两轮搬迁户同地集中安置，乡镇共同体构建压力增大

据田野调查发现，唐崖镇整体地形呈椭圆形，而倍受保护的土司城址（核心区）则正好矗立于椭圆正中间，被遗址地隔离的三个小组（核心区外）便因公路阻断而与乡镇的联系困难，亦需搬迁安置。因此，整个唐崖土司城遗址地搬迁安置共分遗址地核心区与核心区外两轮进行。截至目前，遗址内核心区98户搬迁户已全部搬迁安置，遗址核心区外200户搬迁安置工作正在进行中。随着搬迁户的数量持续增多，镇区市场渐趋饱和，相应的就业、交通、管理压力加大，随之而产生的一系列连带问题，都需要引起重视并被解决。加之当地搬迁工作开展时间较短，一期搬迁户的整体安顿工作尚不完全，就要迎来第二轮的搬迁安置，加大了安置区乡镇社会共同体的构建难度。

---

① 林耀华：《民族学通论》，中央民族大学出版社，2003。

图 4　皇城水岸安置小区正在修建中的第二轮搬迁安置大楼　作者 / 摄

2. 居环境趋于城市化，生产生活空间差异明显

搬迁农民原是唐崖司村村民，深居山林，过着以田为家、以田为业的农耕生活。在那里，农田村舍融为一体，既是生产空间，又是生活空间。而如今，唐崖土司城搬迁安置区的规划设计采用立体集约的公寓式住宅取代了农民传统院落式的空间结构，以大面积硬化广场替代传统的农田庄稼，聚落组合方式也由平面展开式布局向垂直集约化转变，这让搬迁农民的生产生活空间迥异。搬迁户固有的一家一院居住习惯与因地缘关系而建立的社会网络，与城市化的生活环境和社区网络有很大不同。他们因对传统村落土地、乡村淳朴生活与传统行为习惯的留恋而暂时无法形成对城市空间的归属感。

3. 搬迁农民受教育程度低，缺乏主观能动性

实际走访中发现，搬迁农民普遍存在文化水平较低、工作技能单一的问题，尚有部分民众思想观念相对而言比较保守，自我服务能力也比较低，对于搬迁后

能否正常维持生计顾虑重重，在适应安置区生活方面缺乏主动寻求适应的积极性。因此，即使有政府的政策帮扶与督促，依然还有一部分民众未能积极参与相应的培训与社区活动，而未能成功实现能力的提升与角色的转换。

4. 市民农民利益交错，存在争端与矛盾

在调研中了解到，随着唐崖司村村民的到来，小矛盾也出现了。三四百名搬迁户的涌入，让唐崖河畔热闹了起来，该地成了名副其实的乡村结合部。同时，镇区居民与搬迁农民不同的利益诉求与生活习惯，让这里会因为占地问题、店铺问题、利益问题、观点问题、习惯问题发生口角。

据当地工作人员介绍道："人与人之间总是有不同的利益诉求，当他们之间的利益发生交错，矛盾也自然就来了。我以前在镇区工作时，也常常会碰到镇区居民之间因利益、荣誉而发生口角、争端的情况，现在这里矛盾隐患也自然存在。皇城水岸安置小区是政府专为唐崖司村村民划拨建设的，搬迁农民的生活习惯，资源利用方式都不同于镇区居民，双方的矛盾便不可避免。比如刚搬迁来的时候，有的搬迁农民喜欢在空的土地上种点小菜，引来了其他搬迁户的不满，争相跑到政府划拨小菜园，这又引来了镇区居民的掺和，因此纠纷不断，最终以'搬迁户赔偿土地拥有者，不得再乱占土地'解决。最近我们常常收到镇区居民对搬迁户个人卫生习惯的投诉。私下，他们也因为邻里间的闲言碎语而时常发生矛盾。诸如此类。"

四、加快构建"皇城水岸"安置小区乡镇社会共同体的思考

由上可得，土司城搬迁农民在搬迁后的较长时间内，在经济、文化、社会心理等方面都面临着诸多不适应。因此，需要各方力量针对土司城搬迁农民社会适应现状，深层次分析其诸多不适应的因素，进而积极探寻加快构建"皇城水岸"安置小区乡镇社会共同体的步伐。

1. 统筹优化遗产保护与农民安置，构建整体发展机制

在长期的历史发展过程中，我国大部分大遗址都深深打上了自然生态环境和人文社会环境的烙印，它们共同构成了不可分割的整体。因此，在对唐崖土司城

址进行保护的同时，不能将长期与区域环境在磨合协调中形成的特有的聚落文化排除在外。所以，当地政府可以统筹优化遗址的保护与搬迁户的安置，将当地传统的土家文化习俗、传统的村落文化与土司城址融合开发，打造具有历史文化底蕴与特色人文风情的活态化遗址地，从而建立起一个保护与发展相互促进的利益链。通过科学规划和合理开发，让大遗址真正融入当地的社会生活。另一方面，搬迁户脱离原有的农耕生活，转向陌生的商业生活，需要一个转换过渡机制，起到承前启后的连接作用，即，为搬迁户寻求新的生计方式，使其在农商结合的基础上实现转型。既要发挥农业的潜力优势，为农民提供活路；又要发挥商业的带动作用，促进经济的发展。最终，使搬迁农民与镇区居民在农商的结合发展中找到相互的价值，求得业缘的交叉与共生互补，建立和谐而稳定的互助共生关系。

2. 合理规划住居环境，留住农民精神家园

中国传统的农耕文明是典型的两度空间结构，两度空间即生产空间与生活空间。生产空间是作为农民基本生产资料的土地农田，是乡村田园风光的重要表达载体，是被赋予社会化要素的精神场所；生活空间则是维系社会网络和族群关系的聚落集合，这两度空间结构是中国传统农村文化发酵成型的重要场所。而如今，唐崖土司城搬迁安置区的规划设计，采用立体集约化的公寓式住宅取代了农民传统院落式的空间结构，聚落组合方式由平面展开式布局向垂直集约化转变。搬迁户固有的生活习惯与城市化的生活环境方枘圆凿，无法形成空间归属感、认同感。为了提高搬迁户对生活环境转变的适应性，留住乡愁，在安置区规划设计上，可以注意考察保护区村落的空间格局、建筑群组、建筑形制，以遗址内村民的生活习惯、劳作习惯、交流模式等，指导安置区的建筑及景观的空间设计，为搬迁户营造充满熟悉感的场域氛围。如根据农村中用于休憩及晾晒谷物的坪地，对安置社区进行庭院化设计，在楼房户型中加设空中庭院小型露台，帮助农民适应由平房至楼房的变化。

3. 开展职业技能培训，拓宽农民就业渠道

由于农户社会资本、人力资本不足，自我发展能力有限，在就业方面处于劣势，急需外界予以援助。此时，为了防范搬迁户对新的安置区不适应而回迁，当地政府应积极争取国家层面的政策支持来解决搬迁户所面临的系列自我发展能力

提升问题及后续工作发展问题，尽快使搬迁户适应迁入地的生计生活。具体来说，当地政府可根据安置地区域特征制定产业发展、产业培育、金融支持、劳务输出、招商引资、教育培训等系列政策，加快产业结构升级，实现生产要素重组。同时注重联系区域内外企业组织，合作开展各类技能工作培训，为搬迁户提供多样的就业渠道或匹配度更高的岗位，缩短其再就业转换周期。除此之外，当地政府亦可鼓励搬迁户结合自身才能创业致富，通过对当地特色自然资源、文化资源的挖掘进行文创产品的创造和特色产业的发展，如有关土司文化的纪念品、土家刺绣等。总之，要让每一个可以劳动的人应尽其力，让每一份可以利用的资源物尽其用。

4. 营造和谐社会氛围，协作实现互利共赢

在搬迁户的适应过程中，社会群众和政府为搬迁户提供的资金、友谊、情感等方面的支持与接纳是至关重要的。搬迁户落户到新的社区后，原有的社会网络被打破了，新的社会网络尚在构建当中，他们在生产、生活上必然面临一系列的困难，极易引发不适。而由于社会对搬迁户的容纳主要体现在政府与社会大众两个层面，这就需要各级政府与社会组织对搬迁户多关注、多支持，通过建立完善高效的社会支持网络，根据移民的需求在经济、教育培训、情感联系等方面提供援助。政府应该配套完善各类基础设施，如成立社区管理办公室，组成业主管理委员会、文化活动室等，在便民的同时更注重提高搬迁户的生活质量。同时要发挥主流媒体的舆论导向作用，逐步引导全社会消除隔阂和偏见，对搬迁户形成一个客观的评价，让搬迁户积极参与到社区事务和管理当中来，获得归属感，真正适应并融入安置区的新生活。对镇区社会民众而言，外来的搬迁农民是需要其帮助的对象。在一起相处的日子里，镇区民众要主动接受搬迁农民的到来，邀请他们参与社区型的社会活动，帮助他们解决力所能及的问题，共同营造温馨的生活氛围。

5. 积极转变思想观念，主动提升综合能力

正如费孝通先生在其论著《乡土中国》中曾论述的，"很多离开老家漂流到别地方去的并不能像种子落入土中一般长成新村落，他们只能在其他已经形成的

社区中设法插进去"①。农民作为搬迁的主体，他们面临着生产、生活、文化、社会心理等一系列的不适应问题。因此，要想解决适应难问题，发挥搬迁户的主观能动性至关重要。所以搬迁户在面对异质文化的影响和冲击时，必须重视自身的积极调适，尽快完成农民向城镇居民角色的转换。这就需要他们充分发挥自身的主观能动性，努力学习、主动了解接受城镇社区的行为规范，并以此为基础重建社会关系与网络结构，与时俱进地适应安置区的文化传统、生活习惯及生产方式。具体来说，搬迁农民要尽快跳出传统小农观念模式，积极主动学习时代理论以更新观念，积极参与技能培训以提升自身能力素养。适应本身是一个持续变化的过程，在这个进程中，搬迁农民可以提升自身各方面的能力和技术水平，以更好的姿态，在新的环境中打造出一个自己能够欣然接受同时本地人也高度认可的充满正能量的生活环境。

结语

搬迁作为大遗址保护的必要手段，在一定程度上保障了古代遗址免遭人为活动的破坏。同时，作为直接受大遗址限制性保护政策影响的搬迁群体，其在脱离熟悉的生活场所之后，对新生活的适应问题，也应引起重视。尤其像唐崖土司城址这类乡村类世界遗产，它们不是孤立存在的个体，而是人与自然共生共处的、和谐统一的复杂系统。因此，在对大遗址进行保护的同时，也必须坚持以人为本的原则，注重聚落文化资源与大遗址景观区之间的合理建构。大遗址保护所产生的村民搬迁安置问题涉及面较广，需要政府层面、社会民众层面与搬迁户主体层面共同协调努力，以营建出具有场域熟悉感的生活环境，营造出和谐共生的社会氛围，创造出更加有利多元的发展空间，实现大遗址保护与乡镇社会共同构建的完美融合。

当前的搬迁户适应性研究主要在社会学范畴中展开，聚焦移民群体的收入保障问题，策略选择是诸如搬迁补贴、以工代赈、小额贷款等政府主导的社会举措。大遗址区具有特殊文化属性，大遗址移民安置区更应该注重传统文化的继承，注

---

① 费孝通：《乡土中国》，北京出版社，2005。

重与大遗址区之间的产业连接。所以，具体则需要政府、搬迁户及迁入地原居民三方协调合作以提高搬迁户对生活环境和生产方式转变的适应能力，最终实现搬迁户与镇区居民之间更和谐、更长远、更理想的共生互补关系，建构美丽生产生活家园。

致谢

本次的唐崖土司城移民生活适应性调查研究是在与唐崖走访队队员合作下完成的为期一个星期的田野调查项目。首先，在这里需要真诚地向我的队员涂祖星、向秋、祁丽冰和张晨致谢，感谢队员的通力支持与合作。

其次，我要感谢学校对于我们这个调研项目的资金支持，让我们有了调研的物质保障。同时十分感谢唐崖镇政府领导的热情接待与细心解答，感谢遗址内门卫与非遗传承人的引导与解答，更感谢移民搬迁户的信任与交谈，他们都为我的调查研究提供了必不可少而又弥足珍贵的第一手材料。

最后，我要真诚感谢我的导师李然教授对于我论文撰写的悉心指导与建议。四年的本科学习过程中，有幸在李然老师所教授的"南方少数民族史"与"社会学概论"两门专业课中形成了对鄂西少数民族的深刻认识。所以在田野调查的选题过程中，也毅然选择了以鄂西咸丰唐崖土司城的搬迁农民生活适应状况为研究对象，通过美丽乡村及社区治理等理论的嵌入，以求探讨出大遗址保护与搬迁农民新生活适应提升的双赢路径。也正是有了李老师的这一份陪伴，才让我在论文写作上不那么迷茫。当然我能完成写作，也离不开四年来其他老师的谆谆教导，是他们的倾囊相授让我积累了丰富的学习理论，才有了写作的基础与灵感，更增进了对民族学的学习兴趣。

作为一名民族学专业的学生，四年的民族学学习，是值得用一生来回味的经历。首先是丰富的国内外理论学习，遨游在民族学者的知识海洋中是足以大饱眼福的；其次是别具一格的田野调查实践经历，奔走于不同田野调查点的观察者能够亲自见识到书本以外的鲜活案例，这是不可多得的一笔财富。民族学的学习，让我从理论与实践上都见识到了中华民族同胞的丰富多元与无限魅力，更体味到了民族学专业的独特魅力。民族学真的是一门贯通古今，涵括内外的综合性交叉学科，值得被学习、推广。

附录　个人田野调查随想

作为一名民族学专业的死忠粉，我很庆幸自己一开始便选择了民族学专业。民族学以古今中外的民族经济、社会、文化等各种事项为研究对象，以田野调查为获取知识资料和检验理论知识的主要手段，以民族田野为天然的实验室。民族学无疑是一门让人羡慕的学科。我热爱民族学专业，亦热爱民族学专业的田野调查。

因为有强烈的专业学习和田野调查兴趣，我与同校同学跨专业组队前往湖北恩施的唐崖土司城，展开了为期一周的移民适应性调查研究。果然，跨专业的组队使我们的研究方法及思路趋向于跨学科的综合方向，我们从不同的角度思考，各自发挥相应的专业优势，为调查研究的顺利开展注入了积极因子。

整个田野调查我们分三个大的板块进行：第一个板块便是走访移民搬迁户的故居，即踏访土司城遗址，了解遗址内的建筑及土地规划情况。第二个板块则是走进移民搬迁户的安置房内，通过与他们的切身交谈了解他们的生活现状及各方面的转换适应情况。第三个板块则是拜访请教当地领导，从宏观层面了解土司城的整个申遗保护过程及工作规划，了解政府对于移民工作的开展细节及相关补贴发展政策。最终，通过多方面的资料整理及数据分析，得出关于移民搬迁户全面客观的适应结果，并针对移民适应中存在的问题分析原因、提出建议。经过一周的田野调查与后期的资料整理工作，我发现唐崖土司城移民的适应性状况整体偏于良好，其积极效果可以作为其他移民搬迁工作的借鉴典范。

不可否认的是，田野调查是民族学专业学生安身立命的必备技能，它是我们获取资料、检验知识、提升专业素养与能力的必经之路。民族学专业的学生通过在田野中调查研究，才可以将理论联系到实际中，又通过田野调查完善创造新的理论知识，并在理论与实际中充实提升自我能力。如此反复，最终便可实现学者与学科的双向向前发展！

自主出摊：被动城市化群体的文化适应策略

——基于 G 村地摊经济的个案研究

兰州大学历史文化学院 2018 级民族学专业　石　岱

指导老师　刘　庸

摘要：作为典型的被动城市化群体，失地农民需要进行"村民"到"市民"的身份转变，这一转变过程是一个多指标的文化适应过程，也是一个由被动城市化向主动城市化转变的过程。本文对 G 村地摊现象进行分析，发现在市民化过程中，村民逐渐习得城市文化并呈现出多元的文化取向。地摊作为一种含义广泛的"事"，不仅是经济理性与道义政治的考量，也是失地农民主动创造的文化适应策略。城乡文化的融合与城市化群体的主动选择是变"被动"为"主动"的关键所在。

关键词：地摊；被动城市化；文化适应；城中村

"主动城市化"是"后改革时代"深化改革的必然要求，是转变经济发展方式的重要依托，也是构建社会主义和谐社会的内在要求。中国当前正处于由"被动城市化"阶段向"主动城市化"转变的阶段，如何实现由"被动"向"主动"的转换成为亟待解决的问题。[①] 如何理解"被动城市化"的原因，如何理解"主动城市化"的主体，何为"被动"，何为"主动"，何为"城市化"，则是在转换

---

① 白永秀、王颂吉：《由"被动城市化"到"主动城市化"——兼论城乡经济社会一体化的演进》，《江西社会科学》2011 年第 2 期，第 81 页。

过程中不可忽视的问题。由"被动"变"主动"的过程必然包括由"农民"到"市民"的身份转变，而"农转非"不止关涉农民对城市空间和社会结构的被动嵌入，该进程同样包括生计方式、文化观念、社会心理等多方面的转变。市民化是一个多指标的文化适应过程，农民的文化适应与认同状态更是衡量城市化主体是否"主观"的重要因素，因此，从文化适应的视角思考农民的社会融入过程成为透视城市化进程的有效方法。

G村隶属于湖南省湘西州吉首市经济开发区吉凤街道，在城市南扩建设新城区的过程中，G村由城郊的稻作农业村落转变为生计多样的城中村。地理空间的嵌入将村落纳入城市版图，村民被动参与城市化。在后疫情时代政策放权的背景下，G村村民创造了自己的文化适应策略，化"被动融入"为"自主出摊"，城市化状态逐渐由被动转向主动。本文从G村摊主们地摊经营经验与对生活的解释风格出发，通过参与G村地摊经营并对摊主、村民、城管进行半结构化访谈，讨论G村人如何在剧烈变动的时空中走向地摊，创造性地重构生活世界。通过对G村地摊现象的分析，作者希望能对上述城市化问题的回答有微小的帮助。

一、"想不到"：非常地摊的诞生故事

2020年5月27日，中央文明办明确，在今年全国文明城市测评指标中，"不将占道经营、马路市场、流动商贩列为文明城市测评考核内容"，全国多地出现城市摆摊潮。同年6月末，G村村民陆续前往马路摆摊，他们首次以经营者的身份参与地摊实践，该街区初次形成地摊潮。依牯牛坪摊主的话来说，牯牛坪地摊潮是"想不到"的事。在牯牛坪地摊意外诞生之前，地摊经济形式既不存在于牯牛坪社区中，也不存在于牯牛坪摊主的预想里。

1. 摊主的故事

摊主01谈及现在自己的摊主身份时，感慨之中还带着一丝似乎已经平复许久的惊异："原来扯谈（聊天）的时候，我们也会开玩笑，讲我们这些人没什么文化，又只会种田，其他的搞不来，以后要是找不到事做了，到乾州农贸市场摆个摊摊也

可以，但也还是没正儿八经想过去摆摊。摆摊对于我们来讲，也不是什么新鲜事，但去摆摊、到摊上买东西，也只是赶场的时候会去，大部分人都不会把摆摊当成'事'做。我不晓得人家是怎么打算的，那时我还真的没想到我现在会到这里摆摊。哪晓得先碰到了疫情，又碰到了（游乐园）开业，再往前面推点，我都没想过我屋田会碰到开发项目。哪有什么想过没想过（去摆摊），想了也想不到啊！"

摊主 01 今年 49 岁，自 2015 年家中田地被征收，她的务农生涯便落下帷幕，而她丰富的农业知识愈发无用。她既不识字，又没有城市工作经验，太多职业都对身材瘦小且步入中年的她关上了大门。她需要重新找一份"事"做，而对于处于就业市场中极不利地位的她而言，"做事"从生活常态变成了偶发的机遇——时间被间或到来的"事"分割为了碎片，不再像农业生活时那样固定，越来越多的不确定性开始进入她的生活。她开始为了"做事"而辗转，被动地流动于陌生的时空之中，家庭是她少有的进出自由的空间，也是她唯一的心安处。直到 2018 年，家庭喜迎长孙，她终于找到了一份固定的"事"，能够安心在家照顾儿媳和孙子了。2020 年，丈夫与家中年轻人失业在家，此后，"生龙欢乐世界"（游乐园）开业，仍旧待业在家的儿媳负责照料孩子，而再次无事可做的摊主 01 则在家人的支持和村人的带动之下，在山脚小路上摆起了小摊。摊主 01 的出摊经历并不能代表所有摊主，每个摊主都有自己独特的生命历程，但其出摊背后的社会现实却是每个摊主都面临的境况。

当讲述起自己为何出摊之时，G 村摊主们会着重叙述三个时间点，分别是游乐园开张、疫情暴发和征地拆迁，及其前后发生的事，年龄越大的摊主所追忆的时间越久远，有的摊主甚至还会回忆起 20 世纪 90 年代起村里陆续下海打工的村民。她们通过对这些时间点和相关事件的串联，描绘了 G 村城市化的过程，并塑造了自己对村民如何融入城市与市场的记忆。在这些或苦痛、或喜乐的故事中，"失地农民"和"失业市民"则是最典型的人物形象。

（1）征地拆迁与失地农民

"征地拆迁"开始于吉首市南扩建设新城的过程中，自 2004 年建设吉凤工业园和吉凤工业大道始，G 村不断被纳入新的开发项目之中，在陆续经历吉凤工业园、常吉高速、长潭高速、溶江小区、牡牛城、吉凤山生态公园、生龙欢乐世界等开发项目征地拆迁后，G村水田被全部征收，旱地近乎征收完毕。伴随着征地拆迁，G村村民逐渐变为了失地农民。

（2）疫情暴发与失业市民

2020年新年伊始，新冠疫情暴发，之后产生了大量的待业人员，为地摊的诞生提供了大量可用的劳动力。

2.游乐场、地摊与再就业

2020年5月29日，位于吉凤山山顶的吉凤山"生龙欢乐世界"举行开园仪式。自"游乐园开张"始，"欢乐世界"作为州内唯一一个大型游乐园和招商引资的重要项目，大批游客纷至沓来，为地摊的诞生提供了大量的客流量。

目前"生龙欢乐世界"的建设水平较低，除了尚未完成的二期项目，停车场、路面硬化、栏杆等基础设施都是游乐场所欠缺的。现阶段"欢乐世界"正集中精力完成二期工程与停车场，马路硬化、增设栏杆等建设工作预计会放在建设后期完成，长时间内山脚小路都将是一条乱石满地的破路。对于"欢乐世界"而言，目前土地利用的重点在于其出资征收的山顶地盘，并未注意到山脚小道的使用问题。这条小道也并不通往周边住宅区，住宅区也不会关注它，如非大型活动场所和有物主委员会主动投诉，城管大队一般也不会前往限制对它的使用。由于多方无意地忽视，山脚小路的这片空地成了地摊经营空间的雏形。

地摊管理放开之后，摆摊行为很大程度上摆脱了"占道经营"的非法性质，并获得了政策优惠与制度保障。地摊的摆摊时间、空间都有所扩张，其吸纳的人群与占用的行政资源也不断增加，从而获得更多的社会资源以助力自身的发展。地摊经济的放开是一个给地摊从业者赋权的过程，城市管理制度的天窗因此被打开，扎根于后疫情时代土地的地摊也得以生长。在此意义上，摊点如雨后春笋一般冒了出来。这些新冒出来的摊点成了G村人的灵感来源。这些新摊点一方面将城市地摊带入G村村民的视野，让村民发现就近摆摊的可能性，另一方面也告诉了村民们主动适应非农文化的策略，即通过地摊适应失地与失业，并以国家话语论证地摊的合理性。

最终，除了G村村民以外，没有人注意到这一条马路界定不明的属性，也没有人想到一条破马路竟蕴含着商机，因而村民们抢占先机，率先将闲置的马路变成了一个经济空间。

3.宝妈和婆婆的摊

当劳动力、客流量、经营空间三个条件都得到满足之后，又遇见了政策开口，G村集"天时、地利、人合"于一体，一个新生的地摊经济便孕育而生。六月中旬，G村村民自发在通往山顶的公路上摆摊，截至八月末，G村摊点数量稳定在11个左右，周均摆摊人数为17人，全周无休出摊摊点有7个，常驻摊位的"摆客"（摆摊的人）约10人，10户家庭人口共计64人，占全村人口的6.76%。周一至周五，日均16位非摊户村民会在地摊歇息停留，周末日均则达到36人，周均村民流量116人，占全村人口的15.1%。出摊兴起近三月，吉凤山山脚的地摊俨然成为G村社区一些家庭重要的经济活动之一。

然而在G村地摊完全诞生以后，其特殊性不仅局限于其"存在"的"想不到"，摊主构成的高度同质化成为G村地摊最显著的特点。

除了一位从老城区前来出摊的男摊主（摊主11），其余摊主都是G村的已育女性，她们不是要"引孩"（带孩子）的"宝妈"就是要"引孙"（带孙子）的"婆婆"，有些摊位则是婆媳齐上阵，两代母亲共居一摊。女摆客占比波动范围在82.3%—94.1%之间，仅有女摆客在场的时间约占周摆摊时间的71.4%。

至此，G村地摊的故事已有了一个大致的轮廓。从这个故事中，我们可以得知，G村地摊是一个意外诞生于后疫情时代、由本村已育女性经营者为主的非常地摊。两个问题由此产生：G村村民们为什么纷纷主动出摊，并形成了新的城市地摊景观？为什么其摊主构成会高度同质化？

二、"不习惯"：被动城市化与文化不适

按照城市融入方式划分，中国的城市化群体可分为城市拓展型被动城市化群体、跨区域流动型主动城市化群体和乡村工业化型主动城市化群体，后两类又被

统称为主动城市化群体。① 在村民们的叙述中，"征地拆迁"几乎是大部分人所认为的事情的开端，由征地拆迁这一城郊拓建行为产生的失地农民就是典型的城市拓展型被动城市化群体。

在城郊拓建的过程中，城市拓展型被动城市化群体首先在地理空间上被划入了城市体系内，但是地理空间的嵌入并不等同于对城市社会空间的融入。被动城市化群体嵌入城市社会空间，成为城市社会体系中的构成部分，不仅是一个由"农民"到"市民"的市民化过程，更是一个从农耕文化向工业文化转变的文化适应过程。在这个过程中，失地农民需要重塑原有的认知结构，习得对城市社会的认知能力，缩短文化距离，以完成心理适应与社会文化适应。在与城市文化的接触阶段，G 村村民对于自我的认知发生了极大的转变，情绪状态也受之影响。

1. 文化距离、知识技能与社会支持

有西方学者提出了文化距离的概念，即文化适应者的源文化环境和他所移居的主流文化环境中的差异。他们认为文化距离是文化适应者所体验到的适应压力与适应问题之间的调节变量。文化间的差异越大，意味着他们在语言、饮食、风俗习惯、生活方式、气候等方面需要克服的冲突越大，需要放弃和新习得的文化就更多，因而适应障碍也越大。②

对于 G 村村民而言，城市生活与乡村生活之间的文化距离主要存在于生计方式方面。征地拆迁之前的 G 村是典型的稻作农业村，"做田"是最主要的劳动形式；与之相对的吉首市老城区则是典型的商业中心和行政中心，"上班"或"打工"是老城区的主流经济活动。

农村和城市的两种主要生计方式的差异带给村民多方位的不适，其中最大的困扰则是城市工作带给他们的异化感。城市工作制度对他们的活动时间、情感表达和劳动获得做了严格的规定。从事农事之时，村民们主要是"看天吃饭"，为"抢天时"，他们需要在农忙季多看"雷公"和"天"的脸色，因此，他们多在农

---

① 余剑、杨忠伟、熊虎：《主动城市化与被动城市化的比较研究》，《城市观察》2013 年第 1 期，第 142 页。

② 郝振：《流动儿童的社会融入及其策略选择研究》，博士学位论文，华东师范大学心理与认知科学学院，2015。

忙季（如下种、打谷、晒谷等时期）进入高度警觉且耕耘不休的高强度劳动状态。不同于"看天吃饭"时听命于"天公"，打工上班的时候需要"看人脸色做事"，听命于老板。村民们所受的时间规训经历了由"天公时"向"老板时"的改变，"闲/忙"二分的农业时被打破了，取而代之的则是以星期、月乃至年来计数的密集劳动的工业/第三产业时。相比于相对灵活的农业时间，城市严格的时间制度令村民不适。"不能不想来就不来""该到的时候不能不到"，村民们难以拥有如务农般弹性较大的时间安排，也难以在严格的时间制度下兼顾事业与家庭。

上班不止提供表面服务，情感服务和形象管理也是职员的必修课，"不能发脾气""累了不能抱怨"等规定压制了他们的情感表达。在城市社会的市场逻辑中，产品与生产者是分离的，同时因为知识技能、社会支持等因素的缺乏，村民们在城市的劳动过程中时常感到"累死累活也是在帮别人做事"。

知识和技能是提升文化适应水平必不可少的手段之一。比如熟练的语言能力、流入地历史背景的学习以及对流入地风俗习惯的了解等，都会提升个体的文化适应水平。知识与技能的习得可以增强个体在新环境下的自我效能感，并使他们更多采用较为积极的策略来达成文化适应。[①] 不同的经济形式给 G 村村民带来了对其知识技能的不同挑战。城乡文化距离之下，流动入城区的农民是人才市场中的弱势群体，对他们开放的工作岗位相对较少且酬劳较低。对于 G 村村民而言，男性村民在老城区的主要行业为司机、建筑工人和工厂工人，女性则以清洁工、洗碗工、售货员居多，行业各异，但都具有低收入的特点。

社会支持是缓解文化适应压力的重要外部因素。地方政府为失地农民提供了多方面的社会支持，帮助失地农民的再就业措施大致有以下六种：（1）优先安排公益岗，如环卫、保安；（2）优先安排在经开区的企业打工，如前往宾馆当服务员等；（3）对经商、办企业的村民给予税费减免；（4）对发展种植养殖业的村民给予资金技术扶持；（5）推动农民变股民，为被征地农民提供开发项目的一定股份；（6）为生存能力弱的农民安排最低生活保障。然而，政府所提供的社会支持还有欠缺。从政策完善度来看，六种措施的产生经历了前后十多年的时间，拆迁

① 郝振：《流动儿童的社会融入及其策略选择研究》，博士学位论文，华东师范大学心理与认知科学学院，2015。

年代较早的住户并没有享受到足够的政策优惠，这些住户需要主动地融入城市体系之中。同时，部分拆迁户对安置职业有不满情绪，也转而选择前往老城区自主就业。从资源提供量来看，政府提供的就业资源无法满足所有人的需求，部分村民需要自力更生。在这种情况下，失地农民难以找到一份安稳的"事"。进入陌生的城市后，城市社会并不能提供与乡土社会同等水平的社会支持，独自进入城市的村民的原子化过程加快，经常会感到孤立无援。

2. 未来期望值、自我价值感与生活满意度

在文化距离较大、知识技能缺乏，且社会支持较少的环境下，村民们产生了一些负面情绪，他们自我价值感与生活满意度都处于较低水平。而为了缓解乡土剧变和原有生活目标之间关系产生的认知失调，他们会在各方面进行自我设限，对于未来的期望也随之降低。

摊主06（51岁）的一席话道出了不少摊主的心声，话语背后的精神状态也是 G 村人所共有的：

> 我们能有什么想的呢？饿也饿不死，钱也得不到好多……我们就是闹场合的，就玩嘛，搞点买菜钱……想嘛又得不到，不如莫想，想多了人还心焦得很。

"不去想"和"不敢想"很好地形容了村民们的目标感。由于对城市生活的不适应，失地农民们大都会产生一些负面情绪。[①] 同大多数失地农民一样，G 村村民对未来的期望并不明晰，也没有强烈的目标感。不断增大的生活压力加大了需求满足的难度，需求内容不变，但满足时间会随着难度的加大而后移，失地农民的时间观念也因此被打破。疫情防控常态化之后，生活开始恢复回常轨的他们再次寻找自己的一份"事"做。极速变幻的时空使得摊主们及其家人形成一种认知，即"以后都讲不定的"，黑天鹅总会打破未来的安宁，因此不如"摆着看看"，经营受阻时还可及时回头。她们通过限制自己对未来的想象与自我设限来给自己减轻压力，没有目标使她们比起其他摊点的摊主更加逍遥自在。正如有的摊主自嘲道，"无事一身轻"。

① 鲍海君、吴次芳：《论失地农民社会保障体系建设》，《管理世界》2002 年第 10 期，第 37 页。

　　"没水平"和"不懂事"也成了村民构筑自我形象的关键词。他们会反复强调自己"没水平",意指自己不会说话,如果说了"不懂事"的话也不要见怪。他们原熟悉的生活场景和社会交往符号都发生了改变甚至已经消失,他们不知道哪种行为才算得当,如何建立关系、建立怎样的关系、和谁建立关系等在乡土社会中无须多虑的问题现在都需要被重新考量。

　　"不习惯"与"不称职"是村民角色转变过程中最常见的表述。城市拓展的过程也是村民们市民化的过程,而在城郊失地农民市民化的过程中,他们面临着身份、制度、经济和文化等多方面的转变,由此产生相应的认同困境,这些困境对失地农民市民化的进程有一定的阻碍作用。[①] 失地直接改变了小农经济自给自足的经济模式,作为生产单位的家庭的职能随之转变,家庭中的男女性别分工和代际分工也相应改变。在生存压力增大的环境下,这些改变的目标是通过改变分工、拓展个人职能,以增加家庭整体收益,从而提高家庭抗逆性。在此背景下,为了获得更高的经济收入,中青年男性和女性都需要付出更多的努力。为了缓解主要劳动力的压力,老年男性和女性的劳动时间也相应延长,以减轻家庭的经济和照顾负担。家庭成员职能的扩展背后暗藏着诸多问题——职能拓展到底指向什么?哪些能做哪些不能做?职能拓展的环境下如何兼顾好每一个职能?如何服务于孩子的全方位发展?劳动年龄延长的情况下如何尽孝?如何在应对现代性挑战的过程中塑造完满的乡土理想人格?这些待解决的问题最终转变为了个人的新生压力。

　　在村民的自我评价体系之中,"不""没"等否定词随处可闻,这套话语背后蕴含着消极的自我暗示,表明了村民自我效能感和价值感较低。

三、"找事做":主动城市化与文化适应策略

　　在城市化进程中,农村集体土地将大量被征用,大量农民将成为失地农民,并且将生活在相对陌生的城市里。要由农村意识转化为城市意识,由农民的生活、

　　[①] 杜洪梅:《城郊失地农民的社会认同困境与社会政策的完善》,《广东行政学院学报》2007年第4期,第74页。

生产方式和行为转化为市民的生活、生产方式和行为，需要一个较长的磨合期和适应期。[①] 在这个适应城市文化的磨合期中，G村村民产生了诸多文化不适的问题。依据文化适应研究，经历这些问题之后，个体会根据自己的认知图式来选择不同的文化适应策略。

传统稻作生活带给村民的体验是安全、稳定而可预见的。失地之后的生活则是高度不确定的，农民失地之后难以找到一份固定而称心的工作，他们所面临的挑战与风险层出不穷。为了给自己变动不息的生活增添一点确定因素，G村人选择用"事"的概念为个人提供归属感、成就感和安全感，从而为自己构建适应空间。为了创造一份稳定的"事"，G村人综合后疫情时代的现实条件与其主观意愿，他们选取了他们最熟悉的经济方式"地摊"以作为文化适应的媒介。

摊主08在讲述自己出摊动机时说道："我以前也没想过去摆摊还是去做生意什么的，就是看到大家都来摆摊了——现在好像确实可以摆了——我就来摆摆看，凑下热闹，反正也莫得事做，也没得压力，像玩耍的，就来了嘛。"

出来摆地摊也就像出来玩耍般轻松愉悦，还能在凑热闹的过程中满足自身的社交需求，因此她收获了她的初次摆摊体验。

人还是要有事做，没管（不论）这个事是什么事，没管做这个事有多累、能不能得到多少钱，都还是要去做事。我星期一到星期四到屋（在家）当全职妈妈，剩下三天出来摆摊，都是在做事。人还是要做事，不做事了，人精神就垮了。

要想完成生活、生产方式和行为的转换，村民必须要融入城市社会，通过在城市社会中找"事"做来建立自己与城市的联系，从而找寻自己在社会结构中的位置并以此获得自我的新身份，以此推动文化适应的进程。农民找"事"做的过程也就是他们创造适应策略的过程。因而在后续摆摊过程中，她更将摆摊视为自己的"事"，将"做事"的精神状态持续下去则是她继续出摊的重要原因。

① 陈德伟、金岳芳：《征地中的农民土地产权问题》，《中国土地》2002年第3期，第16页。

1. "事"的含义

每日早十点到晚十点的出摊安排占据了摊主们每日至少一半的时间，除把家庭照顾放在首位之外，摆摊就是摊主们最重要的事。但是在说起地摊与自身职业的关联时，摊主们却普遍不把摆地摊当成一份正式的职业。摊主们对于自身职业的看法主要有三类，一是认为自己曾经有职业，以前在外面帮人打工做事；二是认为自己没有职业或者是自己做的事不足以被称之为职业；三是强调自己的母职和婆职，履行照顾职能才是最重要的事。在上三种看法中，地摊于摊主们而言，更接近于一种不算职业的"事"，而且这种"事"的重要性次于家庭照顾。那么"事"在摊主的语境中到底指什么呢？

"事"是一个含义广泛的字，"事"的含义因具体的情境的变化而变化。在"什么人做什么人该做的事""什么年纪做什么年纪该做的事""什么时候该干什么事就去干什么事"等俗语中，"事"的具体内容与行为主体和行为环境相关，此处的"事"表示一种联结，代表具体事务与行为主体的关联方式，而潜藏于其背后并规定关联方式的则是地方文化观念。对于 G 村村民而言，"做事"同样内涵丰富。在传统农业生活中，忙农事、红白喜事、年节祭仪、照顾孩子都是"事"，所有一个人应遵从并实践的行为都是"事"。

因为"事"的内涵广泛，相较于"工作""职业""务工"等具体明确的词语，"事"往往具有更强的不确定性。当村民们说出自己"在外面做事"的时候，他们可能是在上班，可能在打工，也可能在帮忙做事。此外，相较于"工作""职业"等在正式经济形式下形成的概念，"事"又具有了更强的非正式含义。此处的正式与否，主要是针对体制是否认可而言的，因为"事"可能是社会、社区里的"事"，比如说通过替别人家庭帮忙而获取酬劳。从"事"的职业属性来看，一个与"事"比较接近的概念就是"自由职业"。

当村民们说到自己的经济活动时，他们往往不会说自己有"工作""职业"，而会说自己在做"事"，意即自己是自由职业者。村民如此表述的原因则在于其生计方式发生了改变。一方面，由于稻作农业生产方式和城市务工所需知识体系相差太大，不具备相应知识和技能的村民融入城市市场体系并获取一份稳定职业的难度较大，做各种各样的"事"确实是他们的生存状态。另一方面，"事"是村民借以理解生活现状的中介。具体的"事"可被总括于抽象的"事"中，村民生活中含义广泛、内容多变的"事"与农村生活中的"事"都可以合并为"事"，村民借"事"的概念来理解自己不断变动的职业与剧烈变化的生活。

"事"在大多数情况下表明了某件事对于某行为主体的重要性。对于摊主们而言，地摊确实是一件对家庭有实际意义的重要之"事"。大多数摊主都是抱着给家庭额外创收的心态而出摊的，她们也大都认为摆摊收入越多，家庭的基础生活越有保障，未来发展资金越充足。面对极速变幻的生活，地摊是她们赖以提高收入、增加存款、增强抗逆性的有效途径。目前而言，地摊是一份相对稳定的"事"，地摊使摊主的时间安排更稳定清晰，从而增加了生活的稳定性。

2. "玩耍"与"做事"："劳动"与"娱乐"的"事"

正面回答地摊算不算职业的时，摊主们认为摆地摊既是"做事"，又是"玩耍"。虽然每个摊主对于"事"和"玩"意义的具体理解不同，但是同摊主08一样，她们都认为地摊存在"玩"与"事"的双重属性。

"玩"与"事"相对，除去允许并鼓励人们"玩"的节庆仪式，"玩"在大部分时间都从属于"事"，日常生活的"玩"可能是晚饭过后去桥头玩耍，也可能是去别家坪场（房子前面的空地）上闲聊。摊主们将摆地摊比作"玩耍"不只是因为低负担感的出摊状态与"玩耍"很像，摊主产生这样认知的最直接原因就是的确有不少村民会来地摊"玩"，有的村民与摊主的单次聊天时间甚至长达四个小时，这意味着摊主在玩耍中度过了整个客流高峰期。征地拆迁之后，上楼的住户与村寨的空间隔阂增大，安全锁、防护门也使得别的村民来自家做客的难度变大。地摊在地理位置上距离安置楼最近，而且摊位空间为村民们提供了互动的空间，地摊因此成了上楼住户们与村民重新建立联系的最便捷的空间。因拆迁而重新建房的住户也难以获得原有大小的坪场，他们同样面临着社交空间被压缩的现状，此时地摊再次为村民们提供了额外的交往空间，想要玩耍时就可以来地摊。

与从事其他职业相比，地摊更"自由""轻松"和"随便"。同为地摊摊主，G村摊主们的经营状态与其他摊点的摊主相比，显得更轻松自在。此中除了有生活压力、投入成本等硬性因素的作用，地摊宽松的时间制度和她们将地摊视为"出来玩"的心态，都使得地摊成为一件职业归属感强和幸福感高的事。

3. "忙"与"闲"："农时"与"工时"之间的"事"

摊主们在刷"快手"和"抖音"时，也偏好于观看与摆摊和农业生活相关的短视频。八月末时，有的摊主就在刷与打谷、晒谷、收谷、收仓相关的视频，而前述稻作环节多于九月初进行，摊主此时选择性地观看相应时令稻作生产的视频，一方面是在追忆往昔的稻作生活，八月份观看九月份发生的事，既是为九月初的农忙做好准备，也是预防。湘西的自然条件使得湘西的稻作生活有一个核心特点——"抢"，即"抓住时机"，而"抢"的核心内容是"天时"，尤其是在打谷、晒谷、收谷、收仓的农忙期，如果天公不作美，日日下雨，农民们的收成会遭受极大的损失。在生产力不发达的年代，由"天时"造成的天灾甚至可能直接摧毁不少家庭。因此在八月份就铆足力气、养好精神，将状态由"闲"切换到"忙"，为即将到来的农忙做准备，则是每家农户都必不可少的工作。另一方面是在将其时间观念与如今城市生活的时间相对接，借助农业时间来理解现代生活。摊主在经营地摊时，也会用"农闲""农忙"来理解地摊的人流量变化。在谈到九月的摆摊规划时，摊主们大多表示九月之后可能就周末出来摆了。在她们的解释中，"九月"是大家都忙碌的日子，"上班的上班，读书的读书，转屋做饭引孩的做饭引孩，以前这时候农民也都在田里了"，再划分出时间来给予地摊，既不现实，效益也很低。地摊既是"事"，但又像"玩"，人只能在"闲"时去"玩"，此外在大家都忙的日子，地摊是放在后位的"事"。因此摊主们不会在九月频繁出摊，她们由此调试时间制度并改变经营策略。作为技术产物的短视频平台和原有的农业生活知识都被摊主用来理解城市生活，"忙／闲""事／玩""上班／放假""工作／休息"等概念则在此过程中融入摊主们的知识体系中。

4. "摆摊"与"开店"：新旧经济形式之间的"事"

最终诞生于G村的是"摊"而非"店"。摊主们选择前去摆摊而非经营店铺，除了经营店铺存在经济准备不足、投入大风险高等问题之外，还在于地摊经济活动在农村经济体系中的重要地位。相比于城市商业区的店铺，铺设几个布袋子就算完工的地摊才是村民们最早并最常接触的经济形式。对于所有摊主而言，她们记忆最深刻的市场就是处处是地摊的乾州农贸市场，半月一次的赶场是她们难以忘怀的欢乐时光。现在即使她们会在周末和节假日前往商业区购物，商铺还是不能带给她们与传统市场里地摊所带给她们的等同的体验。摊主们认为地摊商品不仅物美价廉，而且有的产品只有在地摊中才买得到，特殊的地摊商品是华而不实的都市景观所无法替代的。与之形成鲜明对比的则是老城商业街的摊主，不少商业街的摊主都拥有自己的店铺，并且想要通过摆摊创造额外收益的方式来扩大店面，把事业做大做强。由此可见村民与市民对于"摊"与"店"的态度差异。

在她们用农业生活知识来解释地摊活动的同时，出摊经验也重构着摊主们的知识体系。面对快速变化的社会生活方式，农业生活不再是衡量新生活方式的原点，摊主们会用摆摊作为参照系来衡量"做田"和"做事"。摊主 01 因为缺乏对电商和网购的了解，会使用"网上摆摊"来描述淘宝和拼多多的 App 界面。同时，因为进货需求，她逐渐在女儿、儿子和儿媳的帮助下了解电商和网购的知识。在使用互联网的过程中，摊主 01 所接触的不只局限于现实生活空间，技术使其触碰到了赛博空间。在了解到赛博空间之后，她开始更能理解诸如"快递点"的新的空间设置，也逐渐理解"网上摆摊"的实质。

5. "摊主"与"宝妈"：新旧性别脚本之间的"事"

G 村地摊最突出的特点就是大量本村女性成了摊主。摊主构成的女性化，受到个体意愿和家庭分工的共同作用，出摊既是女性找寻自我意义、提高自我效能感的方式，也是使家庭经济收入最大化、生命风险最小化、综合效益最大化的理性选择。摊主构成的高度同质化实际上是一种低风险高回报的文化适应策略。

摆摊的年轻女性多以"宝妈"为主，她们的孩子年纪尚小，需要接受密集的照顾。受传统"男主外，女主内"家庭分工模式的影响，G 村女性的劳动生产总是于家庭空间中开展的，女性所需扮演的第一角色则是"母亲"。山脚地摊离家近、经营时间灵活、经营空间开放，利于女性同时扮演"摊主"和"宝妈"两个角色。

一般而言，地摊收入会被摊主们称为"买菜钱"，一方面是因为地摊收入少只够买菜，另一方面是则是摊主身份转变的隐喻。务农生活未终止之前，每家日常饮食都能够自给自足，自家有菜地而不用买菜，因而不存在进行市场交易的需求。征地拆迁之后，G 村村民由农民向市民转变，村民们需要通过"买"的行为参与到城市经济运转之中，"买"不仅代表着商品交易，其背后潜藏着不断转变的生计方式和生活方式。这份收入之所以会被用来"买菜",则在于 G 村的家庭性别分工方式。女性负责日常生活中的小菜与柴米油盐,只有遇上需要大菜的年节仪式,男性才会参与到饮食制作的过程之中。与"买菜钱"相对的是"找大钱",男性通过在外劳动而获得主要收入,村民们仍然以"男主外,女主内"的有效分工模式来应对快速变化的乡村社会。

与此同时,在个体化进程与女性主义思想的传播之下,女性的自我概念被重塑。计划生育政策实施以后,家庭成员减少,家庭规模减小,女儿的价值被重新认识,G 村女性与原生家庭的联系增强。出嫁并不意味着完全成为婆家的人,女性还保留着"女儿"的身份,因而当 G 村女性以娘家女儿的身份来界定自身时,她们就是婆家的"外人",婆家是对于她们而言的"别人"。在进行经济支出时,虽然所使用的是丈夫的收入,但是摊主们会觉得自己是在"拿别人的钱"。同时在女性主义思想的影响之下,部分女性会强调"经济独立"的价值,她们认为个人的经济收入和经济权力会影响自己参与家庭决策的权力,"即使是拿别人一分钱,自己讲话都会底气不足",放弃经济独立就是放弃话语权。

家庭选择让女性成为摊主并照顾家庭,并不是传统"男主外,女主内"分工模式在地摊上的简单延伸,也不来源于家庭内部的性别压迫,而是生计方式变化下弱势家庭的一种理性分工。

生计方式发生改变后,村民们丰富的农业知识已不适用于城市生活,对于其家庭而言,由女性来承担家庭照顾的主要职责或许是最理性的选择。当这些家庭的劳动力进入市场就业时,他们一般只能从事低技术含量、低收入的工作。增加收入主要有两种途径,一是在可选择工作范围内从事单位回报率最高的工作,二是在原有工作时间基础上增加工作时间。

在这些可供选择的职业中,收入最高的工种大部分情况下都由男性来从事,因而在单位时间内男性能比女性创造更多的可见财富。改变男性工种后并延长男性的工作时间,可以创造单人收入的最大值。对于女性而言,她们可供选择的职业更少,且这些工作往往单位时间回报率更低,即使增加工作时间,总体效益也并不高。在男女双方都要花费大量的时间来进行低效率的劳动的时候,此时就会存在家庭缺乏照顾的隐患。父母年纪尚轻之时还可以由父母进行隔代照顾,而随着父母年龄增大、身体衰老，照顾能力下降，孩子又急需成长上的关护，例如在受教育过程中需要陪读，夫妻双方必然有一方要放弃自己的工作时间，转而将更多的时间精力投入到家庭照顾之中。因此，收入更低的女性负责家庭内部劳动，收入更高的男性负责在外打工，总体而言能为家庭的综合发展提供更广阔的空间。

面对变动不居的生活，村民们采用"事"这一符号来描述地摊对于他们生活的意义。"事"的内涵丰富而模糊，其性质介于正式与非正式之间，它更多地表示一种关系，"事"的具体含义如何，每个摊主对于"事"的解释有何侧重，则因个人关系网络和意义网络的不同而相互区别。不同时间段，个人经验不同，其对生活与"事"的解释也不同。

"事"既是劳动的，也是娱乐的，既是农时的，也是工时的，既是古老的农村经济形式，也是街头文化在城市空间的表达，既是女性经济独立的依托，也是为宝妈照顾家庭提供便利。从时空维度来看，"事"在不同时空中所表现出的特性有很大的弹性。与此同时，做"事"的劳动状态既可以是忙碌的，也可以是闲适的；情绪上可以是快乐的，也可以是无感的；精神可以是集中的，也可以是涣散的。"事"一词牵涉庞大的语义网络，因此"事"成为村民表述生活世界意义的依托，它既是适应结果的语言表现，也是认知调试的语言工具。

表 1　G 村农民状态总结

阶段	①做田	②失地	③失业	④地摊
空间	农村	老城区与新城区之间	农村	城中村和马路
时间	稻作时间 / 有序时间	混序时间	无序时间	相对有序时间
"事"的状态	固定农事	游移的事	无事可做	相对稳定的事

四、"被动"与"主动"：非常地摊的反思

G 村地摊是以同村的已育女性经营为主的非常地摊，其产生时间和摊主构成特点都独具特殊性。G 村地摊的意外诞生同样基于劳动力、客流量和经营空间三要素，具体而言，即在 G 村的特殊劳动力人群（被动城市化的失地农民和失业市

民)、游乐场游客、政策赋权与产权真空的共同作用下,G村地摊具备了基本的诞生条件。这三个要素中,最重要的要素为政策赋权。如果没有政府的放权与赋权,大部分地区的地摊潮都不会出现,"非法"的摊贩职业不会向待业人员开放,同时作为公共空间的马路也会保持其"公共性"而不能被特定人群经济化。地摊因为其非正式、补充性与过渡性的经济特征,成为G村村民适应城市文化的最佳策略,而为了满足女性个人的适应意愿并使家庭适应效果最大化,在具体践行策略的过程之中,村民们一同将摊主群体构建为了一个高度同质化的群体。

于摊主而言,摆摊是适应社会的途径,摊主构成同质化更是具体适应过程中的精细考量,摊主和村民们也在适应社会的过程中调试自己对摆摊的认知。

1. 多面的地摊功能

城市地摊是一种蕴含着丰富意义的景观,常和"被动""从属""边缘经济""非正式经济""补偿式经济形式"等词汇一起联用。除了由来已久的农村地摊和部分城市地摊以及政府主动设置的菜市场,其余诞生于城市功能区建设完成之后的地摊,它们自始至终都处于一个较被动的状态之中。

后疫情时代的地摊是一个诞生于特殊时期的暂时性职业,其暂时性根植于地摊相较于主流经济形式的从属地位。

虽然人们对于地摊的认知总是单一的,但是在G村的地摊实践中,我们看见了地摊作为一种文化适应手段所迸发出的活力。地摊介于城乡之间,介于娱乐与工作之间,介于不同社会时期之间,其模糊的边界恰恰赋予了其多面的社会功能。地摊不只是非法的占道经营行为,它同样可以是一种高度灵活的生活策略。

2. 多维的文化适应

在由"被动融合"到"自主摆摊"的过程中,导致村民适应策略改变的最关键因素为"地摊的放开",这是最值得深思的。从笔者的田野调查来看,G村的被动城市化人群并未对城市文化持抵抗态度,相反,他们欣然接受诸如房子、车子、大金链子等财富的象征。同时,他们通过自己的文化适应策略,从劳动和娱乐属性、性别、空间利用方式、技术、时间观念等方面完成了城乡文化的对接,既保留了农业文化的知识,也习得了工业文化的技术。

总而言之,他们认为的理想城市生活方式是多维度的,是乡土性与现代性互动的结果，换言之，他们所要进行的文化适应并不是完全地与城市主流标准趋同，而是要完成"融合型"的文化适应。政策赋权与放权给了他们选择自己文化适应路径并制定文化适应策略的机会，因此，他们化被动为主动，把地摊当作"自己的事"，通过地摊参与到城市经济循环中去，实现了向主动城市化的转变。

文化适应不等同于文化同化，其结果也不应当是完全的文化同化。在文化适应过程中，适应群体应当有自主选择文化模式的权利。

3. 多元的城市化路径

以文化适应的视角来看，城市化过程不应该是向单一标准的趋同，每一个参与城市化的群体都有保持自己乡土性并融合现代性的权利，城市文化不应陷入同质化，它应当是多元、活态变化的，应当是不同群体共同交往构建的结果。具体的城市化策略也应与特定群体的关系和特定地区的地方性知识相结合。被动城市化群体的城市化进程不应当是完全习得城市主流文化的过程，而是一个他们自己去探索城市化目标、主动融入城市并完成人的城市化的过程。

文章的最后，笔者引用当地政府一位工作人员的话：

政策制定应当留住人间烟火，要给烟火足够的高度，让它放心去飞，要保护让烟火生根发芽的土壤。不管以后这群人是否主动撤摊，政府无法提供所有的服务，但是会尽力为他们提供广阔的就业和发展空间。

这位工作人员为当地人民和政府提供了一条合作的思路，如果结果真如他所言，文化适应的最终结果很可能是一种融合态的文化。要实现城市化过程中郊区农民由被动态向主动态的转变，关键在于让农民自主理解城市化的内涵和文化适应的目标，自主建立文化适应的维度和策略。面临文化适应中的诸多困境，也应把握被动城市化群体的主体地位，为其提供政策支持和发展空间。不论结果如何，笔者都由衷祝愿，社会各方都能够摒弃偏见、消除隔阂，共同建设一个能供多方栖居的诗意家园。

损毁的肌肤与持久的战"痘"

——痤疮患者的疾痛叙述研究

中山大学社会学与人类学学院 2016 级人类学专业　潘敏珊

指导老师　朱爱东

摘要：本文试图通过痤疮患者的病痛叙述，来考察病患个体的疾患经历、就医选择、心理体验以及生活境况和应对痤疮时的行动策略。并借由医学人类学的视角，将文化作为一个变量，带入痤疮患者的世界去考量他们所承受的病痛的生物性和社会性，以实现对患病苦痛的理解及意义的洞察。

关键词：医学人类学；病痛叙述；痤疮患者

一、引言

1. 问题缘起

对于痤疮这一皮肤疾病的关注源于我自身的经历。在长达数年的求医问药过程中，我结识了许多与我有着相同经历，为了平整的肌肤而不断辗转"折腾"的朋友，其中不乏悲观论调者，甚至曾言："如果可以的话，我宁愿少活十年来换一张干干净净的脸。"

虽然我从未有过这样悲观的论调，但是多年反复的患病经历让我并不难以理解其中滋味。虽然痤疮对人体的生理机能几乎没有任何影响，但因其严重的面损性和所需的漫长治疗周期，使得不断坚持奔波于治疗之路上，深受病痛折磨的患者不在少数。然而，在大众固有的印象中，脸上爆发痤疮不过是进入青春期后一种再正常不过的表现，不仅几乎没有人会用"生病"这样的词汇来形容痤疮患者的长痘过程，而且在日常生活中，"长痘痘"根本只是一件"不值得一提的小事"。于是，在这样的矛盾和差异之下，痤疮患者的患病经历和心理体验就湮没在了社会大众的固有印象之中，鲜少被提起和关注。

我看着许多与我有着相似经历的病友们，萌发了用人类学的视角和方法来重新探讨痤疮这一皮肤疾病、重新审视这一患病群体的想法，于是我开始有意识地去观察和记录他们的求医及心路历程。

在这个研究中，我希望通过病患个体的疾患经历、就医过程以及心理体验的主体讲述，弄清楚以下几个问题：痤疮对于患者来说意味着什么？患者本身是如何认识这一疾病的？这种常见的皮肤疾病对病患的自我认知和社会生活带来了什么影响？在患病过程中，他们又采取了什么样的态度和方法去应对这一疾病所带来的冲击？

2. 文献综述

通过文献检索，笔者发现关于痤疮的相关文献主要可以分为以下三类：一是关于痤疮的生物医学研究，二是运用生物 - 文化视角对痤疮进行流行性解释，三则是聚焦于心理学调查，如研究痤疮对患者生活质量的影响以及痤疮与抑郁、焦虑等心理疾病的相关性。除心理学和生物医学的研究以外，其他学科对于这一疾病的关注是极少的，更加缺乏人类学的研究。同时，关于痤疮对患者的社会交往、心理影响的研究大多是通过问卷调查这类定量研究手段，再辅以对照实验的方法。此类研究方法通过收集和分析大量的样本数据来试图准确量化这种慢性皮肤病如何影响一个人的思想、情绪和社会功能，在一定程度上可以帮助我们了解疾病对患者的冲击。但是这种冲击是如何产生的，基于什么样的社会文化环境，个体又是如何应对与化解，在一项忽略了被研究对象鲜活个体性、忽略了患者在整个患病过程中的生命经历和身体经验的研究中，我们是难以获取到答案的。并且对于那些深切体验到痤疮病痛的患者来说，这类研究所得出的数据结果也许并无多大意义。在群体视角无法解释也无法解决个体问题的时候，就需要我们将重点转向患者个人的解释框架，由他们发声来讲述自己的患病经历，用人类学的视角理论和研究方法来弥补相关研究的不足。

因此，本文采取"病痛叙述"（illness narratives）作为分析框架来对痤疮患者的患病经历进行分析和梳理。作为一种常见的慢性皮肤病，痤疮对患者的影响以及相应的反应策略都伴随且作用在个体的身体之上，用病痛叙述的方法能更好考察痤疮对患者的实际影响，以重现他们被病痛所破坏的生活世界，从而对其患病遭遇给予整体性的揭示。

美国社会学家安塞姆·施特劳斯（Anselm Strauss）于1975年出版的《慢性病与生活质量》被视为"患病经历"研究的先驱，后来这一视角就成为"人类学、社会学在慢性病研究上的主流框架"①。这种研究方法更加强调病人处于疾病状态中的切身感受。每个人的患病体验由于其生活经历和所处的社会文化的不同，都是独一无二的，因此对患病经历的研究主要是通过病人及家属的病痛叙述来实现的。

20世纪80年代初期，病痛叙述被凯博文（Arthur Kleinman）作为一个重要概念与研究方法正式引入医学人类学研究领域。所谓病痛叙述，就是患者将自己的病痛体验组织成个人化的叙述，其形式和内容可以是病人对于患病、求医经历和心情的讲述，也可以是患者就疾病这一主题与周围人的对话或者关于自身病痛体验的日记等。

凯博文认为，身体、自我与社会的关系通过病痛叙述得以紧密地联系起来，每个患者的患病经历及其赋予的意义都根植于他们各自的生活经历，只有通过民族志的方法收集患者的社会关系背景资料及病痛的变化轨迹，向他人呈现患者的生活世界与内在经验，才能将生理过程和病痛所涉及的文化意义、社会关系结合起来，从而达到对疾病的真正理解。②从这个意义上来讲，病痛叙述所涉及的不仅仅是疾病本身，更多的是病痛的经验，它不仅基于个人体验，还是一个

---

① J. Pierret, "The Illness Experience: State of Knowledge and Perspectives for Research," *Sociology of Health & Illness* 3(2003).

② ［美］阿瑟·凯博文：《疾痛的故事：苦难、治愈与人的境况》，方筱丽译，上海译文出版社，2010，第56页。

社会与文化意义的建构过程①；它既受到患者自身的影响，也由于形成于一定的社会文化中并受到文化塑造，传达出患者对于世界的认知和理解②。正如亚瑟·弗兰克（Arthur Frank）所言，受伤的身体也需要叙事，"病痛叙事讲述的不仅是疾病，更多的是由疾病带来的病痛感受和经验。故事不仅反映生活经验，也影响经验的形成"。

而余成普、廖志红在梳理慢性病可能的研究路径文章中，则更强调了这一视角所带有的分析性力量，"并把它作为医学人类学的一种研究方法加以倡导"。他指出，医学人类学研究的最终目的不是要寻求疾病的历史起源和社会根源，而是将"患者及他们的患病经历"作为分析的中心，"学者的任务就是在这些琐碎的、凌乱的、生活化的细节里展现病人复杂的生活世界，洞察出病痛的文化意义，从而将个人的患病与周遭的社会文化环境连接起来，以达到对病痛苦难的整体理解"③。

在医学人类学领域里，运用病痛叙述视角所做的研究主要关注三个方面：首先是强调患者的主体性，让患者自己讲述，通过比喻、认知表现和想象来对患病经历赋予意义，这些研究通常围绕疾病带来的自我丧失、羞愧感以及相关污名化展开；其次是注重病痛给患者及其家属所带来的冲击和影响，以及他们如何应对；最后是通过患者患病经历和社会结构的互动，论证社会结构对于患病经历的影响。④

对于患病者而言，病痛与苦难虽然因疾病而起，但是所带来的影响却远远超越身体的范畴。身体上的苦痛是不言而喻的，但疾病对个人意识、自我认知、社会交往等方面的侵蚀以及附着于生物性苦难之上的其他社会性压力，更需要我们做进一步的探讨。因此，我们必须一方面要考虑患者切身的体验和情感，另一方面要把他们的认识和体验与所在的社会文化环境一同纳入分析的范畴。这些正是患者的病痛叙述和他们的患病经历所能揭示的内容，也是笔者运用这一视角来研

① Linda Wheeler Cardillo, "Empowering Narratives: Making Sense of Experience of Growing Up with Chronic Illness or Disability," *Western Journal of Communication* 5(2010).

② ［美］阿瑟·凯博文：《谈病说痛：人类的受苦经验与痊愈之道》，陈新绿译，广州出版社，1998，第 105 页。

③ 余成普、廖志红：《甜蜜的苦难：1 型糖尿病人的患病经历研究——兼论慢性病的人类学研究路径》，《开放时代》2016 年第 4 期，第 205—223 页。

④ J. Pierret, "The Illness Experience: State of Knowledge and Perspectives for Research," *Sociology of Health & Illness* 3(2003).

究痤疮患者的主要目的。

3. 研究方法和研究对象

2018 年 6 月，因为脸上的痤疮又再度严重爆发，笔者来到广州某三甲综合医院 S 院的皮肤科进行治疗。在这里，我遇到了许多与我有着相同困扰和经历的病友，自那时起，我就开始有意识地与患者、家属及医生交谈并建立联系。

2018 年 6 月至 2019 年 5 月，除了暑假的两个月以外，我几乎每隔半个月就会回医院复诊一次，检查情况并拿下半个月的药。在这将近一年的时间里，复诊当天我都会早早地来到医院，并主动地与在那里等待治疗的患者进行交流。

复诊当天，我都会在皮肤科待上半天时间。除了自己看病和拿药的时间，其他时间都用来与门口的患者进行交流或是观察他们的治疗情况。虽然不一定都会得到回应，但大多数的患者，或许是由于同病相怜，或许是出于交流病情和治疗情况的需要，都会给予我善意且坦诚的回应。其中一些聊得较为深入的病友，我们就会互加微信，时常联系关心。在那时我就已经告知他们我有意写一篇关于痤疮患者的论文，并向他们征求意见，届时能否将其作为案例写入文章。在保护隐私的前提下，他们都同意了我的请求，这也就成为此篇论文田野资料的很大一部分来源。

此外，我还通过其中一位患者加入了一个 S 院痤疮病友群，在群里我又陆续认识了一些访谈对象。除了在医院的实地调查，在结束治疗后的这段时间里，我还会时常通过微信群与他们取得联系。

在医院接受治疗的这段时间里，我与 29 位痤疮患者进行了或长或短的交谈，其中深入访谈并形成资料的有 18 位。由于轻度痤疮患者很少会专门到皮肤科寻求医学上的治疗，我也几乎未曾在医院遇到这类患者，因此我的访谈对象绝大多数是或者曾经是中、重度痤疮[1]患者。除了患者以外，我在 S 院主要接触了两位医生，一位是皮肤科的赖医生，一位是激光室的高医生。因为患者的身份，使我得以顺利地近距离与医生展开交流并获取相关情况。

---

① 按照中国"痤疮治疗指南"分级标准，根据痤疮皮损性质及严重程度将痤疮分为 3 度、4 级：仅有少数粉刺为 1 级（轻度）；除粉刺外还有炎性丘疹为 2 级（中度）；除有粉刺、炎性丘疹外还有脓疱为 3 级（中度）；除有粉刺、炎性丘疹及脓疱外还有结节、囊肿或瘢痕为 4 级（重度）。

二、"红灯"亮起的"青春"烦恼

1. 失去掌控的生活

（1）复发与药物副作用

对于许多长年不愈的痤疮患者来说，痘痘反反复复，好了又长，是一件再寻常不过的事。也因此，在医院之间来回奔波，长时间吃药也就成了无法把握也无法预测的生活常态。

红姐今年 24 岁，自初中开始长痘，痘龄 10 年，临床上诊断为重度痤疮。她是我所有访谈对象里复发次数最多、在家与医院之间往返最频繁的人。第一次她去的是一家个人皮肤诊所，医生建议她中西医结合治疗，给她开了两服中药，配某西药吃。

这药是挺有效果的，不过中药特别苦，西药又很刺激胃，我那时候天天恶心想吐，一边恶心一边继续喝药。但后来实在受不了了，我就自己停了药没再吃。结果停药没多久就复发了，大爆发的那种，完全没办法见人。

复发以后没多久，红姐又去了当地的一家中医院挂号。这一次她喝了两个月的中药，脸上痘痘依然陆陆续续地长。第三次她去了一家三甲医院，医生给她开了一些中成药以及外用药膏，用药的时候勉强控制住了脸上痤疮的炎症，但如同前几次一样，停药以后没过多久痤疮又再度席卷而来。

休息了几个月以后，她又在朋友的推荐下换了另外一家医院。

这一次医生给我开了两种西药还有一个外用凝胶。吃了 25 天，每天都头晕目眩而且天天犯困，我常常上着课就睡着了，特别影响我的生活。复诊以后我跟医生说了情况，他给我换了两种西药。还是那样，吃药的时候倒是控制住了，但是停药了又开始长。将近十年的时间大概都是这么过来的吧，看新的医生，忍着副作用吃药，脸上消停一段时间，好不容易（可以）停药了，没多久就又长。吃药、复发、再吃药、再复发，不知道什么时候是个头。

2018年，红姐来到S院就诊。在看诊时，红姐向医生说了这几年来的治疗经历，医生建议她要坚持服药，至少要三个月才能评估药效。她事后对我说："可能过去一直没有真正起效果的原因就是我太容易放弃了吧。副作用一上来我就觉得得换药或者换医生，所以反复折腾这么多次。"这次，医生给她开的是一种新药，果不其然，副作用依旧如影随形。

因为这药，我开始脱发、嘴唇爆皮，情绪也变得特别暴躁。不仅如此，我还失眠，什么都干不下去。报了教师资格证的考试，连一个字都背不下去，最后一科都没过。总之服药后的两个月，影响实在是太多了，不管是学习上，还是生活上，好多事情我都没办法去控制。

我看着她已经慢慢恢复的皮肤，问她，这么受罪还要继续坚持吃药吗？她几乎没有犹豫地脱口而出："当然要啦，不然我过去吃的苦不就白费了？虽然副作用很大，但是说实话，吃药这段时间是我这十年来皮肤最好的一个阶段，我其实挺开心的。"

面对皮肤状态的不稳定以及药物副作用的巨大影响，红姐表现得既坦然又乐观。然而，这样的人毕竟是少数，在痤疮反复复发且治愈遥遥无期的现实面前，更多人表现出来的是心酸无奈和不知所措。

我已经复发两次了，这次是我第三次来吃药。怎么说，就感觉挺累的吧。你永远也不知道它什么时候会复发，也许哪天睡一觉起来，原来好不容易治好的脸又开始坑坑洼洼了，所以也是一直很注意，很小心，但还是没用，该长还是长，不知道什么时候才能真的好起来。（娟，26岁，长痘10年）

痤疮的反复使得许多患者不得不选择不断地吃药和治疗，部分患者会因为药物强烈的副作用而不断更换治疗方式，而大多数的患者则会坚持继续治疗，即便生活受到了极大的影响，也宁愿以短时间的不适换取皮肤的稳定、健康状态。

（2）生活的限制

对于多数痤疮患者而言，由于痤疮的极易复发性，通过药物进行控制和缓解也只能暂时起到作用，即便在临床上宣布治愈，也只是万里长征走完了第一步，仍会时常面临复发的危险。因此，从生活习惯入手，严格把控生活方式成了许多痤疮患者保证治疗效果、维持肌肤稳定的必然选择。

对生活的控制首先体现在饮食的控制上。当前医学上关于饮食因素与痤疮的发病率之间的关系尚且存在争议。有些研究认为，与痤疮的发生有关的饮食因素只有两种，一是碳水化合物饮食，即所谓高糖饮食，另一种则是高乳制品饮食。"这两种饮食都可以促进胰岛素、IGF-1的分泌，引起胰岛素抵抗，促使痤疮发生。"[1]也有专家认为辛辣油腻的饮食会使痤疮患者的病情加重。[2]但赵惠娟等人[3]的研究则认为饮食因素对痤疮的影响较为有限，痤疮患者与正常人群的饮食并无统计学上的差异。虽然存在种种争议，但在实际的临床治疗中，医生通常还是会向患者给出饮食上的建议，诸如牛羊肉、甜食、奶制品、高脂油炸食品、辛辣饮食都成了痤疮患者不可触碰之物。面对美食的诱惑，不少患者都向笔者表达了内心的无奈。

我从小就是一个无辣不欢，就着辣椒都可以吃顿饭的人，现在却要我尽量少吃辣，那不是要了我的命吗？但是又不敢不听，所以每天吃饭都觉得没什么味道。（小梅，21岁，长痘4年）

甜的不能吃、辣的不能吃、油炸的不能吃，碳水要控制，现在连牛奶都不能喝，我真想问问医生还有什么是可以吃的。我现在每天去食堂都觉得很绝望啊，最好吃的那些我都不能碰。（鑫鑫，17岁，长痘5年）

---

[1] A. Costa, D. Lage & TA. Moisés, "Acne and Diet:Truth or Myth," *An Bras Dermatol* 3(2010): 346-353.

[2] 杨寅、林彤：《痤疮与饮食》，《中华皮肤科杂志》2015年第6期，第400—442页。

[3] 赵惠娟、闫慧敏、郭独一等：《饮食与生活习惯对痤疮发病的影响》，《中国麻风皮肤病杂志》2016年第10期，第588—591页。

虽然不满，但是出于对痤疮复发的恐惧，患者们也大多选择遵从。

在确定痘痘治愈之前，我都严格控制自己的饮食。不管什么摆在我的面前，只要是辣的，甜的，油炸的，我都不为所动，除了水果。我以前很喜欢吃杧果，但是自从医生建议我最好不要吃，有好几年我都没有再碰过杧果了。（丹丹，25岁，长痘 8 年）

从这个角度来看，患者的身体不再可称为自在的身体。出于维持皮肤健康状态的需要，他们要付出比常人更大的决心和毅力来面对美食的诱惑，既不能想吃就吃，也不能随自己心意任意选择饮食。食物本身并无好坏之分，可当这些食物进入他们的身体，成为其中一部分的时候，食物的意义也就发生了转变，被附加了道德的意涵①。

我觉得我吃进去的东西最终都会直接反映在我的脸上，所以，如果吃巧克力什么的，我会觉得很内疚。平时我也一直吃糙米，尽量素食，不吃红肉或者油炸的东西。（芳芳，19 岁，长痘 6 年）

对许多容易复发的患者来说，饮食不再是一项基本的生活需要，吃什么不能吃什么都变成了一种道德压力，吃得健康被看作是一种对自己负责、对得起自己曾经的付出和经历的苦难的方式。

除了饮食，生活作息和运动习惯也是控制痤疮发作的重要因素。许多患者在控制饮食以外，也时刻以一种焦虑的心情强迫自己过着所谓积极健康的生活。

舟舟今年大二，自初中开始长痘。初中那时长痘部位只集中在下巴处，因此并未引起她的关注。高中时开始大面积爆发，用她自己的话说就是"两颊因为爆痘而肿了起来，肿成一个大红肉团"。

---

① M. Balfe, "Diets and Discipline,the Narratives of Practice of University Students with Type 1 Diabetes," *Sociology of Health & Illness* 1(2007).

上大学以后，一次健身房的经历让舟舟下定决心要开始治痘。她和同学在运动时，后背和前胸的痤疮因体温升高和衣物摩擦开始出血，血点直接从衬衫里渗了出来，密密麻麻连成一片。这场景吓到了在场的同学，也让舟舟觉得万分的尴尬，因为她认为不论怎么解释，这都是一件很难为情的事情。

后来舟舟开始到医院治疗，通过吃药，现在脸上已经恢复了大半，也不再像从前那样容易发炎和化脓了。在医生的建议下，舟舟开始了自己的生活改造计划。她用表格的方式详细地为每一天做了安排，包括每日的作息时间、饮食和运动计划，连一天喝几杯水，在什么时间喝，吃多少量的水果和蔬菜都被仔细地写在每日规划里。

虽然现在好了，但我想起来还是很后怕的。我每天十点半睡觉六点半起床，会因为便秘而忧心忡忡，哪一天如果睡眠不好我也特别焦虑。不管冬天还是夏天，隔三岔五我就会到学校操场上跑步，甜的、辣的、油炸的、海鲜、奶制品我也已经好久没碰过了。室友都说我自律到可怕，我其实更羡慕她们。我也想睡个好觉，吃好吃的，但是不行啊。

尽管脸上的痤疮已经得到了控制，但是为了维持皮肤稳定的健康状态，像舟舟这样主动适应患病状态，秉持着"一日痘肌，终身痘肌"的理念强迫自己改变生活方式的患者并不在少数。生活因为疾病的限制不再如同寻常人那样可以随心所欲，患者们因为复发的可能性而担惊受怕，不得不实现自我约束以维持治疗效果。这样的自我约束看似是一种对自我的严格掌控，但正如患者自身所说，"主动选择和因为长痘痘而被迫不能"却恰恰是其生活因疾病限制而失去掌控的表现。

2. 自我认同的丧失

（1）这个看脸的世界

发现自我概念和寻找自我认同都是人类社会行为的核心，而身体作为社会个体的生物性基础，在某种意义上成了人类自我意识的起点，因而深刻地影响着人对于自我的认同感。在当下关于身体与自我认同的研究中，消费主义成了学界集中探讨的一个热点。

让·鲍德里亚在《消费社会》一书中对消费与身体的关系的阐述是：消费社会就是一个身体欲望极度膨胀的时代，消费文化借助了符号的力量，使身体成了生产符号的场所。① 在这种情境下，身体及其需求被前所未有地关注，身体的欲望被不断地前置和凸显——身体不仅要吃好穿暖，还要讲究美丽时尚，需要各种美体美容产品的滋养和呵护。它们不断地暗示人们身体形象的重要性，不断鼓励追求美丽、为美丽而花钱投资。随着身体的审美功能被史无前例地渲染和放大，身体作为人的肉身外观呈现出的复杂多样的视觉文化意义也就越发重要。而强调身体审美的重要性只是第一步，更为重要的是要为身体的审美塑造出一个标准，消费文化正是通过大量的视觉图像的方式为人们提供了"理想"的身体审美模板以供追求和模仿，这种审美反应在皮肤上，就表现为皮肤的白透光亮、肤色均匀。

看电视电影的时候，那么高清的镜头"怼"在明星的脸上，（脸）还能那么白那么光滑，一点瑕疵都没有，所以有时候挺好奇明星是怎么保养的，为什么作息不规律还可以有这么好的皮肤。还有那些广告图，我也知道多少有被 P 过，可是看了还是会很心动，觉得是不是买了那个产品用在自己脸上也会有这样的效果。就这样，买了好多自己可能根本用不上的东西回来。（红姐，24 岁，长痘 10 年）

大量存在的视觉形象主宰了人们对身体的理解。② 通过塑造"完美"的形象，消费文化对人们的外表做了重点强化，导致消费社会中的人们比以往任何时候都更注重自己的身体外在。在这种社会环境中，最初的内向性的身体就逐渐变成了一个向外的表演性的身体，外表展示和印象管理成了头等大事。人们从来没有像今天这样，对自己的身体如此苛刻和敏感，身体的任何一点缺憾，都能成为痛苦和不自信的来源，对于皮肤的过度关注和因为皮肤问题而产生自卑心理就是具体表现之一。在很多痤疮患者身上，自卑感成了一个绕不过去的话题。

---

① [法] 让·鲍德里亚：《消费社会》，刘成富、全志钢译，南京大学出版社，2001，第 201 页。

② [英] 凯瑟琳·艾莉斯：《福利与身体秩序：建立身体话语转换的理论》，吴燕译，载汪民安编《后身体、文化、权利和生命政治学》，吉林人民出版社，2011，第 85 页。

长痘以后我就变得很自卑。有时候会很想把自己的脸藏起来，特别怕别人看我。有时候人家只是往我这个方向看了一眼，我都会马上低下头去。说话的时候也不敢直视别人的眼睛。（鑫鑫，17 岁，长痘 5 年）

我其实已经很多年不怎么照过镜子了，我害怕任何可以照出我的脸的东西。如果有什么情况非得借助镜子，我也会刻意略过自己的脸。如果不小心看到了，一天的好心情都没有了。我还不敢照相，朋友们想照相的时候，我都死活不照，不是我要脾气什么的，是真的自卑。（丹丹，25 岁，长痘 8 年）

"脸"是我们公开面对世界的部位，也是一个人与世界交往的名片。不同的"脸"代表不同的人，它关乎存在与身份，也因此与身份认同息息相关。由于疾病而导致的身体审美功能的缺失使得许多患者对于自身产生了极大的不认同感，观察他们关于自我的叙事会发现，自卑、怀疑、否定占据了多数。社会认同理论认为，人的身份依赖于社会比较的过程，因此为了评估自己的观点和能力，个人在社会交往的过程中会将自己与他人进行比较。不少患者都坦言自己"会特别注意别人的皮肤状况"。在这样一个格外"看脸"的时代，通过与别人的不断比较，患者的心理也逐渐变得敏感和脆弱，脸上的痤疮和瘢痕让他们始终觉得自己在人群中显得格格不入，低自尊和自我厌弃成了许多痤疮患者共有的一种典型心理。

（2）困惑与挫败

本体论的疾病观认为，"症状来自疾病的一种或多种致病因素，治疗将会对症状和病程产生影响，而这往往是通过作用于引起症状的致病因素来实现的"[①]。因此，在患病后，寻找致病因素就成了许多患者的中心任务。患者总是尽可能地寻求疾病与自我的因果关系，试图找到解释来理解自己的疾病。在问诊时，许多患者最关心的问题往往是"我为什么会长痘"，希望从专业的医生那里得到自己想要的答案以消除疑惑、规避疾病。然而，尽管生物医学对于痤疮的研究已经十分充分，痤疮的发病机制与原理都已相对明确，但是要针对具体某一个病患，找

———————

① ［英］萨加德：《病因何在：科学家如何解释疾病》，刘学礼译，上海科技教育出版社，2007，第 105 页。

到其明确的致病因素仍是困难的。

痤疮虽然是一个很常见的小问题，但是要明确每一个来问诊的病人的长痘原因是很难的。作为医生，我们只能从生活上给一些建议，让患者尽量规避掉一些易致痘的风险因素，然后尽可能通过药物控制他的痤疮情况。（赖医生）

在治疗过程中，医生倾向于将慢性病看成是一个纯粹的病理生理学问题，更关心对这种状态的技术控制；而对于患者而言，寻找致病因素的意义不仅在于治疗与规避疾病，更重要的是通过这一方式与疾病世界进行沟通，理解自己身体所遭受的苦难以及苦难的可能原因。因此，当从医生那寻求不到渴望的答案时，患者往往会从已有的文化框架和意义系统来寻求疾病的解释。在面对不断复发的痤疮时，患者经常会从自己的生活世界里寻找诱因。而由于食疗、忌口、养生等文化根深蒂固，生活方式的不健康成了患者叙述中最常出现的疾病因素。

我自己觉得应该是我熬夜的原因吧。自从上了大学，生活作息全都乱了，经常是半夜两三点才睡觉，有时候甚至更晚。睡不着，熬夜已经成习惯了。（小贝）

我个人感觉是我吃的东西都太重口味的原因。我是贵州人嘛，吃的都很辣，又喜欢吃油炸的、香的东西。过去我用辣椒油拌饭就可以吃一顿啊，又油又辣，对皮肤肯定不太好吧。（小梅）

另外，将压力视为一个重要的病因因素的患者也并不罕见。"关于压力的话语在现代疾病和疾病思想中根深蒂固。"[1] 这些外来压力以某种任意的方式冲击着患者的身体，患者将痤疮的爆发视为身体的一种压抑表达。

我也不太清楚是什么原因，应该是因为高中的时候学习压力太大了吧，天天

---

① A.Young, "The Discourse on Stress and the Reproduction of Conventional Knowledge," *Social Science & Medicine Medical Anthropology* 3(1980):133-146.

学习考试。记得那时候每次大考前我都要爆一脸的痘，考完就会稍微好一点，但下次又会再长。反反复复的，一直不好。（婷婷）

不论是生活方式的不健康还是压力事件导致，正是通过为自己的疾病寻找致病因素这样的过程，患者们才得以解决内心的疑惑，为自己暗示了疾病的必然性与合理性。

但是，在访谈的过程中笔者也发现，并非所有患者都能明白自己爆发痤疮的具体原因。对于这些患者而言，寻找病因本身就是疾病过程莫大的折磨，而始终"想不明白"的病因则会加剧他们的困惑和挫败感。

娜姐35岁，今年已经是她长痘的第20年了，她也是我所有访谈对象中患病时间最长的一位。自从15岁那年长出了第一颗痘痘，痤疮就再也没从她脸上消失过，一张脸除了鼻子和眼睛下方的一点皮肤没有痘之外，其余的地方都布满了痤疮和因多年生长痤疮而遗留下的瘢痕。

为了治痘，娜姐尝试过美容产品，中医、西医，吃遍了几乎所有临床上推荐的药物，但依然于事无补。她跑遍了当地各大医院的皮肤科，也在各种朋友推荐下挂了许多的专家号，但这样的就医过程不仅没能如她所愿治好多年反复的痤疮，反而给她增加了不少困惑。

不仅仅是我脸上的痘治不好，连脸上到底为什么会这样都搞不清楚。我都35了，还老是长（痘痘），看起来真的很怪吧。可是我每次问医生，他们都不太愿意花时间给病人解释医学上复杂的东西。排几个小时的队，进去没两分钟就让你拿着药单走人了。这让我觉得特别沮丧。有时候特别想不明白，现在医学这么发达，整容都可以，癌症也可以治疗，怎么小小一个痤疮却治不好。

当疾病突如其来地降临在自己身上时，人们总是会在心理上遭遇各种各样的打击，疑虑、自责、困惑、挫败等情绪接踵而来，不停地从道德意义上反问自己

"为什么是我"①。当医学技术既无法实现其控制缓解病症的功能,又无法对疾病做出合理的解释时,就会加重患者对自我的厌弃。

凯博文在对社会苦难这一理论进行阐述时,将社会苦难看成是源于附加在人们身上的政治的、经济的和制度的权力,以及这些权力在社会问题上的回应。通过社会苦难的分析,健康、疾病以及人类其他的一些痛楚便得以与更广泛的社会结构问题联结起来。这一理论指出,一些社会制度,如医疗系统,本来是为了回应患者的疾痛苦难的,却在一些情况下反而使得苦难愈加严重。在对多年未愈的重度痤疮患者进行访谈时,问及他们自身对于长痘原因的理解,许多人都袒露了内心的疑惑。遵从医嘱、坚持治疗,当所有医疗手段都无法解决疾病,也无法解答他们关于疾病的困惑时,从道德上对自我进行谴责成了他们纾解情绪的一种方式。

3. 主动的社交断裂

（1）言语与目光

在《疾病的隐喻》一书中,桑格塔指出,潜藏在我们身体里有两个王国,一个是健康王国,一个是疾病王国,它们是我们每个降临世间的人都拥有的双重公民身份。本来被认为像健康一样是自然之一部分的疾病,在现实中反倒成了任何"不自然"之物的同义词,它被当作了死亡、人类的软弱和脆弱的一个隐喻,被赋予了各种想象的空间。在这种情况下,疾病就会从仅仅只是身体的一种病转化为一种道德评判或者政治态度。② 痤疮给患者带来的除了面容的损毁,还有强行加在患者身上的文化烙印,伴随着他人的言语与目光,直接加深了患者的病耻感。

患者娟在向笔者提及曾经遭受到的言语伤害时说:"我有皮炎,还有痤疮,脸看起来就特别的红。我记得高中的时候有一次下课趴着睡觉,不小心蹭到了脸上发炎的痘痘就流血了。一个男生直接指着我的脸问我,你的脸怎么流血了,好恶心啊,还有脓呢。我知道他说的是事实,但觉得很丢脸,脸就更红了,然后他们围着我笑,说我的脸像猴子屁股一样。"

"恶心""可怕""油腻""脏"这类对于痤疮的印象描述无疑会给患者带来巨

---

① [美]阿瑟·凯博文:《疾痛的故事:苦难、治愈与人的境况》,方筱丽译,上海译文出版社,2010,第87页。

② [美]苏珊·桑格塔:《疾病的隐喻》,程巍译,上海译文出版社,2003,第56页。

大的耻辱感，伴随着他人言语和目光而形成的病耻感不断加深着患者对于自身疾病的自我否定。这样直接且带着恶意的言语给患者带来的伤害是显而易见的，而事实上，更加常见的那些善意却过度的关心以及无意的玩笑和调侃同样也会构成一种无形的巨大压力，让患者们觉得喘不过气来。

只要家里来客人，不管熟不熟悉，一看到我就一脸惊奇，紧接着就问怎么长那么多痘，然后热情地推荐各种偏方。不久前，我去超市，一个销售薏仁红豆粉的阿姨拦住我，和我说它的好处。我说，不用了阿姨，就要走。结果她拉住我，说，阿姨和你说实话啊，我是看你的脸这样才给你推荐这个产品的，对你的脸好。她这样一说我就更不想买了。（芳芳）

面对生病的患者，家人和朋友很容易将关爱转为帮忙求医问药、不时提醒、安慰惋惜，而事实上，这种过度的关注反而会时刻提醒痤疮患者"你与我们是不一样的"，并且容易让患者感觉自己的疾病是时刻暴露于人前并被不断注视着的。这种不是那么恰到好处的关爱非但不能帮助患者舒缓心情，反而给其增添了无限的压力。除此以外，难以治愈的慢性疾病也很容易被附加上许多符号意义，被广泛地认为是与个人的生活方式联系在一起的。在接受访谈时不少患者都表示，多年不愈的痤疮总是会给他们的生活招来许多猜想。

我妈总觉得我是吃太多垃圾食品了才会长痘，可是我真的没有，解释都没有用。每次脸上开始长痘，我爸妈第一句话就是，你又吃什么了？（玲玲）

我长痘心情不太好，我爸看到了就说谁让你乱吃辣椒，后来我不吃辣椒了还是长痘，他就说谁让你老是熬夜，不熬夜就没事了，可是我明明没有熬夜。还有人觉得我是不洗脸或者脸洗不干净才会长痘痘的，明明我因为长痘比谁都认真对待我这张脸，怎么可能不认真洗脸？（小梅）

有一次我在宿舍化妆，我舍友看见了就过来教育我，说长痘不应该化妆，你

肯定是化了妆又卸不干净才会长痘痘。(毛毛)

这种因疾病而被附加在患者身上的各种猜想常常会加深病人的病耻感,让他们觉得自己不被理解。学界许多关于慢性病的研究中都曾提及的一点是,在面对因疾病而带来的耻辱感时,患者会倾向于选择隐瞒自己的疾病,只对亲近的家人或朋友有所告知。然而,由于痤疮多发于面部,发病位置的特殊性使得隐瞒与掩盖都极其困难,不管愿不愿意,痤疮患者都不可避免地会将自己的疾病暴露于他人的目光之下,因此围绕着疾病的所谓"指指点点"也就成了生活中的常态。说者或许无意但听者有心,面对因外界的目光和言语而带来的病耻感,主动的社会断裂成了许多患者下意识的选择。

(2)社会性退缩

在面对疾病携带的各种隐喻,承受因此而带来的异样目光与言语时,许多病人会更倾向于隐瞒自己的疾病,以脱离该种社会性压力。而痤疮多数长在脸部,无法遮掩与隐瞒,为了避免疾病带来的耻辱感,许多患者都出现了不同程度的社会性退缩。

谈及因长痘而受到的生活影响时,安安是这样描述的:

我变得特别不愿意出门,不愿意去人多的地方,不愿意让任何人注意到自己的脸。我也很讨厌见亲戚,因为总会有没眼色的人一直对我说,哎呀,你的脸怎么搞的呀?

舟舟则认为,因为长痘让她的整个大学生涯都黯淡无光。

上了大学以后,身边的人都开始注重打扮了。但是看看自己,偏偏又是这个样子。所以我就越来越内向,这让我开始不断地想避开某些场合。因为长痘不敢表现自己,去结交不同圈子的人,很多时候也玩不开,有点自卑。我想,如果我的脸不是这样的话,我会更加自信,也会更外向,去参加更多的活动。

同时，因为痤疮对人的面容具有一定的损毁性，使得婚恋问题在一定程度上成了一些患者人生历程中的一个坎。

小涵今年 27 岁，眼看着 30 岁门槛就在面前，而在恋爱结婚这事上始终毫无动静，她的父母开始着急并如同许多其他父母一样四处为她张罗、安排相亲。刚开始她是一律拒绝的，多年患痤疮的经历使得她对于自己并不自信，并对一切与陌生人的社会交往充满了怀疑和不确定："其实主要还是自卑，我觉得自己这张脸走出去，大概也没人会喜欢，何必特意去相个亲再验证一遍这个事实呢？"

去年过年期间小涵放假回到老家，相亲之事再度被摆在面前。这次的相亲比较特殊，因为她一眼就相中了照片里的那个男孩。为了使自己展现出最好的一面，尽量掩盖掉脸上黑黑红红成片的痤疮及瘢痕，在见面前小涵花了三个小时精心地化了个妆。然而相亲结果却让她大失所望。

后来那个介绍我们认识的亲戚来我家，背着我偷偷地和我爸妈说让我去医院看医生，把脸先看好再给我介绍更好的。那时候我就知道是怎么回事了。

慢性病的长期性和对身体的破坏性常常会侵扰人们基于年龄所期待的社会角色，不仅从生理层面带来痛苦和损伤，也会引起其他社会关系的骚乱不安，造成对患者生命历程的破坏。"作为个体，每个人的一生中都会扮演社会期待和规定的角色和事件。在什么年龄做什么事情，都是被社会性建构的生命历程。"[1] 对于小涵和她的父母来说，27 岁理应是步入婚姻的年龄，而痤疮的存在却使得患者畏惧不前，打破了这种生命历程的安排，让他们在经历一定身体苦难的同时也面临着因由疾病带来的社会性压力。

另外，在许多人的固有想法里，似乎只有女性才会对自己的外貌格外关注，因此痤疮带来的社会性苦痛大多数只发生在女性身上。而事实上，在田野调查中笔者发现，年轻的男性同样也会因为十分在意脸上的痤疮而造成不同程度的社会性退缩。并且基于其男性的社会身份，他们的患病历程通常比女性患者更加得不

---

[1] 余成普、廖志红：《甜蜜的苦难：1 型糖尿病人的患病经历研究——兼论慢性病的人类学研究路径》，《开放时代》2016 年第 4 期，第 205—223 页。

到支持和理解。这种性别偏见往往会加深他们的疾病苦痛，从而进一步影响到他们的社会生活。

我高中的时候就长痘痘了，后面虽然好了，但（脸上）还是留下了很多坑坑洼洼。我其实是挺完美主义的一个人，真的接受不了这种。想找个朋友倾诉一下，结果身边人也都不理解我，觉得我一个大男人竟然会因为长痘这种事情耿耿于怀，全是冷嘲热讽。后来心理问题越来越严重，压力也大，痤疮就复发了。为了养好脸，也为了调节一下自己的心情，我就从原来的工作单位辞职，和同事朋友都断了联系，一直到现在都是个"社恐"。（海豚）

三、面对病痛的行动策略

1. 病痛意义的重构

拒绝接受，是很多患者一开始面对疾病时的正常反应。痤疮给生活带来的影响和破坏在上文中已经有了详细的叙述，在面对疾病的破坏性时，有些患者的叙述充满了愤怒、自卑和压抑，社会对痤疮患者的苦痛缺乏理解更加深了这种负面影响，使得患者反复出现"为什么是我"这种无意义的苦痛感。但是生活总在继续前进，经过长时间的磨炼和抵抗，患者的叙述也在逐渐发生着变化。

从"去死就不会长痘了吧"到"顺其自然不强求了"，毛毛的心态转变在我所有访谈对象中是最为明显的，而这一改变源于一场小车祸。过年前的一天，毛毛独自骑着电动车前往奶奶家吃饭，路上与一辆小车追尾，随即被送往医院。人虽无生命危险，但伤到了腿骨，只能依靠轮椅来行动。

我以前吧，总因为痘痘复发就觉得天都要塌下来了。出了个车祸，腿给伤了，现在我每天烦恼的是以后会不会瘸啊，到底要什么时候才能自己站起来，像以前一样跑跑跳跳。

这场车祸成功地让毛毛把注意力由脸上转移到了腿上。一个月前，毛毛给我发来信息，感慨自己这么多年的心病竟然因为车祸而消失了——"比起生命安全和健康，脸丑一点也实在不算个事儿"。

多次复发又不断坚持治疗，被副作用折磨却仍旧保持积极乐观心态的红姐同样给我留下了深刻的印象。她对于自身患病后的经历是这样定义的："我通常将长痘看成是老天对我的历练。比如，'老天只是希望别人能够透过外表看到我美好的内心'，'老天只是想让我知道外表欠缺时的残酷人际关系'。长时间的这种心理暗示导致我认为其实我还是很漂亮的，只是我痘痘还没有好而已。"

这种将自己看成是正在历练的"潜力股"的积极自我暗示给予了红姐很大的动力，让她在面对反复的病情、强大的药物副作用、奔波的就医过程时，能够始终保持乐观的心态。通过对病痛意义的重新构造，赋予其积极的隐喻，患者得以获得一定的心理安慰，让自己能够更坦然地接受疾病的存在，也更好地接纳患病的自己。

痤疮是一种极易复发的慢性皮肤疾病，即使是服用药物之后使脸上的炎症反应得到控制，许多患者也时常处于复发的危机之中。为了能使皮肤更长时间保持一个稳定的状态，许多患者或是自愿或是出于不得已，改变了自己生活的方式以规避痤疮复发的风险，因此，痤疮的患病经历被一些患者认为是自己改造生活的契机，无意中给他们带来了新的获益。

其实想想，五六年的痤疮给我带来的好像也不是只有负面的影响。为了不长痘，我学习了很多科学的美容知识；我每天坚持早睡早起，虽然痘痘还是在长，但是我因为睡眠充足了，黑眼圈反而消失了，体质好像也增强了很多。无形中我也没有吃过夜宵，不吃油炸食品，不吃甜食不吃辣，有多少次吃垃圾食品的念头都以长痘为由扼杀了。

患者玲玲认为正是这段长痤疮的经历迫使她开始关注自己的健康，并形成了健康的生活习惯。疾病带来的不仅仅只有灰色晦暗的经历，病痛的意义在玲玲的积极实践下发生了转变。她开始逐渐将疾病作为自己积极改变生活的契机和动力，并主动与他人分享，带动身边的人和她一起践行健康的生活方式。

我在宿舍里会主动向舍友科普一些护肤知识，告诉她们什么肤质应该用什么护肤品和化妆品，购买这些东西的时候要注意什么，配方表应该怎么看。然后还带着她们一起过健康生活。

玲玲的做法不仅让自己转移了对脸部皮肤过度的注意力，还向身边人普及了健康生活、美容护肤的知识，把因痤疮而产生的负面情绪转化为一种更为积极的生活态度，疾病的意义在她身上得到了提升。

同样认为自己因疾病而获益的还有辉哥。因为多年痤疮反复不愈的经历，他在上大学后开始用跑步的方式来改变自己。

大一下半期做了一个丧心病狂的决定，坚持夜跑。为什么"丧心病狂"呢？第一是因为当时觉得跑步出汗或许能排出体内毒素，对皮肤好；第二是觉得既然脸已经这样了，不能再搞垮身体了；第三是对于皮肤绝望了，想做一些事转移注意力。

就这样他开始了"校园土地丈量员"的生活，每个夜晚都在学校里跑步。

我以前其实挺瘦弱的，而且也不爱体育运动，高中跑一千米能跑四分半。结果大学跑着跑着竟然爱上跑步了，那年学校体测，我跑了接近满分。后来越跑越多，去参加马拉松，也因此认识了很多跑友。这件事情让我身体和心态都有了巨大的转变。

从玲玲和辉哥的叙述中可以看出，他们都已经从疾病带来的苦痛中走了出来，更多地认识到疾病带来的其他效果。病痛的意义在他们身上发生了改变，不再与灰暗、自卑等字眼联结在一起，而是成了改造生活的助推力。这种病痛意义的重构是身体、自我和社会之间重新联系的方式，让患者能够重新认识疾病，更好地适应疾病后的生活。

2. 直面痤疮

患者面对疾病时的情绪管理更像是一个逐渐适应疾病的认知过程。面对疾病的长期存在，个体需要在疾病过程中学习忍受疾病的影响并适应疾病的存在。

对于患病后情绪进行有效管理的第一步是需要将疾病视为正常，正视自己患病的现实，调整对病的恐惧和排斥，只有当患者将自己的疾病正常化时才能够充分融入自我的身份和社会生活中去。不管愿意与否，痤疮患者们总要学着主动面对疾病带来的困难，调整自己对自我和疾病的认知也是对抗疾病带来的压力的一种重要缓冲形式。

> 其实想想也没什么，长了痤疮嘛。又不能把脸蒙起来，还不如大大方方地给人看。长痤疮就是丑了点，不过总比那些身患绝症的要幸运多了吧，至少没什么生命危险啊。（安安）

上文中提到的患者安安在接受一段时间的药物治疗以后，终于终结了她长达八年的痤疮生涯。在回忆过去因痤疮而倍感压抑的生活时，她话锋一转说了以上这段话。尽管脸上还存在着许多因为痤疮而留下的瘢痕，但如今积极乐观的形象也与过去完全不同了。从消极到积极，从难过到心平气和，从"不能接受"到"其实也没什么大不了"，改变对疾病的认知之后，患者对疾病的态度也发生了改变。"主动正视自己患病的事实，努力迎上他人注视的目光"，这是安安总结出来的应对痤疮应有的态度。

同样选择直面现实，积极以对的还有小梅。

> 既然我无法杜绝，至少可以做到量变啊。坚持规律作息，吃绿色食品，注意防晒，遵从医嘱，该怎么治就怎么治。虽然可能还是会长，但是长一颗总比完全放弃抵抗长满脸包来得好吧。我认为唯一能够缓解自卑的就是彻底治好它。有问题就去治嘛，没什么大不了的，不要想太多，要用最短的时间做最有效的事情。

认知的转变往往会是生活转变的开始，不论是安安的主动展示还是小梅的坚持不懈，她们都选择了从自卑自弃的疾病阴影中迈出去，进一步开始了积极改变的生活。"看开一点"是她们对待疾病的态度，但这也并不妨碍她们继续在"战痘"的路上斗争到底。

3. 接受不完美

面对主流社会"光滑白皙"的审美规范和自己无论如何也不符合这一要求的被痤疮持续损毁的肌肤，患者往往会陷入一种自怨自弃的情绪旋涡中去，"我这样很丑""没有人会喜欢这样的一张脸"成了很多人在面对疾病时会有的压抑表达。人们总是被教育要符合规范、遵从标准、追求完美，但随着病程的加长抑或由于现有医疗技术无法解决患者所面临的困境时，患者就会或主动或被动地学着去接受一个并不完美的自己。我通过芳芳认识萍的时候，她的脸上除了些许黑印，已经几乎看不出患过痤疮的痕迹。不过回忆起曾经那段到处求医问药却也无可奈何的日子她仍是记忆犹新。

中医、西医，微商、美容院，全都试了一遍，就是没有用，消了又长，反反复复。一度非常自卑敏感，不敢和人对视，拒绝社交，尤其害怕竞争性质的面试。

大学毕业以后，萍的一位朋友来家里做客。两人聊天时，萍第一次主动和朋友提起自己的心病。

我问她，我这个样子是不是丑爆了。她愣住了，然后很真诚地看着我说，还好吧，我没想到你会这么在意这件事，但是在我看来，真的不觉得你很奇怪或是丑陋。她回去以后我想了很久，原来这些年是我自己不让自己好过，别人根本不在乎你脸上长了什么，很多的不完美只有自己才会斤斤计较。

后来的萍再也没有到处寻找治疗的方法，而是选择以平和的心态去生活，学习化妆、投递简历、不断面试，最后成功地找到了一份还算满意的工作，这也更让她坚信，真正影响自己的是自己面对不完美的心态而非痤疮本身。

在不断求医问药寻求治疗的过程中，许多患者逐渐地接受了自己因为痤疮而导致的皮肤的损毁，在苦痛中开始正视自己的不完美，也感知到这种不完美并不能够成为厌恶自己、厌恶现在生活的原因，快乐而有意义的生活是可以通过自己的努力而获取的。

我过去常常忽略的一点是，大多数时候，挺起胸膛充满自信的眼神比干净的脸有魅力多了。我要承认我皮肤很糟糕，承认我因为它而伤心、敏感脆弱，但是我更要明白的一点是，美与丑都是一种真实。

疾病本身便包含着治愈的力量，面对并接受自身的真实，承认并与疾病所带来的不完美共处，认识自己、接纳自己，让患者重新获得了继续生活的勇气。后来，不知道是否因为心态放松的原因，萍放弃求医问药之后，脸上的痤疮反而越来越少，直至恢复到今天的状态。这些改变让萍坚信，心态好才是治愈疾病最好的良药。

痤疮患者们期待医学的发展能够帮助他们恢复到患病前光滑的皮肤状态，然而正如美国医生特鲁多的墓志铭上所写的那句他行医一生的心得一样，"很少治愈、多多帮助、常常安慰（To Cure Sometimes, To Relieve Often, To Comfort Always）"，医生在面对因为痤疮而遗留下的永久性瘢痕时，所能做的也只有尽量抚慰，帮助患者接受自己的状态。某种程度上，带着因疾病留下来的印记生活，只要能好好生活，也是一种强大的存在意义。"带着痘疤生活"便是许多患者生活意义重建后呈现出的图景，一方面显示着客观的身体状态，另一方面也有正视自我、接纳自我，重树自我认同的乐观意味。

4. 寻求支持

凯博文认为，即使是那些最绝望的患者，都有可能与人们谈论实际的病痛经验。受伤的身体需要发声，患者最先开始倾诉的对象是自己，然后是家人，再就是医务工作者，接着可能是朋友。[①] 适应疾病的过程使得患者成了"资源寻求者"，他们往往会采取不同的方法、从不同的互动过程中来获得支持。

---

① ［美］阿瑟·凯博文：《谈病说痛：人类的受苦经验与痊愈之道》，陈新绿译，广州出版社，1998，第 59 页。

在日常生活中，关于疾病的表达通常包括在就诊时与医生的对话以及生活中和家人朋友的沟通。凯博文认为，在就诊时患者会对医生抱怨或讲述各种疾痛问题，但在医生的头脑中，这些关于疾痛的叙述都是无关紧要的，医生更关注的是病人的病情以及如何治疗，这就将病人的疾痛叙述重组简化为狭隘的科技问题，即转为疾病问题。① 对于大多数患者来说，表达的意义不仅仅局限于得到治疗，他们同时也希望通过倾诉来寻求情感上的支持和理解。但在医生面前，患者更多只是一个具有类似病理特征的人，医生并不会花费时间去关注疾病给患者带来的痛苦体验。因此在访谈中我们会不止一次地听到患者这样的抱怨："排队几小时，看病几分钟"，"医生根本就没有认真对待我的情况，给人开的药都是大同小异的"。当然，我并无意批判医生的不近人情，就如赖医生所说的那样，一个医生一天所面对的是几十个病患，如果让每一个患者都充分表达，医生再细心倾听与安慰，那就会压缩后面患者的看病时间。治疗虽然不是治愈，但寻求治疗才是患者来到医院的主要目的。

除了对医生进行疾病表述以外，家人和朋友也是患者寻求支持的主要对象。对于遭受着病痛折磨的患者来说，能够感知到来自家人和朋友的支持会使他们获得力量。就痤疮患者而言，痤疮的大面积爆发会严重损害他们的外观形象，对他们的自尊心造成打击并影响他们对于自我的认知，在现实生活中也因为无法向他人隐藏疾病而在有意无意中遭遇许多来自他人的言语和目光的伤害，这在上一节中已经有了详细的表述。

面对来自患者的倾诉，一个好的倾听者是能够给患者带来积极情感体验，并且帮助转变他们在疾病中形成的对于自我的消极认知的，如上文提到的患者萍的朋友，就是通过自己建立在同理心之上的情感支持给萍带去了积极的力量，让她在面对疾病带来的伤害时能够勇敢地接纳自我并实现关于自我认知的重建。

而在网络技术快速发展的当下，互联网已经成为许多患者获取社会支持的主要途径，在患者生活中扮演了越来越重要的角色。这种通过生物相似性结合而成

---

① ［美］阿瑟·凯博文：《疾痛的故事：苦难、治愈与人的境况》，方筱丽译，上海译文出版社，2010，第 76 页。

的帮助群体，在已有的研究中已经显示出了积极的功能。[1]患者在日常生活中对表达对象的诉说是主动寻求帮助、获取他人情感支持的表现。向医生诉说可能会遭到冷遇，向亲人朋友讲述可能得不到理解，因此，同病相怜的病友之间的交流事实上在相互鼓励、重塑信心上起到了更加重要的作用。基于互联网的虚拟社区是痤疮患者主动集结以寻求帮助和认同的平台，为患者提供了大量的信息性支持和情感性支持。

当时创建这个微信群也是由于很偶然的一件事。我在 S 院皮肤科看痘痘，早上拿了号在那排着队。当时有点无聊，就和排在后面的女生聊天，发现她也是来看痤疮的。我们就开始聊一些治疗的问题。可能是听到了我们说的话，就陆陆续续有一些人过来跟我们一起聊，大家都挺投机的，就说要不建个微信群吧，以后有什么问题可以在群里讲。（大大，"战痘群"群主）

寻找关于疾病的信息支持是这个微信群建立的初衷，但随着群聊人数的增多，又逐渐延伸出了其他的功能。患者之间除了病情信息方面的交流，最多的就是情感上和心理上的交流。

你跟其他人是没法说的。跟没长过痘的人讲我因为这个样子有多伤心多烦恼吧，他们觉得你就是矫情，不务正业，心理承受能力差。所以我在生活中是不太跟人讲这事儿的，提都不想提。但是在群里面聊就不一样了，没有人会因为你的情绪而否定你，大家都能理解，而且互相鼓励、互相安慰。有时候说出来就觉得不那么难过了。（芳芳）

互联网为患者们提供了一个可以交流疾痛体验的平台，大家共属一个网络，

---

① 余歆：《虚拟社区中艾滋病患者的网络社会支持互动过程研究》，学位论文，华中科技大学，2015。陈映雪：《虚拟社区的健康传播及健康支持研究——以"抑郁症"虚拟社区为例》，学位论文，浙江大学，2016。王剑利：《病友互助的类家族主义原则——对糖尿病互助群体的组织人类学考察》，《思想战线》2019 年第 1 期，第 37—47 页。

在其中互相交流、共同承受。疾病本身是一种消极的体验，但在这里，患者们通过相似的生物性特征来参与社会交往，反而建构出了积极的生物社会性。

四、总结

在医疗语境中，痤疮是一种由多种因素引起的常见慢性炎症皮肤疾病。在生理层面，痤疮作为一种皮肤病，并不像其他慢性病那样对人体的机体功能、活动能力或寿命长短有着或大或小的影响。因为其常见性和相对无害性，痤疮作为一种疾病在医疗语系中是不被重视的。同样的，在大众化的社会语境里，"青春痘"不过是青春期常见并且会随着年龄增长而实现自愈的小毛病罢了。不论是在医疗语境中还是在社会语境中，痤疮似乎都不值得引起关注，甚至不该以"疾病"称之。

而事实上，我们也不能忽视和否认确实存在着这样一个群体，他们长期处于这种"微不足道"的疾病困扰之下，承受着或许并不亚于其他严重疾病患者的心理压力和负担。因此，若只从生理层面去认识痤疮这一疾病而忽略了它的社会文化属性，我们就无法认识到为何在医学上如此轻微且常见的皮肤病会给一些人群造成如此大的伤害。因此，本文引入了"病痛叙述"这一文化视角，让患者对自身的患病经历、就医过程以及心理体验进行主体性表述，从而探讨痤疮这种疾病如何影响了他们的生活，而他们在面对这些冲击时又采取了何种行动策略。

首先，痤疮作为一种慢性皮肤疾病，通过治疗或许可以得到很好地控制和缓解，但也并不能保证绝对地根治。因此许多患者的患病时长都以年为单位，复发也是常有的事。长期服药带来的副作用是巨大的，不论对其身体还是心理都是一种极大的摧残，对于患者正常生活的影响也是显而易见的。另外，由于惧怕疾病复发，许多患者不得不选择在饮食等生活方式上严格自我约束，来维持皮肤状态的稳定。

其次，在消费社会中，身体的审美功能被史无前例地放大和渲染，这种审美反应在皮肤上，就表现为皮肤的平滑光亮、肤色均匀。而一张长满痘痘的脸显然是不符合当下的审美规范的，因此相比起生理上的不适，损毁的肌肤给大多数痤疮患者带来的更多是精神和心理层面上的失序。由于痤疮而导致的审美功能的缺失，许多患者对于自身产生了极大的不认同感，自卑、低自尊和自我厌弃成了在许多痤疮患者身上常见的一种典型心理。而当这种疾病的破坏性降临在自己身上时，寻找致病因素就成了患者实现自我救助的方式之一。然而，痤疮病因的复杂性和不确定性使得寻找病因成了一件困难的事情。当本来作为帮助手段的医学无法正面回应患者的这一疑问时，就会反过来加重患者对于自我患病事实的困惑和挫败感。

最后，痤疮给患者带来的除了面容的损毁，还有强行加在患者身上的文化烙印，这些文化烙印伴随着他人的言语与目光而来，直接加深了患者的病耻感。不论是恶意的评价和揣测，抑或是生活中无意的玩笑和调侃，都对痤疮患者造成了无形的巨大压力，让他们觉得自己时刻处于被注视的状态，而与社会生活格格不入。社会语境中对痤疮作为疾病的轻视和对面部异常的关切的矛盾，让痤疮患者在寻求治疗的过程中同时遭受到两种交织叠加的压力，不断影响着他们对疾病和自我的认知。加之痤疮的病发位置较为特殊，一般难以对外隐藏和掩盖，因此为了避免疾病带来的耻辱感，许多患者都出现了不同程度的社会性退缩。

由以上所述，我们可以一窥痤疮对于患者生活的影响和冲击。症状和药物的副作用会造成患者日常生活的不适感；始终不知道疾病原因却又反复发作时患者的挫败感；因他人无法体察自身的痛苦而产生争端和误会时患者的愤怒感；为自己失去健康的、符合审美规范的容颜而产生的羞耻感。这些都是每天会发生在痤疮患者身上的疾痛经验。

然而，回顾患者的整个疾患经历和就医过程，我们也可以发现，在面对因痤疮带来的生理心理双重压力时，个体又并非是完全被动和消极的。面对疾病，主体应对的方式也不断在变化。随着时间的流逝，脸上的痤疮及瘢痕依旧挥之不去，而生活总是要继续的，当"与疾病共存"成为生活的常态，适应疾病甚至接受疾病就成了患者必需的功课。从自卑自弃到重新建构自己的病痛意义，赋予其积极的含义；从规避相关话题、逃避社交到学会调整自己的认知和情绪，积极治疗或尝试接受不完美的自己，都是主体在这一过程中对病耻感的策略化应对。这些行动使得患者真正走出了阴影，消解了疾病所带来的负面影响，同时发展出了完全的自我接纳和向前生活的信念，从而实现了自我的重新建构和认同。

理性陶醉：一个隐秘而饱含情感的女性"抖音"世界

——基于京郊 L 村的实地调查①

中央民族大学民族学与社会学学院 2019 级人类学（孝通班）　傅扬帆

指导老师　邱　昱

摘要： 短视频打破了过去的文本描述方式，使得乡村女性能够描述自己的日常生活。"抖音"对于 L 村的中年妇女而言，超越了娱乐层面，但同时也带来了矛盾：虚拟的性别形象构建与现实的传统女性形象之间产生了张力。面对这种现实困境，乡村妇女为此有节制地使用"抖音"。在这种传统性别结构未能改变的情境下，她们实践了理性的自我陶醉策略。并且，这种以"土味美学"为特征的"抖音"世界，同现实的日常生活建构出了一种双重性。

关键词： 抖音；情感人类学；自我重构；二重性

一、引言

　　故事起于笔者在一位村民家中做客时所观察到的小冲突。田野伊始的某个中午，一位叫作秀凤的阿姨诚挚地邀请我前往她的家中品尝她的手艺。在一个小四合院的客厅里，我、秀凤、她的丈夫以及她的朋友玉凤围坐在一起吃午餐。秀凤

---

① 本文为"教育部首批新文科研究与改革实践项目《民族学、社会学、考古学交叉培养复合型人才的创新与实践》（2021100016）"的中期成果。

看着自己做的一桌子菜，按捺不住自豪与兴奋的心情，神采奕奕地拿起手机想拍个短视频发"抖音"。但是她的丈夫却与她的心情相反，满脸的不耐烦，甚至小声发牢骚，似乎对于妻子拍"抖音"的样子表示很不满。秀凤也察觉到了丈夫的感受，对此有所收敛，心情又回归了平淡。不过即使如此，我仍然在秀凤的抖音主页上看到了她的视频更新，配着华丽的特效和欢快的背景音乐，似乎中午的小摩擦没有发生过一样。而在视频的文案和评论里，你也能感受到秀凤流露的快乐。"抖音"上的她，与当时突然心情沮丧的她是迥然不同的。在这场小风波里，现实生活中的心情转变，虚拟世界里的情感形象，以及这种二重性的世界互动所引发的个体行为，都让我不自觉地对这种基于"抖音"使用的复杂情感有了关注。

我们常常对于"抖音"有一个污名化的想象：它只是一个消磨时间、容易上瘾的娱乐工具。而在上述的故事中，我们能够感受到"抖音"作为一种文本表述工具对于人的意义，以及人们在使用"抖音"时的情感转向。本文基于对 L 村的中年女性使用"抖音"的田野调查，聚焦于农村中的女性使用主体，尝试探讨"抖音"对她们平淡无趣的生活来说意味着什么。"抖音"之于她们有超越娱乐功能之外的使用目的。它植根在农村妇女的日常生活与互动之中，是一种新的生活方式而不仅仅是一种娱乐方式。同时，"抖音"的使用活跃程度和玩法是存在性别差异的，这种差异体现了"抖音"之于女性有着丰富意义。我将站在她们的主体视角去理解"抖音"对于日常生活的图景展现，观察她们通过"抖音"进行的各类实践，尝试描绘出这样一种隐秘而饱含情感的女性"抖音"世界。并且，我将强调这种性别视角所带来的现实生活与"抖音"生活之间二重性的构建，这种二重性是存在张力的。她们在"抖音"上呈现的"理性陶醉"状态是一种内敛性的自我重构（self-making）。通过有节制地、自律地使用"抖音"，并将"抖音"作为一种创造性的方式，去缓和二重性世界的矛盾。

二、文献回顾

1."抖音"作为情感人类学路径的思考

20 世纪 70 年代以来的人类学研究出现了一个明显的转向，也就是从对社会这一结构性空间的种种制度、体系、功能的考察和研究，向着结构性空间的"填充物"——个体经验、自主性以及个体间交往的情感及其构成方式转变。后结构主义的思想潮流改变了人们对传统民族志方法的看法。情感常常由于与非理性、欲望、私密等因素所绑定而被排除在"实证主义理性的研究"之外。西方学界中，情感人类学（Anthropology of Emotion）的理论来源较为复杂，其中博厄斯（Franz. Boas）作为美国人类学派的代表，强调将"心理－情感"模式融入传统的文化分析中，关注文化的精神气质，但路径与之后的情感人类学是相异的。情感人类学意在用人类学的方法来研究非西方社会中的情感问题，以此反思西方社会中在理性与非理性的二元结构下对情感的认知①。非常重要的是，受到福柯（Foucault）的影响，它也将情感视为话语，考察人们的情感实践与外在的社会结构构成怎样的相互关系②。

传统的中国人类学除了乡土社会的社区功能研究、仪式研究、宗族组织研究之外，似乎应该加上情感这一重要的维度。情感的琐碎凌乱一直干扰着人类学者理论推衍的定力，再加上它展示的空间相对私密并且往往湮没在日常生活之中，因此，如何从日常的言辞和交往中去发现情感和意义生产的途径显得尤为重要。③过去西方学者从与情感关联的文化美学进行切入，比如本土诗篇④、歌曲、音乐、语音符号⑤、舞蹈⑥等。诉诸福柯的话语概念⑦，Lutz 强调在具体的田野背景下考察情感获得意义的方式，同时反过来研究情感话语是如何影响社会生活的⑧。

本文也对一种建立在隐秘"抖音"世界之上的"土味美学"进行分析，翻译

① 李利：《论情感人类学的两大研究范式》，《求索》2012 年第 9 期，第 220—222 页。

② 宋红娟：《西方情感人类学研究述评》，《国外社会科学》2014 年第 4 期，第 118—125 页。

③ 刘珩：《情感的公共与私密：一个人类学研究的新视角》，《社会学评论》2015 年第 3 期，第 3—14 页。

④ Abu Lughod Lila, *Veiled Sentiments:Honor and Poetry in a Bedouin Society*,University of California Press,2016,p.9.

⑤ Steven Feld, *Charles Keil: Music Grooves, 2nd Revised ed*,Fenestra Books,US: Amazon,2005,p2.

⑥ Joel Marks,Roger T. Ames,*Emotions in Asian Thought: a Dialogue in Comparative Philosophy*, New York State University of New York press,1995.

⑦ M. Foucault, *Discipline and Punish: the Birth of the Prison*,Harmondsworth: Penguin,1979.

⑧ Catherine Lutz, "Emotion,Thought,and Estrangement: Emotion as a Cultural Category," *Cultural Anthropology* 11(1986).

并解释这些情感。它们是一种作为维护农村妇女群体偏好的社会组织类型的策略，因而情感构成的社会行为能通过情感的意义系统反映社会结构。

本文同时以性别作为情感分析的切入点。国内学界聚焦于乡村中年女性的"情感世界"的经验研究较为缺乏。相关女性的形象构建多为"抖音"线上空间上的集体性行动①，并未与线下的情感表达机制相关联。此外，关于"抖音"上的女性群体研究对象，集中于亚文化影响下的青年女性②以及物质生活丰盈的城市女性③，对于传统中国乡村社会语境下的女性讨论较少。短视频之于女性的分析也仅停留在自我呈现和打破性别刻板印象以及性别角色上④。因此，本文在上述层面力求弥补当下的研究空白，展示中国社会中隐性的情感类型以及它与社会礼仪规范之间的内在张力，以及其中呈现出的活生生个体实践。

2."抖音"作为媒介的人类学取向

传统上，影视人类学更多是将视频拍摄作为一种民族志记叙的方法，拥有一套单独的理论系统。直到 20 世纪 60 年代末，人类学家和传播学者开始将媒介使用者及其现象作为分析对象。1969 年，美国人类学协会创造了"媒体人类学"（media anthropology）的概念。它是对大众的媒介实践进行的民族志研究，能对文化差异进行精细的分析，是一种利用人类学理论和方法论去理解明确的媒介化实践跟其他实践暗含的媒介化实践之间关系的批判性理论建构⑤。

国内学界也对媒体人类学的概念进行了相关的田野工作，讨论了新媒体介入地方性村庄，会进行何种程度的演变以及对地方的社会与文化会产生何种程度的影响与改变。比如郭建斌等对于滇川藏大三角地区电影放映的田野调查⑥，孙信茹

---

① 栾轶玫、何雅妍：《技术赋能"她形象"——短视频中的女性媒介形象研究》，《视听界》2019 年第 6 期，第 36—43 页。

② 侯丽娴：《青年网络短视频女权行动的策略与"不稳定性"研究》，《广州大学学报（社会科学版）》2020 年第 19 期，第 82—91 页。

③ 夏烈：《网络文艺场域中的女性文化与主体新世界》，《东吴学术》2020 年第 4 期，第 21—28 页。

④ 佟新：《"逆性别"时代的终结》，《快手人类学》2021 年。

⑤ S. Pink et al., *Digital ethnography: Principles and Practice*,London: Sage, 2015.

⑥ 郭建斌、张静红、张翎等：《"视觉展演"：中国农村电影放映实践的文化阐释——基于滇川藏"大三角"地区的田野研究》，《新闻与传播研究》2018 年第 25 期，第 57—75、127 页。

对石龙村普米族微信使用状况的考察①，金玉萍对托台村维吾尔人电视使用的田野调查②。但相关研究聚焦于村落使用主体与媒介之间的关系，对于媒介使用时地方性的文本生产关注较少，而本文尝试在"抖音"的文本生产上进行民族志分析。

3."抖音"作为网络的人类学取向

"抖音"作为一种媒介时，谈及它的文本生产，势必需要进入其发生的时空进行具体的探究，因此"抖音"作为网络空间的这一重特点不容忽视。根据相关机构的统计，仅在 2019 年一年内，"抖音"短视频平台的日活跃用户数量从 2.5 亿提升至 4 亿③。赵旭东认为人类学遭遇了一种视频直播的民族志书写：由图文信息传输而到实时动态的影像信息的传播④。因此，人类学有必要去重新认识一种"虚拟的真实"的存在。方伟浩认为日常生活的审美化、对个人生活史的深描成为"抖音"平台上重要的文本书写方式⑤。宓淑贤对"抖音"的青年群体为主的微生活民族志进行过细致的分类，发现短视频文本的反复强化特点能使个体有效建构自我形象⑥。除此之外，也有许多学者对同类型的短视频程序"快手"进行了相关研究。朱靖江等认为"快手"给予了人们一个多元化的虚拟表达空间，人们在其中以反身性的方式不断重构自我身份认同，个体以一种看清现实、活在当下并承认我本如此的无畏心态获得自我身份认同⑦。

---

① 孙信茹：《微信的"书写"与"勾连"——对一个普米族村民微信群的考察》，《新闻与传播研究》2016 年第 23 期，第 62、126 页。

② 金玉萍：《电视实践与维吾尔族村民日常生活研究——基于托台村民族志调查》，《新闻与传播研究》2012 年第 19 期，第 9、34—42 页。

③《2019 年上半年短视频行业分析报告》，Fastdata 极数网，http://www.199it.com/archives/906617.html。

④ 赵旭东：《微信民族志时代即将来临——人类学家对于文化转型的觉悟》，《探索与争鸣》2017 年第 5 期，第 4—14 页。

⑤ 方伟浩：《媒介的现代性：抖音短视频文本书写与消费的文化人类学研究》，《当代电视》2020 年第 2 期，第 93—96 页。

⑥ 宓淑贤：《"抖音"上的个体形象建构与对社会价值观的呼应——兼论书写"抖音"微生活民族志的可能性》，《民族学刊》2019 年第 10 期，第 54—61、115—117 页。

⑦ 朱靖江、高冬娟：《虚拟社区中自我认同的反身性重构——基于移动短视频应用"快手"的人类学研究》，《民族学刊》2019 年第 10 期，第 47—53、112—114 页。

4. 分析框架与研究视角

对于"抖音"的媒介性而言，学界对于新媒介技术介入乡村生活已有较为成熟的探讨，但本文更聚焦的是这种媒介使用对于二重世界的建构，而非媒介本身对于村民的传播学意义。对于"抖音"的网络性而言，网络空间一直是被学者讨论的重点，强调的是虚拟空间下的民族志研究，尽管关注的是自我形象建构，但是缺乏与现实日常生活的对照。

在二重世界的建构上，Daniel Miller 的著述《脸书故事》对此概念有较为深刻的描述。他将"脸书"（Facebook）放置在特立尼达这个小岛上进行观察，并把"脸书"看作是特立尼达地方性的产物，而小岛本身也影响了"脸书"。他也同时思考了"脸书"带来的普遍性问题，试图理解"脸书"给社会和社区以及社会关系带来了怎样的后果。他强调了"脸书"如何改变自我和自我意识。"脸书"中上演着人们幻想的世界，产生了线上自我和线下自我的区隔。同时也分析了女性形象塑造的个案，自我的概念不依赖于一种本质化的存在，而是源于一种社会性反馈。[①] 在这个层面上，Daniel 对自我形象的重构做出了比较到位的分析。

因此本文主要关注点在于线下生活，对线下主体互动进行考察，将线上工作作为辅助部分。相较于线上意义的民族志研究而言，笔者的研究更依赖于线下和田野对象的互动。尽管"虚拟民族志"（virtual ethnography）常常被提及——人类学需要在虚拟的环境中针对网络开展民族志研究[②]——但是"虚拟民族志"也强调了应该遵循的方法论原则：除了极少数的互联网社群或文化仅仅具备线上完全的自我封闭性以外，多数互联网无法脱离现实情境，通过网络获取信息的单一来源思路存在弊端[③]。人类学需要聚焦于网络空间与日常空间二者之间的联系。因此探讨情感在个人的生命活动和外在的社会结构与文化秩序之间的张力，必然需要将研究置于以线下为主的场域之中。

---

① Daniel Miller , *"Tales from Facebook," Journal of Sociology* 3(2014): 222.

② Christine Hine, *Virtual Ethnography,* London/Thousand Oaks/New Delhi: Sage, 2000.

③ 卜玉梅：《虚拟民族志：田野、方法与伦理》，《社会学研究》2012 年第 6 期，第 246 页。

三、田野点概况与研究方法

田野点 L 村位于北京市怀柔区长哨营满族自治乡。村庄人口在年龄结构上，以 40 岁以上人群为主，超过半数的人有孙辈。在地理位置上，L 村地处怀柔区北部偏东，是一个京郊农村。村庄位于周围低山的环抱之中，作为村庄农业用地的土地是有限的。在环境保护政策的背景下，村民可选择的农业经济形式较少，但退耕还林等补贴也为村民提供了稳定的收入来源。北京市近年来加大了对农村基础设施建设的投资力度，对郊区农村的经济补贴较高。因此，总体而言，L 村人均生活水平较高，村民们普遍过着较为悠闲的农业生活。村民也会通过其他的手段来提高自己的收入。部分村民会积极参与市场经济，比如将部分空余房间打造为民宿；部分村民会向外寻求就业，去其他村庄的建筑工地打工；还有部分会在怀柔城区或者其他地区经营个体生意。这表明了他们的"抖音"世界不止局限于村庄和农业生产，而是有更为丰富的面向，比如农闲时期的娱乐生活、城乡流动中的见闻等。

笔者于 2021 年 7 月下旬进行了为期四周的田野调查，通过参与式观察和半结构性访谈的方式，尝试在当地人的视角下理解"抖音"的价值属性，了解村庄的文化背景和"抖音"之间的关系。并且，我希望借助性别视角，聚焦于农村女性使用"抖音"的生活状态。本文采用报道人的"抖音"名作为化名。

四、建立在农村文化上的"抖音"世界

1. 构筑非农时间的重要部分

我很想知道，在时间的概念里，一个农村中年女性的完整一天的生活中，与"抖音"有多大程度的关联。在得到"寒冰"女士的同意之后，我和她一同劳作与休憩。寒冰是村里使用"抖音"最活跃的人，她虽然不在村委任职，但是凭借热情的性格和村里会计夫人的身份，她在当地农村妇女群体中有着较高的号召力，在"抖音"使用群体之中，她具备典型性。

我们吃过早饭后就开始下地干活。薅完草之后已是 10 点左右，这时候寒冰放松了一下，玩了会儿"抖音"（大约 20 分钟）。但同时她还有兼职工作要做，她负责村里液化天然气罐的管理登记工作，通常这时候就有人来家里找她登记天然气罐的更换。这一忙活完，就到做午饭的时间了（通常 12 点吃午饭）。吃过午饭后，这时候可以玩"抖音"，她会选择性地玩"抖音"。在午睡之后，这个时间段她可能需要完成大队的任务，比如说进行村口防疫的志愿工作等。再到 17 点左右她就开始准备晚饭。18 点开始吃晚饭。吃完晚饭后 19 点开始就是跳广场舞的时间了，这时候她会拍"抖音"，并且还会和村里其他的妇女一起拍摄。一个半小时后，她跳完广场舞，回去后会再看看电视或者刷"抖音"，有大约 1—2 小时的娱乐时间。洗漱之后大约 22 点左右就睡觉了。

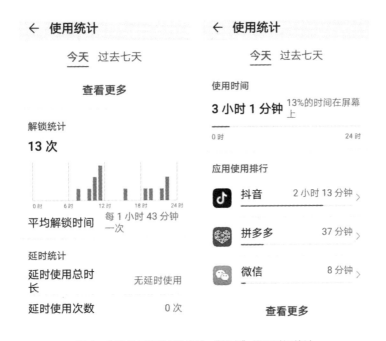

图 1　寒冰的手机使用时间与"抖音"使用时间统计

当下，从以使用"微信"为代表的文字时代步入到以使用"抖音""快手"为代表的短视频时代。信息传递的门槛降低使得更多年龄群体能够借助短视频这种直观的信息传递方式，描绘出自己的日常生活。L 村的中老年群体也热衷于

"抖音"，但是相较于城市中老年群体使用"抖音"导致的沉迷上瘾、迷失自我的现象，她们却表现得更加自律，有节制地去使用"抖音"。对于她们而言，农业劳动已经不再占主体地位，村落的经济形态在近年来发生了转变，其中非农部分增多，村庄走向一种混合型的经济模式，非农的时间则成了24小时生活中的主体。但是在这一天的工作中，农业生产活动的惯习已融入了当下混合型劳动的生活方式。"不干活就没饭吃，要遵循农业人的规律。"农业生产规训了她们的时间观念，这种张弛有度的时间分配也给了她们使用手机娱乐的机会，用这种自觉意识树立了玩"抖音"的理性原则。

"抖音"作为一种娱乐方式，如同过去的打牌、广场舞、邻里聊天等娱乐休憩活动一样，成了农业作息规范与休闲娱乐之间的一种合理生活方式。但相较于过去，它在农村女性的日常生活构建之中提供了超越娱乐休闲之外的面向。并且，这种自律也不仅仅是出于农业生产规律的作息。

2. 植根于家庭生活与"女德"规范

情感人类学将情感视为话语，认为人的情感是一种话语实践，从而构成对既定社会结构的反思。它从实践理论的角度强调个人的能动性，认为人的情感还包括另一个未被结构化的维度，或者说，在既有的伦理道德规范中悬置的那部分情感，也被称为是隐性的情感类型，这类情感往往与社会结构之间构成潜在的张力。隐秘的情感在"抖音"之内，因此需要思考"抖音"与村庄结构之间的联系。

我所调查的对象都是已婚并且育有子女的，年龄段位于40—65岁。其中，大多数50—65岁的农村女性的子女已经成家，形成了祖孙三代的亲属关系。少部分女性还没有抱上孙子，更年轻的40岁至50岁之间的女性还需要抚养自己的子女，当然后者占少数。总体而言，她们在自己的年龄段都需要维持一种抚养子女的母职角色。对于年长女性群体来说，她们和（外）孙子孙女之间是典型的城乡隔代抚养关系。她们的子女在怀柔城区组建了新的核心家庭，把学龄前的孩子交给乡下的父母抚养，也会选择在寒暑假将孩子委托给父母照顾。笔者调研期间正值暑假，因此许多妇女在这期间还需要承担照顾（外）孙子孙女的责任。作为奶奶的她们，经常背着襁褓中的孩子，同时做着农活。年龄稍大的孩子就不太需要她们的操心了，并且孩子们会和长辈一起玩"抖音"。许多人表示，"抖音"已经融入自己的家庭亲属之中了。福兰讲述了自己在亲属关系中的位置以及自己和她们的互动："我儿媳妇还有七大姑八大姨，都在'抖音'里加了好友，我孝顺我公公婆婆的视频，她们都会给我点赞，夸我孝顺，我还是蛮开心的。"年纪较轻的熊姐从广西远嫁过来，她在"抖音"中为自己拍摄视频，使用背景音乐和特效向自己的娘家人传递自己的生活状态，有时也会表露自己对娘家的思念和对父母健康的牵挂。传统的家庭观念在"抖音"里得到再现，孝顺与关爱通过视频这种复合媒体得到了展现，抽象的感情能够用视听语言来表达，多感官参与能够让远离村庄的人们了解对方的生活日常。而在抖音 App 的这种"记录美好生活"宣传口号之中，农村女性的育儿养老的规范得到展现。她们在这种现实中，被要求做一个"懂得孝顺老人""关爱孙子孙女""与娘家人保持好联系"的优秀女性。尽管我们不太能感受到明显的"女德"要求，但是她们在"抖音"上的实践，以及在这种付出中所获得的自我认同传达出了这种性别期待。在这一层面，"抖音"作为联结亲属关系的工具的意义已经远超信息传播这个层面的意义，它已经植根于传统的农村家庭的互动之中。

L 村的家庭关系并非传统的"男性占据主导地位，女性处于服从地位"的两性关系，在生活中男女双方都为家庭承担了责任与义务，丈夫与妻子之间的地位较为平等，过往研究经验中男女智能手机对女性的技术赋权从而改变女性家庭地位的现象并没有出现。只是说，在现代化的农村生活图景之下，女性仍然需要遵守过去的道德规范与性别期待，她们仍然需要服从过去的父权结构。

3. "抖音"使用的两性差异

从性别视角来看，这个消遣工具对于村庄的男人女人来说有不一样的含义，他们使用"抖音"的目的基于自身的性别分工和性别期待而有所不同。

在村庄的家庭分工中，男性由于年龄较大，学习能力下降，自身文化水平较低，通常沿袭过去农业生活中的体力劳动工作，比如在建筑工地当临时工，去县城当装修工人。女性通常需要担起操持家务、照顾子女以及处理各种琐碎的事物的责任。性别化的劳动分工让女性有机会去接触智能手机，也让她们获得了一种消遣技能。

在自我的性别形象需求上，女性自身对"抖音"的娱乐需求相较于男性会更加丰富。农村女性需要在日常生活中扮演一个矜持形象，而"抖音"满足了女性在现实日常生活中无法获得的审美需求。其最主要的拍摄功能便是一种美化（尤其是基于人像的）。男性在使用"抖音"时会更偏向娱乐化，并且他们很少去拍摄，更多是浏览。"他会拍，但是他不耐拍，他只看'抖音'。"在对访谈者的丈夫的调查中，他们并没有因为工作和文化水平而不使用智能手机，而是渐渐也开始学会使用了。相较于女性，他们对于拍摄并没有强烈的兴趣，也对于"拍抖音"这个行为有点害羞。而女性则会尝试呈现自我主体性的拍摄，不局限于浏览。她们尤为中意美颜类型与情感表达型的特效道具，它们在美化视频内容里个人形象气质的同时，又满足了个人的审美诉求与对自身形象的完美想象。许多受访者表示："我就觉着这里面的美颜好看。我一打开'抖音'，看到里面这特效把我拍得好看，我心情就好。"她们并不会使用化妆或者其他技术让自己重回年轻时代，但"抖音"提供了这样一种机会供她们想象。

当然男性也有少部分会拍摄"抖音"。"二林的乡村生活"是村里年纪40出头的一名男性，他从事个体生意，是村里少有的留在村庄的较为年轻的男性。他当过公务员，也从事过装修工作。他解释自己为何客观地拍摄"抖音"："我想传递农村生活的一系列生活观念，并且我也希望通过我拍'抖音'让外界的人了解我们的家乡。希望有人看到我拍摄的'抖音'农村生活，有兴趣并且来这里投资建设，拉动咱们的经济。"他使用"抖音"有着部分经济层面的目的，某种意义上反映了传统农村中男性承担主要家庭经济收入责任的性别分工。除此之外，其他会拍摄"抖音"的男性大多也使用无滤镜的方式，这和女性使用大量的滤镜道具的方式是不一样的。

L村的男性"抖音"使用相较于女性而言更加单调。在使用上，他们倾向于"刷抖音"带来的娱乐性快感，而村中拍摄"抖音"的男性寥寥无几。就算是有拍摄"抖音"的男性，他们的视频内容也是更具有娱乐性的，比如说用道具扮丑，或者与别人合拍情景剧。

4. 女性"抖音"使用者的内部差异

社会资本和文化水平造成了群体内部使用"抖音"的个体差异。志荣相较于其他女性，面对访谈，不太愿意去表达自己使用"抖音"的感受，她把自己"抖音"拍不好的原因归咎于自己没有丰富的见识："我拍得又不好。像书玲就拍得好，她平常去怀柔去得多，家里人也会教她拍'抖音'。咱学不会，记不住。我小学学历，人家都是初中、高中学历。"这方面，相对弱势的女性在使用"抖音"时会呈现更保守的态度，隐瞒自己使用"抖音"的行为。文化水平和社会阶层较高的女性则会更有自信地使用"抖音"，并且在"抖音"内容上的品位也会更高。比如寒冰对自己的网名"寒冰"有详细解释："我自己本来姓韩，但要是直接用这个'韩'就显得很俗气。另外之前有人给我取名'妙冰'。我觉着那可不好听，更俗。"寒冰能够流利地将自己内心的想法表述出来。同样的，桂芬由于妇女主任以及在家庭中作为"一家之主"母亲的身份，也让她在给自己抖音取名时慎重，最后依托自己的名字取名"那样芬芳"。对此，她给出了一种诗意的解释，因为她希望自己是一个更独特的"芬芳"形象，能够感染身边的人。文化水平较低的人群对这一类细节不会做太多处理，"抖音"名可能沿用注册时的名字，比如"用户名＋数字"。依托"抖音"打造的个人虚拟气质是有层次的，文化水平影响着她们使用"抖音"的审美等级。年龄也是造成视频内容差异化的重要因素。40—50岁的年轻妇女对于"抖音"的使用会更加熟练，对于新事物有更强的接纳能力和创新性。50—65岁的年长妇女，身体机能和精力限制了她们的拍摄创作，但是这也不代表她们会失去拍"抖音"的乐趣。

5. 整体视角

本文的调查对象基本涵盖了村庄的"抖音"活跃用户。年龄较大（65岁以上）的群体基本不使用智能手机，仅将电话作为通信工具使用，他们大部分都并不知晓"抖音"软件；大多数的中年男性会浏览"抖音"但是不会拍，并且他们也很少看"抖音"；一部分的中年女性只浏览不拍摄"抖音"，她们觉得看看就足够了。

这些不拍摄"抖音"的人，在看待村里一群妇女玩"抖音"时，保持着一个观望的态度：不会阻止她们玩"抖音"，也不会对她们玩"抖音"感到好奇。"抖音"的使用已经深入到日常了，不是一个能给人带来猎奇心理的新事物。不想玩"抖音"的人对别人玩"抖音"还是非常包容的。"只要不影响到家里的生活，不给村里添麻烦就行。"村委张书记（男）是这样的态度。大多数人都认可她们拍摄"抖音"作为一种乡村自娱自乐的方式，与打麻将没有差异。"玩抖音"对于不玩"抖音"的人来说只是一个消遣娱乐层面的概念，他们有其他的娱乐方式可以替代"抖音"。

除了"抖音"，"快手"作为另一种类型的短视频程序，在农村也有着深刻影响。但是在 L 村，"快手"的"下乡"似乎不那么明显。所有的访谈者中只有两个是使用过"快手"并且拍摄了视频的。需要再次强调的是 L 村的位置位于京郊，它相对于"快手"所面向的偏远农村而言并不是那么偏远。2016 年，"快手"与"抖音"作为短视频的重要代表横空出世。为抢占市场，"快手"面向基础设施与城市化建设较为薄弱的地区进行资本投入与品牌宣传。因此"快手"并没有对像 L 村这样的京郊村庄投入较多的资金进行"下沉使用"。"抖音"作为一个横向比较的产品，相较于"快手"并没有突出对偏远乡村的资本投入，在发展初期提供有节奏的背景音乐，吸引有创作活力的年轻人进行视频创作。L 村的女性开始使用"抖音"是在 2019 年春节期间，寒冰第一个学会玩"抖音"，"是怀柔那边的城里人回村，我看他们玩'抖音'，我也就学着玩了"。"抖音"来这个村庄并不是因为资本投入而进入的，而是人们主动选择使用的结果。这种自主能动性来源于"抖音"比"快手"更具有社交属性，它串联起了北京城区内的村民和京郊村民的社交关系，因此，"抖音"在这个方面具有优势地位，使得村里人主要以玩"抖音"为主。

五、"抖音"世界的"土味文化"

1. 媒体表达方式与内容

首先需要对最基础性的视频生产进行分类描述。她们在使用"抖音"做出媒体的呈现时，选择的群众面向具有鲜明的自主性。依照这个概念，我按照拍摄内容的主体性到客体性的程度进行分类：（1）非静止自拍。用视频的方式呈现自我样貌，并且运用各类特效，以面部妆容道具和节日景色背景道具为主。她们会用自拍镜头，使用特效道具将自己的面部"打扮"成自己满意的样子。（2）听音乐对口型。拍摄者选取自己喜欢的背景音乐，在特效加持下跟着背景音乐唱歌，但是不一定要唱出声，只需要口型和节奏能够对上背景音乐就可以。（3）音乐合拍跳舞。有的是跟随背景音乐来跳出既定的舞蹈动作，因此难度较高；有的只是一种拍摄身体的特效道具，通过舞蹈来展现特效的视频效果，这一类更具有娱乐性。（4）生活娱乐的记录。这一类相较于前几类会更接近客观记录，少了自我主体的主观控制性。因为拍摄内容通常是群体性的行为，比如跳广场舞、在家里唱卡拉OK、农田劳动、亲戚来访甚至是家务劳动等，也会添加适当的音乐和其他特效来配合视频。（5）风景、天气、灾害的客观记录。风景大多是村庄附近的，也有村庄周边的地区，例如山水风光或者村庄与城市的景观。除此之外也会拍摄当天的天气情况。（6）意识流的诗歌、音乐。这一类视频并不通过摄像头拍摄，通常是拍摄者有感而发的，在"抖音"资料库中找到能够表达自己心情的诗歌或者音乐，将其剪辑并且配上文字与背景图片做成视频发出。上述六种类型并不能完全涵盖该村村民创作"抖音"视频的所有内容类型，但是对于绝大部分内容能够做到一般概括。这些都是农村妇女在"抖音"上的表达性自我呈现。

这是一种以多媒体的视听所呈现的文本方式。这些作品可以看成一种升华后的自我生活写真，也可以被理解为一种生活志。但不同的是，她们会根据自己的主体需求，来权衡拍摄的内容以及拍摄的方式。并不是在现实中看到了"真实"而去记录，而是在"真实"的基础上，用她们自己的审美对其进行艺术加工，从而呈现出令自身满意的作品。

2."土味"的美学特征

审美观与宇宙观、道德观和价值观密切联系，即是这些观念的反映，这些观念相互补充，在人们的观念世界中占有重要位置。[①]农村妇女们在"抖音"上的内容呈现出一种审美观，这些审美观与个人的日常生活和价值观紧密相连。我们除了要探讨这种审美观是如何构建的以外，还需要分析审美观背后所折射的个体形象与她们的情感。

农村妇女们的"抖音"视频内容传达出一种强烈的鲜明特征，这些特征在城市人所谓的现代视角下常常被称为"土味"。她们自我的审美观形塑了这种"土味"文化。尤其是对于特效道具的使用偏好，体现出了她们的审美主张。"抖音"的特效道具，尤其是直观性的美学表达，符合她们的审美标准，人像美化功能满

---

① ［意］贝内德托·克罗齐：《美学的理论》，田时纲译，中国人民大学出版社，2014。

足了她们的自我欣赏需求。访谈中，我特意将此类问题做深度访谈：将不同类型的抖音道具特效拿来给受访者进行试拍，让她们对道具特效评价。她们对于传统的、颜色鲜艳的、写实性的特效有更强的偏好。有一款"珠之冠"（丰富华丽的珍珠头饰以及夸张的脸部妆容，配上热闹的背景音乐）的特效，我询问报道人为何会选择这样的特效时，她们不知道如何用言语形容，但都将这些特征归为一种"好看"的抽象描述中。秀凤认为："人是需要靠这些花草点缀的，你看这人在这特效里面显得多精神啊！我就喜欢这个'影分身'特效，你看，几个人站一起多有排面，多好看。"她们强调，即使是虚拟的生活展示，也应该与现实生活相照应。视频里所呈现的生活状态应该是现实生活的真实写照，并且在框定的范围内要进行升华，体现一种积极的生命状态。另一方面，我也给她们展现了所谓"流行"文化的道具特效。她们对这些特效有着不约而同地否定，尤其是对于一系列有关动物的"猫耳特效""兔耳特效"。"不好看！""不合适！""这样拍会被别人在底下评论骂的。""我就感觉年轻人用这个好看，岁数大了用这个不好看，你要是发出去别人也会说：你都多大岁数了，弄这些。"这种否定的态度都指向了一种厌恶"越轨"的价值观，即她们不愿意让视频中的自己脱离社会现实太远，尽管她们想要通过抖音特效把自己包装得更加年轻，但是又不太喜欢用年轻化的审美取向来定义自己，她们还是认为自己属于一个"长辈"的年龄层。外在的装饰性特效代表着她们的年龄位置，这些与五官容貌的年轻化特效形成了一种矛盾。她们内心渴望自己能够展现青春的活力，但是又对一些年轻人的行为（使用"轻浮"的道具）表现出一种否定。通过对她们审美观的比较性分析，可见其中折射出的她们内心欲望的矛盾性。但是"抖音"让这种矛盾中和了，特效道具让她们在网络空间内实现了自己自我审美的满足，是个体的欲望，并且也并没有让她们觉得自己的行为偏离了传统的"长辈"女性的形象。

3. 玩法：展示强于互动

"抖音"视频使用者在拍摄时并不是单纯地盲从，而是根据自己的日常形象和期望他人获得的形象认识进行选择性的自我呈现。并且，她们使用"抖音"倾向于展示性而非互动性。

当作品通过互联网传播到"抖音"平台时，浏览者能够通过各种功能和视频创作者建立关系。最基本的是点赞、评论与关注。农村妇女对视频评论的互动内容同质化较高，评论大多是固定的几个表情，例如"玫瑰""拍手""大拇指"等。这受限于她们的文字表达能力，她们也怕因为不恰当的文字表达引起误会。并且，她们更倾向于浏览者关注她们在抖音世界中的自我呈现，而并非和浏览者进行人际互动。宝萍因为个人工作原因（民宿老板，兼职药店销售），需要面对较广的社交群体。她说："反正那些陌生人我都不认识，他们点赞我开心，但是要给我发私信我是不会回复的。"对于那些示好的陌生人，她们会礼貌地赠以相同的回馈，用"互关"表示一种双向善意的传递。寒冰在面对陌生人的负面评价时，也不想直接回应，而是采取冷处理的方式。

尽管她们强调"抖音"点赞和评论的重要性，但是真正让她们坚持玩"抖音"的动力还是对于自我形象重构的展示。欧文·戈夫曼[①]作为自我研究的领军人物，以及雪莉·特克尔在《第二人生》（1984）中对互联网个人形象的分析，都不约而同地告诉我们，各个版本的自我在一定程度上都是表演性的，也都会基于一定的期待框架。我们依照不同程度的依恋与疏远，在生活中扮演各种角色。

4."观众"的选择与自主意愿

隐秘的"抖音"世界为何隐秘，很重要的一点在于使用者主动去选择自己在虚拟世界中所面向的观众，她们并不乐意将其呈现给所有人。并且，"抖音"自身的优势与她们的需求是一致的。

选择"抖音"平台本身就是一种筛选观众的方式。"快手"作为另一种类型的短视频程序，也在农村有着深刻影响。但是在L村，"快手"并不是主流的手机软件。所有的访谈者中只有两个是使用过"快手"并且拍摄了视频的。志荣表示："'快手'我不怎么用，我之前用（极速版），因为能赚钱嘛，现在不用了。主要是这俩功能都差不多，而且认识的人玩'抖音'更多，所以现在就只玩'抖音'了。"志荣尽管生活上有些拮据，但是经济目的不能够给妇女带来持久的使用兴趣，而建立在视频软件上的自我形象重构才是吸引人们玩"抖音"的根本原因。

"微信"朋友圈同样作为一种重要的个人生活展示空间，在功能上和"抖音"有重合之处。但是"抖音"的娱乐差异化和大数据筛选让她们更愿意在"抖音"

---

① ［美］欧文·戈夫曼：《日常生活中的自我呈现》，黄爱华、冯钢译，浙江人民出版社，1989。

平台呈现自我的想象重构。静姐是所有受访者中最年轻的一位，对于"微信"和"抖音"两个软件的功能都十分熟悉。她更愿意往"抖音"里面发视频，因为朋友圈都是互相认识的人，而"抖音"里面不认识的人占多数，所以"抖音"里面点赞的更多，浏览量也多。她们更期待通过向陌生人展示自己的美好形象来获得愉悦感。"抖音"自身在这方面颇具功能优势。其大数据功能会根据使用者的浏览、评论、点赞、关注，记录使用者的喜好并推送相关内容，这种机制让抖音好友都是互相欣赏对方的同好。寒冰对这个机制赞许颇高，因为她曾经因为在"朋友圈"发自己跳舞与臭美的视频，被熟人嘲讽，因此对"朋友圈"有了回避。她解释道："在'微信'朋友圈里面就有人会留下不太好的评论。就比如我上次发了条朋友圈，宝萍她老公他就开玩笑一样说了一句：'一天嘚瑟啥呢？臭美？觉得自己长得漂亮还是咋的。'从那以后我就不再在朋友圈发自己的自拍啥的了。"而在"抖音"上她可以随心所欲地发布自己喜爱的视频，不需要顾及别人的评价。她也知道自己发的视频在熟人看来"充满傻气"，但是她觉得能发到"抖音"里已经很开心了，如果有陌生人的点赞会更满足。她希望借助这个机制设置一种社交壁垒，"我一点也不想让那些跟我关系不好的人知道我发些什么。他们都不知道我'抖音'账号，也刷不到我"。妇女们刻意去选择自己面向的观众，是为了将"抖音"世界里与现实生活中那些存在着的冲突因素隐藏起来，规避二重世界的风险。

六、双重构世界的冲突

"抖音"世界与现实生活是存在冲突的，这也回应了为何她们使用"抖音"是如此克制并且隐秘。在本质上，"抖音"世界是她们个体欲望的表达，而浏览和使用"抖音"也影响了她们的现实生活。

在性别角色上，在家庭的两性关系中，我想先回应开篇的冲突性故事。秀凤的丈夫希望自己的妻子能够塑造一个得体矜持的形象，对于她在公众面前使用"抖音"是存在焦虑的。而在对秀凤的回访中，她解释道："嗨，他就是看你们外人在场，他觉得不好意思，他嫌我'事儿'多。说实话，我还跟他一起拍'抖音'

呢，在家没人的时候。只是在外头，他就对于我拍'抖音'很不耐烦。"之后我问了桂芬，秀凤夫妻俩是否真的存在"拍抖音"的矛盾，她说："她老公成天说她玩'抖音'就是嘚瑟，'把你能的'。"同样的，福兰也被丈夫抱怨，他单位里的同事能看到她拍的"抖音"，他会觉得很尴尬。丈夫并不是阻止妻子拍摄"抖音"，而是认为拍"抖音"这件事情是私人的，自己认识的尤其是家里人看看就够了，如果传播得太远，会让自己的形象以及家庭的"名誉"受到影响。因此，他们希望妻子在面向公众时能够有一个更完美的形象。

而在社会的性别角色中，桂芬作为村妇女主任和家庭长辈，正如前文所说，需要维持一个得体的形象，同时又需要给予身边人更多关怀，因此她对于"抖音"的内容有着更谨慎的选择，很少去发布关于自拍和臭美的视频。当笔者在结束调研之后再次查看她的"抖音"页面时，发现她的大多数作品已经删除，留下的都是诗歌和音乐。静姐也表示自己被要求不能拍摄影响工作的"抖音"，尽管她较为年轻，充满工作活力，但是作为乡里的宿管老师，需要给学生做好榜样，而不是和学生一样拍"抖音"。双重构下的性别实践差异是隐蔽的，尽管在表征上，其他人对于这群妇女玩"抖音"并没有直接的否定，但是对于她们日常生活的性别实践却又有较高要求，并且这种要求方式是隐晦的。冲突也许并不会直接对她们的生活带来焦虑与矛盾，但是这种性别凝视却依然约束着她们。在这种张力下，一种"self-making"的自我重构成了她们缓解日常生活的性别压力的放松方式、一种对当下情境生活的坚持与热爱的叙述。

在家庭角色上，"抖音"尽管没能在物质层面或者显性层面改变她们的家庭结构，但是却作为一种媒介技术影响了女性的个体化意识。国晴诉说了她的情感故事和生命经验，她对于自己当下的家庭生活是不满意的："我家老头，他从来不对我喜欢的东西说好。想跟他离婚。在一起多生气。"她希望能结束婚姻，享受个人的生活，但她还是希望能够继续把当下阶段性的家庭任务完成了再去实现自己的目标。"然后我就想着等把我孙女给哄（带）大了，我就自己走了，出去自个儿好好过。可是那阵儿我又岁数大了，腿脚不方便了。""我已经过够了这种大杂院的生活，谁都得管，家庭把我给拴住了。""抖音"世界终究是虚拟世界。当她们放下手机重新回到现实生活中时，一种失落感与被剥夺感也会随之而来。在过去的乡村媒介中，电视电影在长时间内并没有对妇女们产生强烈个体化意识觉醒的影响，是因为其相较于"抖音"有着距离空间感受性的差异。电视新闻报道的刻板性，电影表达的艺术性，都拉开了与她们所认识的世界的空间感，并不会让她们意识到自己也有选择人生和认识世界的权利。而"抖音"则与二者不同，它建立的一种大众性，加强了妇女们对于自己草根的文化认同——她们也有资格拍摄自己的故事并且进行传播。当看到"抖音"里的视频，尤其是和自己类似年龄的人，在分享她们更加多彩生活时，农村妇女会有一种身份诉求。"抖音"拉近了空间的距离，对于美好生活的期待也有了更多的自我主体性与能动性。但是囿于自身的客观环境和现实条件，这种求而不得的失落感与被剥夺感就这样产生了。

尽管"抖音"给现实生活带来了冲突，但是她们仍然高度评价"抖音"，秀凤称其为"人民的App"："'抖音'我觉得是给老百姓一个平台，谁都可以上这个平台上去展示自己的才华。有的平台就不是老百姓的，而是那些个明星主角的。'抖音'真的不分老百姓和其他人。"

七、结语

本文想通过描述"抖音"下的日常农村生活的现实图景，来达到理解 L 村性别结构的目的。正如诗歌作为一种自主表达的行为，成为一种具有创造性和规范性的替代空间，这种表达方式与本文中描述的"隐秘而饱含私人情感"的女性"抖音"世界是相似的。我尝试将虚拟与日常生活、个体与社会关系的双重构建做出呈现，体现一种超越娱乐性的私人生活。它解释了农村中年女性在日常生活里何以能安排好时间、处理好家庭生活与性别形象之后，去理性化地使用"抖音"。但在现实层面，这批女性其实仍然没有逃脱既有的打理日常家务、抚育老幼等的束缚，她们仍被捆绑在村庄，无法去改变过往传统农村的家庭生产结构。尽管"抖音"为她们提供了一个契机，但是这项技术似乎并没有如我们所期待的那样彻底地改变她们的个人生活。个体化的意识也仅是停留在想象的层面。

在这种性别结构并没有得到改变的情境下，描绘出这些女性的情感与创造力意味着什么？它是让我们帮助她们实现一种女性解放，还是更有可能使她们暴露于网络的误解之中形成刻板印象？当一个小乡村的文化系统不被其他地方或城市的人理解，我们所研究的社区或许会陷入尴尬的公众凝视的风险。这种意义下，我们应该阐明多重矛盾的社会话语，并将个人经验、情感和创造力理论化。我们应该努力争取对乡村"抖音"生活的"本土"理解。在这种特定文化语境下，个体主体性和人格建构深受制度等结构性因素和关系个体观等主体性因素的影响，L村的"抖音"中年妇女创造性的 self-making（自我重构）的个体化进程是本土化的实践。